PROJETO RADIX

RADIX

PORTUGUÊS

Ernani, Floriana & Massi

RAIZ DO CONHECIMENTO

8

Atabaque Rum.

editora scipione

ERNANI TERRA

Bacharel em Direito pela Universidade de São Paulo (USP) • Doutorando em Língua Portuguesa na Pontifícia Universidade Católica de São Paulo (PUC-SP) • Autor de livros didáticos e de gramáticas (entre as quais *Radix: Gramática*) para o Ensino Fundamental (6º a 9º ano) e Médio • Professor de Língua Portuguesa desde 1974 na rede particular de ensino • Ex-professor, no ensino superior, de Práticas de Leitura e Escrita

FLORIANA TOSCANO CAVALLETE

Licenciada em Letras (Português e Francês) pela Universidade de São Paulo (USP) • Ex-professora da rede oficial de ensino do estado de São Paulo, no Ensino Fundamental • Coautora da obra *Radix: Gramática* para 6º a 9º ano do Ensino Fundamental

MARIA SÍLVIA GONÇALVES

Licenciada em Letras (Português, Francês e Linguística) pela Universidade de São Paulo (USP) • Mestre em Educação e Linguagem pela USP • Ex-professora de Literatura e Português nas redes pública e particular de ensino do estado de São Paulo • Ex-coordenadora do Projeto de Formação Continuada de Professores • Autora da obra *Radix: Produção de texto* para 6º a 9º ano do Ensino Fundamental editora scipione

Gerente Editorial e de Conteúdos Didáticos: Elizabeth Soares
Responsável Editorial: Sueli Campopiano
Editores: João Carlos Ribeiro Jr.; Renato Tresolavy e Rosângela Rago; Alice Vasques de Camargo (Estágio); Nathalia de Oliveira Matsumoto (Estágio); Roberto Matajs (Coord. Digital)
Gerente de Arte e Criação: Marisa Iniesta Martin
Supervisor de Arte: Sérgio Yutaka Suwaki
Editores de Arte: Didier D. C. Dias de Moraes (Coord. Programação Visual) e Claudio Faustino da Silva (Produção de Arte)
Editoração Eletrônica: Josias Silva (Coord.) e Valdemir Patinho (Editoração Eletrônica)
Gerente de Revisão: Hélia de Jesus Gonsaga
Equipe de Revisão: Patrícia Travanca, Paula Teixeira e Tatiana Martins
Supervisor de Iconografia: Sílvio Kligin
Equipe de Iconografia: Rosa André (Pesquisa), Cláudia Cristina Balista Silva (Assistência)
Tratamento de Imagem: Cesar Wolf e Fernanda Crevin
Gerente de Tecnologia: Ricardo Falzetta
Equipe de Tecnologia de Educação: Daniella Barreto (Coord.), Cristiane Buranello e Juliano Reginato (Editores), Aline Bagdanavicius e Drielly Galvão (Assist. Editorial), Gabriel K. Japiassu e João Daniel Martins Bueno (Designers), Alexandre Marques e Ana Claudia Deolinda Predolin (Desenvolvedores)
Programação Visual de Capa e Miolo: Homem de Melo & Troia Design
Foto da Capa: Romulo Fialdini/Acervo Centro Cultural São Paulo/ Discoteca Oneyda Alvarenga
Ilustrações: Camila de Godoy, Fábio Sgroi, José Luis Juhas, Marcos Guilherme e Vera Basile

---

Título original da obra: Projeto Radix – Português – 8º ano

Direitos desta edição cedidos à Editora Scipione S.A.
Av. Otaviano Alves de Lima, 4400
6º andar e andar intermediário ala "B"
Freguesia do Ó – CEP 02909-900 – São Paulo – SP
Tel.: 4003-3061
www.scipione.com.br / atendimento@scipione.com.br

Dados Internacionais de Catalogação na Publicação (CIP)
(Câmara Brasileira do Livro, SP, Brasil)

Terra, Ernani
Projeto Radix: português/Ernani Terra, Floriana Toscano Cavallete, Maria Sílvia Gonçalves. – 3. ed. – São Paulo: Scipione, 2013. – (Coleção Projeto Radix)

Obra em 4 v. para alunos do 6º ao 9º ano.

1. Português (Ensino fundamental) I. Cavallete, Floriana Toscano. II. Gonçalves, Maria Sílvia. III. Título. IV. Série.

13-03969 CDD–372.6

Índice para catálogo sistemático:
1. Português: Ensino fundamental 372.6

2015
ISBN 978 85 262 9170 6 (AL)
ISBN 978 85 262 9171 3 (PR)
CAE: 275271 (AL)
CAE: 275272 (PR)
Cód. da obra CL 738440
3ª edição
2ª impressão

Impressão e acabamento: Eskenazi Indústria Gráfica Ltda

Uma Publicação Abril EDUCAÇÃO

Seja bem-vindo

Caro estudante,

Vivemos em uma sociedade em que várias linguagens se cruzam. O tempo todo estamos em contato com diferentes textos em linguagens diversas: notícias de jornais, folhetos, histórias em quadrinhos, manuais de instruções, letras de canções, entrevistas, páginas da internet, poemas, crônicas, contos, romances... Vivemos o tempo da interatividade. Por isso, mais do que nunca, é preciso saber trabalhar com múltiplas linguagens e com os mais variados gêneros textuais.

Mas não é só isso: para ler e produzir textos, não basta ter o domínio dos recursos linguísticos. É preciso também ter conhecimentos anteriores sobre o que vamos ler ou escrever, além de saber quem é nosso interlocutor em cada situação específica e que intenções estão envolvidas nela. Assim, nesta coleção, além de trabalhar conhecimentos linguísticos, que são importantes para lhe possibilitar ler e produzir textos diversos, de forma competente, procuramos também trazer-lhe informações significativas a respeito dos temas tratados. Portanto, você tomará contato com variados assuntos de seu interesse, abordados por perspectivas diferentes e em linguagens diversas.

E o contato com esses temas poderá ser ampliado por meio de sugestões para você pesquisar, aprofundar seus conhecimentos, tirar suas conclusões, formar sua opinião e interagir com seus colegas ou com a comunidade.

Por fim, gostaríamos de dizer que escrevemos este livro pensando em você e no seu aperfeiçoamento. Esperamos que goste dele como nós gostamos de fazê-lo!

Os autores

Como a obra está organizada

Cada volume desta coleção está dividido em oito módulos

MÓDULOS

Cores vibrantes para identificar cada um dos módulos.

PARA COMEÇO DE CONVERSA

Textos verbais, visuais ou verbo-visuais acompanhados de questões para reflexões iniciais sobre o tema a ser tratado no capítulo.

HORA DO TEXTO

Textos de variados gêneros, suportes e esferas de circulação. Diversidade de autores representativos da nossa cultura e temas atuais e relevantes.

EXPRESSÃO ORAL

Trabalho com gêneros orais, em especial os de uso público, como debate, entrevista, seminário, dramatização, dentre outros, com a adequação da linguagem a cada situação discursiva.

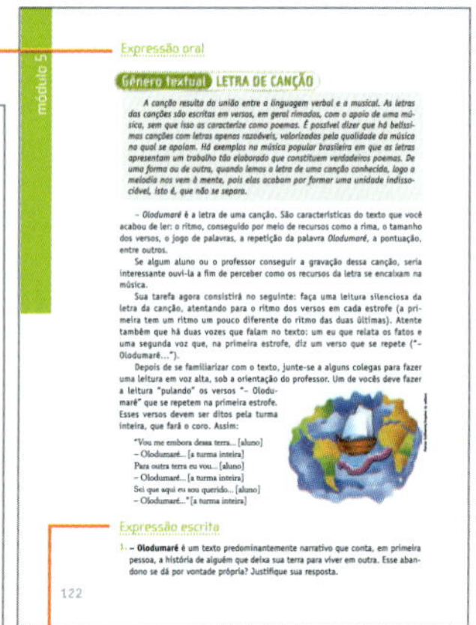

EXPRESSÃO ESCRITA

Atividades de interpretação e reflexão sobre cada texto apresentado, ampliando a sua compreensão.

Seções de atividades e boxes

GRAMÁTICA NO TEXTO

Foco em fatos gramaticais, desenvolvido em três momentos: discussão sobre ocorrências linguísticas peculiares ao texto lido, formalização e sistematização dos aspectos discutidos e atividades variadas.

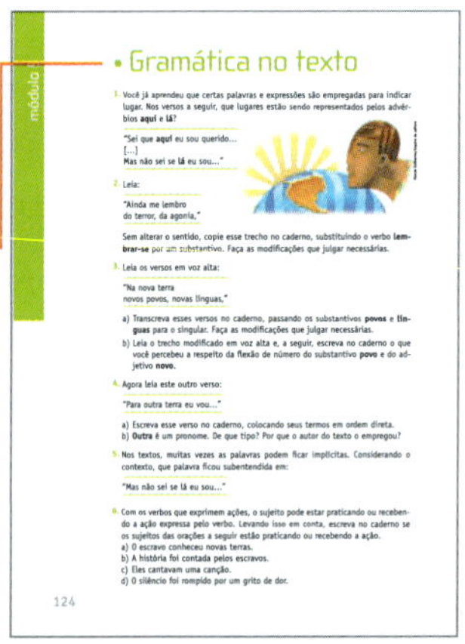

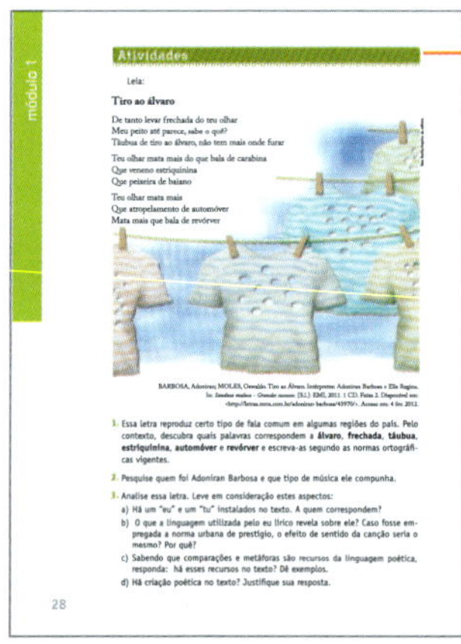

ATIVIDADES

Propostas que incluem observação, análise, comparação, generalização e aplicação dos tópicos estudados no capítulo, com vistas ao uso em situações reais.

A LINGUAGEM DOS TEXTOS

Trabalho com a situação de circulação de textos de diversos gêneros: *com que intenção escrevemos textos?; em que situações os utilizamos?; a quem nos dirigimos?*.

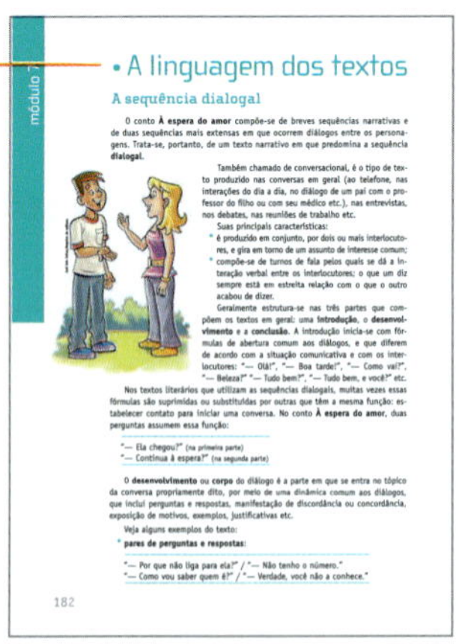

PRODUZINDO TEXTO/ EXERCITANDO A CRÍTICA

Prioridade para o desenvolvimento da habilidade de escrever textos de gêneros variados em diferentes situações e para o processo de autoavaliação, orientado por roteiros de critérios.

OBJETO EDUCACIONAL DIGITAL

Este ícone indica Objeto Educacional Digital relacionado ao conteúdo do livro. Ele vai aparecer numerado ao longo do volume.
No fim do livro, há uma lista dos objetos com sua respectiva função e as páginas em que se encontram.

Seções especiais

GRUPO DE CRIAÇÃO

Proposta presente a cada quatro capítulos, com abertura para a interdisciplinaridade, partindo do que foi estudado nos capítulos precedentes de modo a promover o trabalho em equipe e a circulação, na escola ou na comunidade, da produção da turma.

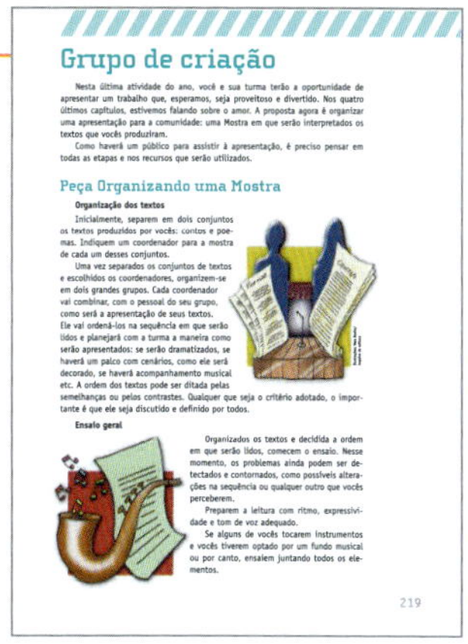
Grupo de criação

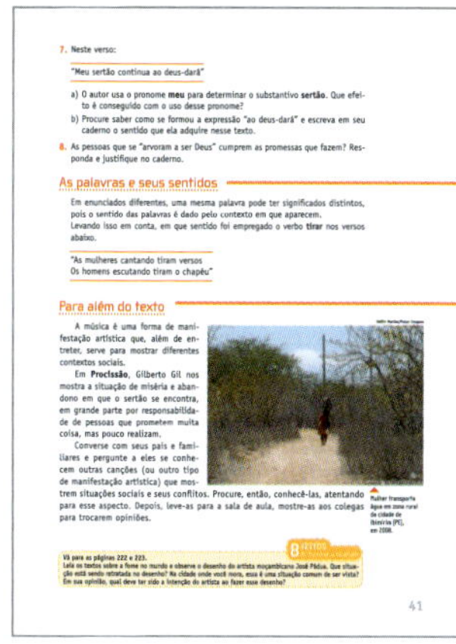

AS PALAVRAS E SEUS SENTIDOS

Propostas diversificadas e relacionadas em grande parte a situações concretas de uso com foco em vocabulário.

PARA ALÉM DO TEXTO

Sugestões de atividades extratexto que incluem pesquisas, entrevistas, exposições etc.

Textos complementados por diferentes tipos de boxes

BOXES DE DESTAQUES

Informações sintéticas e definições que ajudam a compreender o tópico estudado.

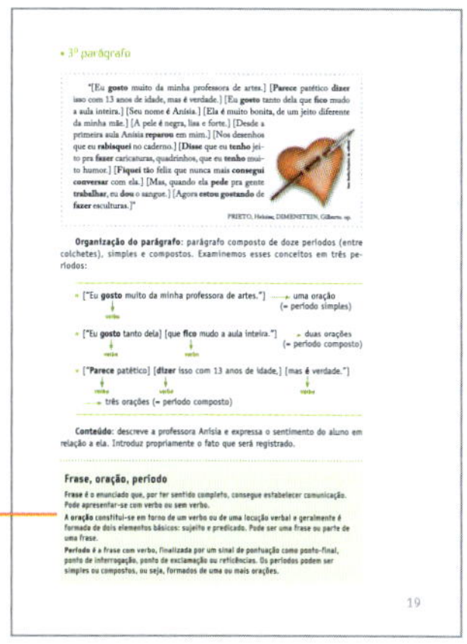

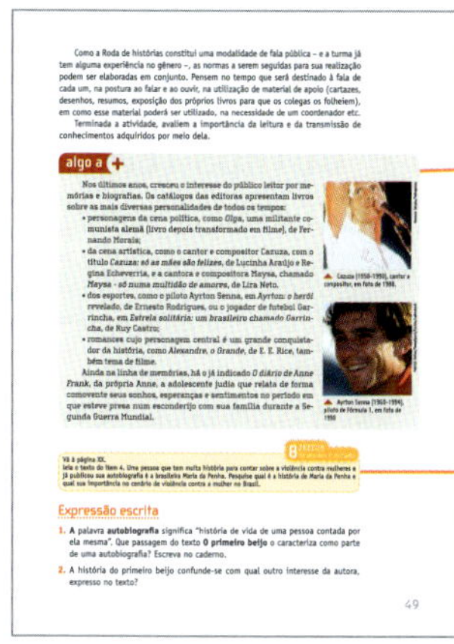

ALGO A MAIS

Curiosidades e informações complementares sobre o tema ou tópico em estudo.

8 JEITOS DE MUDAR O MUNDO

Encontram-se nesse boxe, em vários capítulos, atividades relacionadas à seção **8 Jeitos de Mudar o Mundo**, localizada no final do livro.

No final do livro, material adicional

8 JEITOS DE MUDAR O MUNDO

Em vários capítulos, aparecem atividades relacionadas à seção **8 Jeitos de Mudar o Mundo**, cujo conteúdo está localizado no final do livro.

8 JEITOS DE mudar o mundo

navegando na • INTERNET •

NAVEGANDO NA INTERNET

É uma seção sobre o uso da internet como ferramenta de pesquisa. Orienta você sobre como fazer buscas, analisar e comparar dados coletados, citar fontes e usar essas informações para desenvolver uma tarefa especial.

CADERNO DE ATIVIDADES

Atividades complementares que podem ser feitas em sala de aula ou em casa.

Caderno de atividades

Para saber mais

PARA SABER MAIS

Indicações de livros, filmes e *sites* com temáticas relacionadas aos textos dos capítulos para ampliação do conhecimento.

Sumário

módulo 1

CAPÍTULO 1 EXPRESSÃO

CAPÍTULO 2 OUTROS TEMPOS

módulo 2

CAPÍTULO 3 A HISTÓRIA DE CADA UM

Marcos Guilherme/Arquivo da editora

módulo 3

CAPÍTULO 4 A HISTÓRIA DE CADA DIA

CAPÍTULO 5 ESTRANGEIROS ENTRE NÓS

módulo 4

CAPÍTULO 6 UMA NOVA PÁTRIA

módulo 5

CAPÍTULO 7 HERANÇAS DE UM POVO

CAPÍTULO 8 GENTE DO OUTRO LADO DO MUNDO

módulo 6

CAPÍTULO 9 O QUE É O AMOR?

Vera Basile/Arquivo da editora

módulo 7

módulo 8

módulo 1

capítulo 1

Expressão

Joaquín Salvador Lavado (QUINO)/*Toda Mafalda*, Martins Fontes, 2010.

QUINO. *Toda Mafalda*. São Paulo: Martins Fontes, 2010. p. 364.

Juan Barreto/AFP

Joaquín Salvador Lavado, o Quino, é argentino de Mendoza. Desde muito jovem mostrou seu talento para desenhar, mas o reconhecimento só veio após a criação de Mafalda, uma menininha questionadora e perspicaz que o tornou um artista conhecido internacionalmente. Durante uma década, Mafalda e sua turma fizeram leitores de vários países refletirem sobre problemas de âmbito político, tecnológico, comportamental. No início dos anos 1970, as tirinhas deixaram de ser produzidas, mas Mafalda e suas peripécias continuam sendo admiradas até hoje. Quino é um dos mais importantes cartunistas de nosso tempo.

PARA COMEÇO DE conversa

1. Na tirinha acima você vê em ação o personagem Guile, que é o irmãozinho de Mafalda. Ele constata que é incrível a quantidade de coisas que podem existir dentro de um lápis. Comente essa constatação.
2. O que você observa na expressão da mãe? Como isso pode ser comprovado?
3. O que Guile pretendia ao usar as paredes e o chão de casa para fazer seus desenhos?
4. Desde que nascemos somos impelidos a nos expressar, seja por choro, palavras, imagens, seja por outros meios. Como você explicaria essa tendência?
5. Que outras formas de expressão você conhece? Cite algumas.
6. Na sua opinião, qual (quais) é (são) a(s) forma(s) de expressão mais eficiente(s)?
7. Você costuma se expressar por meio dessa(s) forma(s) que citou na questão anterior?

8. Observe as diferentes formas de expressão a seguir:

M. C. Escher/Arquivo da editora

Libertação, 1955. Litografia de M. C. Escher. 43,4 x 19,9 cm.

Erich Lessing/Album/Latinstock

A noite estrelada, 1889. Óleo sobre tela, de Vincent van Gogh. 73,7 x 92,1 cm.

www.opalhacofilme.com.br/Imagem Filmes

Cartaz do filme *O palhaço*, dirigido e estrelado por Selton Mello, em 2011.

Philippe Huguen/AFP

A pequena bailarina de 14 anos, escultura do artista francês Edgar Degas. 39 x 99,1 cm.

4

Beatriz

[...]
Sim, me leva pra sempre, Beatriz
Me ensina a não andar com os pés no chão
Para sempre é sempre por um triz
Ai, diz quantos desastres tem na minha mão
Diz se é perigoso a gente ser feliz

[...]
Será que é divina
A vida da atriz
Se ela um dia despencar do céu
[...]

Trechos da canção *Beatriz*, de Chico Buarque e Edu Lobo. In: HOLLANDA. Chico Buarque de. *Chico Buarque, letra e música*. São Paulo: Companhia das Letras, 1989. p 201.

Marco Aurelio Olimpio/Grupo Sobrevento/Teatro de Animação

Cena do espetáculo de teatro infantil *Bailarina*, em 2011.

Ruy Hizatugu/Arquivo da editora

Espetáculo de percussão e dança afro-brasileira do grupo Treme Terra, em 2012.

Daniel Marenco/Folhapress

Apresentação da Orquestra Sinfônica Brasileira, em 2010.

Você viu que a criatividade e a sensibilidade estão presentes nas diferentes formas que o ser humano tem de se expressar. Com qual (quais) dessas formas de expressão você se identifica?

Hora do texto

Domingo * 23 horas

Eu sempre achei ridículo esse negócio de escrever diário. Coisa de menina. Agendinha cor-de-rosa, desenho de coração, depois uma chave para trancar os segredos.

Eu sempre achei segredo coisa de menina. Perda de tempo. Tipo quem gosta de quem, quem falou mal de quem, quem brigou com quem. No final, vira tudo fofoca porque uma sempre conta das outras e aí espalha que nem pólvora. E, no final mesmo, ficam amigas de novo. Rindo dos segredinhos. Cara, é palhaçada.

Até que um dia eu percebi que a vida é cheia de mistérios. Sabe como é? As aparências enganam, nada é o que parece ser, como diz minha tia-avó espanhola.

Bom, e quando eu descobri o maior de todos os segredos aqui, na minha própria casa, fiquei tão pirado que resolvi escrever. Fui pra tela do computador. De repente, me deu o maior medo. Aqui em casa todo mundo usa o mesmo computador. E se alguém lesse meus textos secretos? Ninguém desconfia que eu sei de tudo. Tudo do começo ao fim.

Resultado: lá fui eu, Hermano Santiago, mais conhecido como Mano, filho do meio da família mais doida da rua, comprar uma agenda de chavinha. Dei sorte. Encontrei uma agenda marrom, era bem cara, mas tinha chave. Depois foi só descobrir um bom esconderijo. Porque aqui em casa, a Shirley, nossa empregada, é deus. Ou melhor, deusa. Ela sempre sabe de tudo. É a criatura mais esperta e danada que eu conheço. Difícil ter segredos com ela.

Bem, encontrei uma caixa de jogos de quando eu era bem pequeno, escondi lá o diário, a chave anda na minha carteira, ninguém vai mexer.

[...]

Segunda-feira * 22 horas

Hoje foi um dos dias mais loucos na minha vida.

De manhã, escola.

Eu gosto muito da minha professora de artes. Parece patético dizer isso com 13 anos de idade, mas é verdade. Eu gosto tanto dela que fico mudo a aula inteira. Seu nome é Anísia. Ela é muito bonita, de um jeito diferente da minha mãe. A pele é negra, lisa e forte. Desde a primeira aula Anísia reparou em mim. Nos desenhos que eu rabisquei no caderno. Disse que eu tenho jeito pra fazer caricaturas, quadrinhos, que eu tenho muito humor. Fiquei tão feliz que nunca mais consegui conversar com ela. Mas, quando ela pede pra gente trabalhar, eu dou o sangue. Agora estou gostando de fazer esculturas.

Bem, a Anísia é completamente diferente de outras professoras da escola. Cada aula é uma surpresa. E hoje o assunto na classe era a gangue VG.

Muita gente queria saber por que os caras eram cismados com o tal do Picasso. Anísia sorriu. Ela nunca responde nada direto. Ela fala sempre de um jeito que faz a gente ficar pensando.

patético: tocante; que causa sentimento de piedade ou tristeza; que causa estranheza.

gangue VG: no livro, nome dado a um grupo de grafiteiros que atua no bairro onde Mano mora, que faz desenhos inspirados nos pintores Picasso e Miró.

"Sabe o quê?", ela disse, "essa é uma boa ideia, por que vocês não fazem uma pesquisa sobre esses artistas e depois apresentam pra classe?"

"Puxa, Anísia, assim não vale, a gente só está com um pouco de curiosidade", disse o Marquinho.

"Tudo bem, vou contar um pouquinho dessa história. Picasso é um dos maiores artistas da pintura mundial, vocês sabem, mas ele também foi um grande defensor da paz."

Daí ela mostrou um quadro dele, a pomba, usada como símbolo mundial da paz.

Museu de Arte e de História de Saint Denis (França)/ Licenciado por Autvis, Brasil.

Pomba azul, de Pablo Picasso. Desenho de pôster para o Congresso Mundial da Paz de 1962.

Depois, contou assim:

"Em 1937, uma cidade chamada Guernica, na Espanha, foi destruída por bombardeios. Picasso odiava a guerra, então pintou a cena da destruição. Seu quadro se tornou símbolo da dor e da morte. Ou seja, o mesmo artista foi capaz de criar a mais perfeita imagem da paz e a mais dolorosa imagem da guerra. Quando o embaixador de Hitler em Paris foi visitar Picasso, dizem que ele apontou para o quadro e perguntou assim: 'Foi o senhor quem fez isso?' e Picasso respondeu com simplicidade: 'Não, foi o senhor mesmo'."

Bom, depois dessa, todo mundo adorou o Picasso, a gente queria ver fotos dele e tudo mais. Anísia nos mostrou algumas. No meio da conversa, alguém disse lá do fundo da classe: "Ainda bem que no Brasil nunca teve guerra. Aqui sempre reinou a paz".

Óleo sobre tela, 349,3 x 776,6 cm. Museu Nacional Centro de Arte Rainha Sofia, Madri.

Guernica, de Pablo Picasso, 1937.

Foi estranho. Anísia ficou um tempão calada e depois disse: "Não é bem assim. Antes fosse. Mas existem vários tipos de guerra. No Brasil houve guerras secretas, lutas mortais pela defesa da liberdade de expressão. E nem faz tanto tempo".

De novo, todo mundo começou a falar sem parar.

Que história de guerra era essa? Como é que ninguém sabia?

Então a Anísia disse que a gente podia fazer uma pesquisa sobre qualquer desses assuntos: Picasso, guerra mundial, luta pela liberdade de expressão, mas ela queria, em todos os trabalhos, que usássemos muitas fotos e imagens.

Ela mandou a gente procurar fotos de família. Fotos antigas, fotos modernas, depois montá-las como se fossem um pequeno documentário. O importante era trabalhar com fatos reais, com o passado das pessoas.

Eu gostei. Meu avô é espanhol. Deve ter passado muita coisa na vida.

PRIETO, Heloisa; DIMENSTEIN, Gilberto. *Mano descobre a liberdade*. São Paulo: Senac, 2010. p. 6-15.

Priscila Nemeth/ Acervo pessoal

Heloisa Prieto, em seus diversos livros infantis e infantojuvenis, procura recuperar a arte de contar histórias com humor e expressividade. Eclética, além de temas tradicionais, como folclore, mitos e relatos populares, explora também os atuais, como a descoberta do amor pela internet. Alguns títulos de sua autoria são *Mano descobre a diferença* (coautoria de Gilberto Dimenstein), *Balada* e *Lá vem história*.

Carlos Cecconello/ Folhapress

Jornalista de renome internacional, o paulista **Gilberto Dimenstein** (1956) ganhou diversos prêmios ao longo de sua carreira. Além de realizar um jornalismo investigativo, mostrando alguns de nossos problemas sociais de forma crua, também escreveu livros, sendo os principais *A república dos passarinhos*, *A guerra dos meninos* (que revelou o assassinato sistemático de crianças no Brasil), *Meninas da noite* (sobre prostituição infantil) e *O cidadão de papel* (que trata da criança, do adolescente e dos direitos humanos no Brasil).

Expressão oral

Gênero textual: DIÁRIO

O diário é um registro pessoal que, conforme o próprio nome indica, é feito dia a dia, e que tem origem em tempos remotos. Há diários de bordo que registram cronologicamente ocorrências em viagens (muito do que se sabe, por exemplo, das navegações marítimas portuguesas à época do descobrimento deve-se a anotações em diários desse tipo). O diário íntimo ou pessoal distingue-se porque o autor solitário das anotações tem como interlocutor o próprio diário. Às vezes, porém, um diário íntimo acaba sendo publicado, como O diário de Zlata, *de Zlata Filipovic', e* O diário de Anne Frank, *escrito por Anne Frank e editado por Otto Frank, seu pai, após a morte dela. Relatos, impressões, desabafos, opiniões, avaliações, textos de outras autorias costumam aparecer nesse tipo de diário, sempre datados. Ocasionalmente, recortes, cartões, bilhetes e embalagens que marcam um acontecimento relevante também podem compor o registro.*

Muitos jovens sentem necessidade de registrar suas experiências. As meninas, em geral, são mais propensas a fazer um diário; entre os garotos, há aqueles que também gostariam de fazê-lo, mas desistem justamente por ouvirem dizer que "diário é coisa de menina". Entretanto, a literatura autobiográfica costuma pautar-se em anotações diárias que muitos escritores costumam fazer.

Um diário pessoal e íntimo, pressupõe-se, não deveria ser lido por outras pessoas, uma vez que pode revelar desejos e emoções considerados "secretos". Curiosamente, sua versão virtual – o *blog* – não só admite a leitura como também a participação de quem o acessa, numa estreita interação autor-leitor. Muitos internautas encontram nos *blogs* o espaço ideal para falar dos mais variados assuntos de suas vidas. Alguns até bem íntimos.

A revelação pública de intimidades pela internet é polêmica: qual a linha-limite entre o público e o privado? Tudo pode ser compartilhado com todos?

Queremos saber sua opinião. Para tanto, reúna-se com alguns colegas, em pequenos grupos. Discutam se é positiva ou não a exibição pública de assuntos particulares e a possibilidade de interação com os leitores.

Não se esqueça:

- Quando se expõe uma opinião, é preciso **fundamentá-la**. Portanto, **argumente**, dê **exemplos**.
- Num debate, é preciso ouvir a opinião das outras pessoas. Quando se sentir tentado a rejeitar fortemente uma ideia, controle-se: deixe o interlocutor terminar de expor o pensamento, anote suas contra-argumentações e exponha-as no momento certo.
- Antes de iniciar a discussão nos pequenos grupos, é importante eleger um relator para cada um, que será o (a) aluno(a) encarregado(a) de anotar as principais conclusões para transmiti-las aos demais, no final.
- O (A) professor(a) poderá determinar um tempo para o debate. Em seguida, será realizado um painel oral: o momento do fechamento, em que os relatores transmitirão as conclusões dos respectivos grupos aos demais.

8 JEITOS de mudar o mundo

Vá à página 225.
Leia os textos do item 3 e observe as imagens. Qual é o preconceito que existe em frases como "isso é coisa de menino" ou "isso é coisa de menina"? De que forma a jogadora Marta e o bailarino Thiago ajudam a quebrar esse tipo de preconceito? Você conhece outros exemplos como eles?

algo a +

O *blog*, considerado inicialmente um diário virtual, na atualidade serve para a transmissão de notícias, ideias, imagens, poemas, resenhas, frases famosas, divulgação de serviços etc. É muito comum o *blog* estar relacionado a uma determinada área de interesse dos internautas. O registro dos fatos vem permeado da perspectiva e do estilo do blogueiro, que vai alimentando sua página na internet ao adicionar periodicamente os *posts*, que são os artigos, as imagens e os conteúdos multimídia publicados. As informações são organizadas cronologicamente, das mais recentes para as mais antigas. Em geral o *blog* permite a interatividade com o leitor, que pode comentar as opiniões ou os fatos relatados.

Aos que gostam de compartilhar suas ideias, mas dispõem de pouco tempo para manter ou incrementar um *blog*, há a opção do *microblog*, que possibilita postar mensagens de 120 a 180 caracteres.

Caso você tenha interesse em saber mais sobre esse assunto, consulte o *site* <www.interney.net/blogfaq.php>, acesso em: 27 dez. 2011. Nele há dicas de como montar um *blog* e resolver eventuais problemas referentes à manutenção dele.

Expressão escrita

1. O texto lido representa uma página de diário de um dos personagens do livro *Mano descobre a liberdade*. Quem é esse personagem? Responda no caderno.

2. Que preconceito Hermano revela? Por que ele era preconceituoso?

3. Responda às questões a seguir.
   a) Além do conteúdo desse texto, que elementos nos informam tratar-se de uma página de diário?
   b) O que se registra geralmente nos diários?
   c) O que levou Hermano a escrever um diário, vencendo assim o preconceito?
   d) A primeira frase do trecho **Segunda-feira * 22 horas** está de acordo com o que se espera de um diário? Por quê?
   e) Observe a linguagem empregada no texto e retire dele expressões próprias dos jovens.
   f) Em sua opinião, a linguagem empregada é adequada ao texto?

4. O personagem central do texto é a professora Anísia.
   a) Qual é a importância dela nos fatos narrados?
   b) Como é feita a descrição física da professora?
   c) Com seu relato, Mano transmite que imagem interior de Anísia?

5. O foco de Mano no trecho **Segunda-feira * 22 horas** não é ele próprio, mas o que acontece à sua volta. Ainda assim, por suas ações, podemos perceber como ele é. Descreva-o brevemente.

6. O fato levado para a sala de aula pela professora é a atuação da gangue VG.
   a) Comente a forma como o fato é tratado na aula.
   b) Relate um fato atual que você considera importante. Depois, leia para a classe – esse será um registro seu sobre algo que está acontecendo na sua época e que é digno de nota.

André Deak/www.arteforadomuseu.com.br

Beco do Aprendiz, na Vila Madalena, em São Paulo, reúne mais de 50 artistas de rua. Foto de 2011.

Guy Christian/Hemis.Fr/AFP

A expressão mais antiga do ser humano surgiu no período Paleolítico, como esse exemplo de arte rupestre da Patagônia, na *Caverna das mãos*. O homem já desenhava em paredes há milhares de anos. Foto de 2007.

7. Releia o trecho a seguir prestando atenção na pergunta do embaixador e na resposta de Picasso:

"Quando o embaixador de Hitler em Paris foi visitar Picasso, dizem que ele apontou para o quadro e perguntou assim: 'Foi o senhor quem fez isso?' e Picasso respondeu com simplicidade: 'Não, foi o senhor mesmo'."

a) Que palavra usada pelo embaixador permitiu a irônica resposta de Picasso?

b) A frase que o embaixador utilizou para a pergunta a Picasso ("Foi o senhor quem fez isso?") possibilita dupla interpretação.

- Quais são os sentidos que podemos atribuir a ela nesse contexto?
- Em que sentido o embaixador a empregou?
- Que sentido Picasso deu à frase em sua resposta?

As palavras e seus sentidos

1. Leia esta frase prestando atenção no sentido da palavra **louco**:

"Hoje foi um dos dias mais loucos da minha vida."

a) Explique, em seu caderno, em que sentido essa palavra foi usada nessa frase.

b) Você já sabe que uma palavra pode apresentar vários sentidos, dependendo do contexto em que é usada. Descubra outros significados da palavra **louco**: leia atentamente as frases a seguir e, com o auxílio de um dicionário, reescreva-as, utilizando o melhor sinônimo que encontrar para cada ocorrência.

- Jovens são **loucos** por música, **loucos** por liberdade, **loucos** por uma causa justa. Infelizmente, porém, alguns são **loucos** em suas escolhas...
- Tiranos só podem ser **loucos**! Não vejo outra explicação para o que fazem.
- Será **louco** demais quem deseja paz e liberdade para os povos do mundo inteiro?

2. Veja as acepções da palavra **gangue** dadas em dois dicionários.

gangue [Do ingl. *gang*.] Substantivo feminino. Bras. **1.** Grupo de malfeitores mancomunados. **2.** Por extensão. Gíria: Turma, grupo, patota.

Novo dicionário eletrônico Aurélio, versão 6.1.

gangue [ingl. *gang*] substantivo feminino. **1.** associação de malfeitores; bando, quadrilha. **2.** Regionalismo: Brasil. Uso: informal. grupo de pessoas, geralmente jovens, às vezes com disposições agressivas; grupo, patota.

Dicionário eletrônico Houaiss da língua portuguesa.

Camila de Godoy/Arquivo da editora

Com que sentido essa palavra foi usada no texto? Responda no caderno, justificando.

• Gramática no texto

1. Releia a frase atentando para o sentido dela:

"Hoje foi um dos dias mais loucos da minha vida."

Explique, no caderno, que diferença de significado haveria se Hermano tivesse dito "Hoje foi um dia muito louco na minha vida".

2. Observe o emprego da expressão **é que** – chamada expletiva ou de realce – na frase que reproduz a admiração da classe:

"Que história de guerra era essa? Como **é que** ninguém sabia?".

a) Reescreva essa frase sem a expressão **é que**.

b) Copie as frases a seguir no caderno acrescentando-lhes a expressão expletiva **é que**.

- Nós levantamos a questão.
- Sua resposta foi inteligente!
- Anísia fala de um jeito surpreendente.

O que você concluiu sobre a expressão expletiva ou de realce?

Parágrafo, frase, período e oração

Você já sabe que o texto em prosa organiza-se em parágrafos, que, por sua vez, organizam-se em frases, períodos e orações. Há várias maneiras de construir os parágrafos a fim de transmitir os conteúdos que desejamos.

Observe nos três primeiros parágrafos do trecho **Segunda-feira * 22 horas**, a organização em períodos e orações e o conteúdo de cada um deles:

• 1º parágrafo

"Hoje **foi** um dos dias mais loucos da minha vida." ⟶ uma oração (= período simples)

(foi ↓ verbo)

Organização do parágrafo: frase com um só verbo (ou seja: período simples, oração absoluta).

Conteúdo: expressa o motivo do registro dos fatos daquele dia no diário.

• 2º parágrafo

"De manhã, escola." ⟶ frase sem verbo

Organização do parágrafo: parágrafo composto de uma frase sem verbo (frase nominal). Na verdade, subentende-se um verbo (mais a preposição e o artigo exigidos pelo contexto) no lugar da vírgula: **fui** à.

Conteúdo: indica o tempo e o local em que os fatos se originaram.

• 3º parágrafo

"[Eu **gosto** muito da minha professora de artes.] [**Parece** patético **dizer** isso com 13 anos de idade, mas **é** verdade.] [Eu **gosto** tanto dela que **fico** mudo a aula inteira.] [Seu nome **é** Anísia.] [Ela **é** muito bonita, de um jeito diferente da minha mãe.] [A pele **é** negra, lisa e forte.] [Desde a primeira aula Anísia **reparou** em mim.] [Nos desenhos que eu **rabisquei** no caderno.] [**Disse** que eu **tenho** jeito pra **fazer** caricaturas, quadrinhos, que eu **tenho** muito humor.] [**Fiquei** tão feliz que nunca mais **consegui conversar** com ela.] [Mas, quando ela **pede** pra gente **trabalhar**, eu **dou** o sangue.] [Agora **estou gostando** de **fazer** esculturas.]"

Vera Basile/Arquivo da editora

PRIETO, Heloisa; DIMENSTEIN, Gilberto. Op. cit.

Organização do parágrafo: parágrafo composto de doze períodos (entre colchetes), simples e compostos. Examinemos esses conceitos em três períodos:

- ["Eu **gosto** (verbo) muito da minha professora de artes."] → uma oração (= período simples)
- ["Eu **gosto** (verbo) tanto dela] [que **fico** (verbo) mudo a aula inteira."] → duas orações (= período composto)
- ["**Parece** (verbo) patético] [**dizer** (verbo) isso com 13 anos de idade,] [mas **é** (verbo) verdade."] → três orações (= período composto)

Conteúdo: descreve a professora Anísia e expressa o sentimento do aluno em relação a ela. Introduz propriamente o fato que será registrado.

Frase, oração, período

Frase é o enunciado que, por ter sentido completo, consegue estabelecer comunicação. Pode apresentar-se com verbo ou sem verbo.

A **oração** constitui-se em torno de um verbo ou de uma locução verbal e geralmente é formada de dois elementos básicos: sujeito e predicado. Pode ser uma frase ou parte de uma frase.

Período é a frase com verbo, finalizada por um sinal de pontuação como ponto-final, ponto de interrogação, ponto de exclamação ou reticências. Os períodos podem ser simples ou compostos, ou seja, formados de uma ou mais orações.

Relações de dependência na oração

A concordância

Os termos da oração estabelecem relações de concordância entre si. Veja:

"[...] todo mundo ador**ou** o Picasso." "[...] **a** mais perfeit**a** **imagem** da paz [...]"

Todos adorara**m** Picasso. **os** mais perfeit**os** **retratos** da paz

A concordância mostra uma relação de dependência entre os termos da oração:

- quando muda o sujeito (todo mundo → todos), o verbo sofre alteração em sua forma, adaptando-se à nova palavra em número e pessoa (adorou → adoraram);
- quando muda o nome determinado (imagem → retratos), os termos determinantes sofrem alterações de gênero e número (a, perfeita → os, perfeitos).

A regência

Existe outro princípio que rege a organização das orações. Observe:

verbo — complemento do verbo

"[...] Anísia **reparou** em mim."

termo principal em relação ao complemento — termo dependente em relação ao verbo

Nessa frase, o termo **em mim** depende do verbo **reparar**. Observe o que ocorre com os complementos quando substituímos o verbo por outros (**olhar**, **gostar**, **concordar**):

Camila de Godoy/Arquivo da editora

Anísia	olhou	**para mim**.
Anísia	gostou	**de mim**.
Anísia	concordou	**comigo**.

As alterações no complemento, nessas frases, mostram a sua relação de dependência com o verbo. A esse fato da língua dá-se o nome de **regência**. Há na frase termos principais (regentes) e termos dependentes (regidos) responsáveis pelas conexões que nos permitem transmitir e compreender seus conteúdos.

Atividades

1. Leia estes trechos da crônica **O cego, Renoir, Van Gogh e o resto**, de Ivan Ângelo, para responder às questões:

> [...]
>
> —... os olhos dessa menina de rosa **brilham** como se estivessem marejados, como se ela estivesse a ponto de chorar, e a boca, de um rosa muito vivo, quase vermelho, **ajuda a dar** essa impressão, parece que se contrai. É muito mágico, não se pode ter certeza. Por cima do corpinho do vestido ela usa uma espécie de colete

também de musselina rosa franzida, adornada por uma espécie de babado de alto a baixo.

— Você já falou "espécie de" três vezes.

— Tá bom, vou evitar. Essa... esse colete **é** preso na cintura por uma faixa bem larga de cetim cor-de-rosa, larga mesmo, de quase um palmo, usada como cinto. Ela tem o dedo polegar da mão direita enfiado nessa espécie de, perdão, nessa faixa de cetim, o que parece um truque do pintor para dar movimento ao braço e graça infantil à figura da menina.

Algo extraordinário acontecia ali, que eu só compreendia na superfície: um homem descrevendo para um amigo cego um quadro de Renoir. Por que tantos detalhes?

Museu de Arte de São Paulo (SP)/Album/akg-images/Latinstock

Rosa e azul (*As meninas Cahen d'Anvers*), 1881, de Pierre Auguste Renoir. Óleo sobre tela. 119 × 74 cm.

— A saia rodada franzidinha **é** do mesmo tecido cheio de luz. As meias **são** de uma tal transparência diáfana rosada que mal se destacam das perninhas sadias dela. Vão até a metade da perna, e os sapatos **são** pretos de alcinha com uma fivela, não, não é uma fivela, é um enfeite dourado, um na alça e outro no peito do pé, bem discretos. Ela dá a mão esquerda para outra menina de vestido igualzinho ao dela, só que em azul, bem brilhante, e esta tem os cabelos mais claros.

— [...] A menina de azul é um pouquinho mais alta e está quase sorrindo... o contrário da outra. Parecem irmãs, devem ser irmãs, mas ela tem os cabelos mais claros, louros mesmo, e mais compridos. A mão esquerda dela tem um movimento gracioso, como se ela segurasse com o indicador e o polegar um raio de luz do vestido brilhante... [...]

ÂNGELO, Ivan.
O comprador de aventuras e outras crônicas.
São Paulo: Ática, 2000. p. 9-11. (Para gostar de ler, v. 28).

a) Localize no texto e escreva no caderno as palavras que exercem a função de sujeito dos verbos que estão destacados nos trechos acima.

b) A que classe morfológica pertencem as palavras que você localizou?

c) O que você nota em relação à concordância dos verbos com essas palavras?

d) Observe a sequência em que essas palavras aparecem: existe um planejamento no texto para descrever as meninas. Em que se baseia esse planejamento?

e) Explique a marcante presença, nesses trechos, de substantivos, adjetivos e verbos que indicam estado (ser, estar, parecer).

2. Reescreva este trecho, substituindo a palavra em destaque por **cetim**:

"Por cima do corpinho do vestido ela usa uma espécie de colete também de **musselina** rosa franzida, adornada por uma espécie de babado de alto a baixo."

3. Reescreva este trecho, substituindo a palavra em destaque por **vestido**.

"A **saia** rodada franzidinha é do mesmo tecido cheio de luz".

4. Neste trecho, substitua **algo** por **coisas** e **eu** por **nós**.

"**Algo** extraordinário acontecia ali, que **eu** só compreendia na superfície: um homem descrevendo para um amigo cego um quadro de Renoir."

5. Reescreva este período, substituindo o verbo **descrever** por **refletir**, por **sonhar** e por **inspirar-se**. Atenção à regência verbal.

Veja a lista completa dos Objetos Educacionais Digitais no final do livro. 1

Um homem **descrevia** um quadro de Renoir.

6. O texto seguinte – a sinopse do livro *O diário de Zlata*, de Zlata Filipovic´ – compõe-se de um parágrafo apenas. Leia-o e responda ao que se pede.

Editora Companhia das Letras/Arquivo da editora

"Zlata tem onze anos e vive em Sarajevo. Mantém um diário, no qual vai registrando seu cotidiano. Mas a guerra eclode na ex-Iugoslávia e irrompe no diário da menina. As preocupações do dia a dia desaparecem diante do medo, da raiva, da perplexidade. O universo de Zlata desmorona."

Disponível em: <http://www.companhiadasletras.com.br/detalhe.php?codigo=10450>. Acesso em: 7 fev. 2012.

a) De quantos períodos compõe-se a sinopse?
b) Quantas orações compõem os cinco períodos do texto?
c) Comente essa sinopse, tendo em vista a linguagem e a organização dos períodos.

Gênero textual: SINOPSE

Sinopse é uma apresentação concisa do conteúdo de um livro ou de um texto. Filmes, peças de teatro, shows *e outros espetáculos também costumam ter suas sinopses publicadas em seções de entretenimento da mídia. Em revistas científicas, a sinopse apresenta uma visão geral de um artigo para dar ao leitor um apanhado de seu conteúdo. As sinopses de romances apresentam breves informações sobre personagens, enredo, tema; as de outros tipos de livros informam sobre a área de conhecimento, linha teórica, pontos de interesse etc. Atualmente, nas livrarias virtuais, a sinopse é um dos recursos utilizados para oferecer ao internauta uma forma de consulta, em substituição ao manuseio do livro no momento da compra.*

7. Dos livros que você já leu, escolha um para elaborar uma sinopse. Escreva-a em meia página de papel sulfite e, juntamente com seus colegas, afixe a folha num painel de sinopses que vocês irão montar na sala de aula. Assim vocês poderão escolher as próximas leituras.

Para além do texto

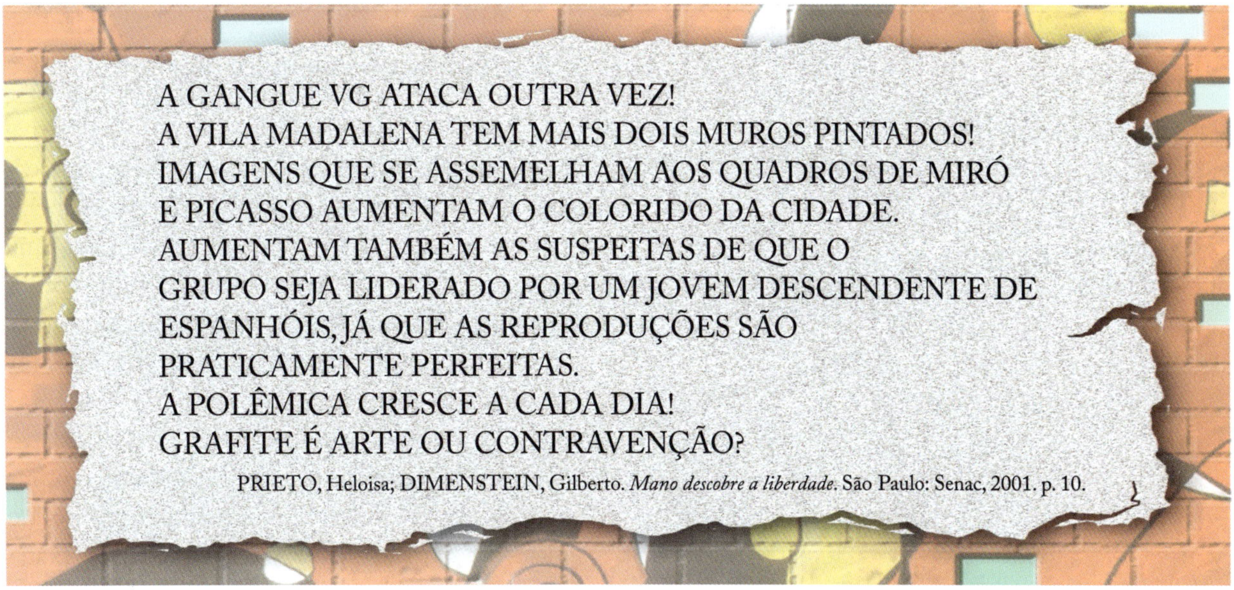

A GANGUE VG ATACA OUTRA VEZ!
A VILA MADALENA TEM MAIS DOIS MUROS PINTADOS!
IMAGENS QUE SE ASSEMELHAM AOS QUADROS DE MIRÓ E PICASSO AUMENTAM O COLORIDO DA CIDADE.
AUMENTAM TAMBÉM AS SUSPEITAS DE QUE O GRUPO SEJA LIDERADO POR UM JOVEM DESCENDENTE DE ESPANHÓIS, JÁ QUE AS REPRODUÇÕES SÃO PRATICAMENTE PERFEITAS.
A POLÊMICA CRESCE A CADA DIA!
GRAFITE É ARTE OU CONTRAVENÇÃO?

PRIETO, Heloisa; DIMENSTEIN, Gilberto. *Mano descobre a liberdade*. São Paulo: Senac, 2001. p. 10.

Vera Basile/Arquivo da editora

Tendo em vista essa passagem do livro *Mano descobre a liberdade*, desenvolva as seguintes atividades:

1. Forme grupo com alguns colegas para discutir a questão presente na última frase do texto: "Grafite é arte ou contravenção?". Em seguida, crie com eles frases de efeito contrárias ou favoráveis ao grafite, segundo as conclusões do grupo.

2. Reúna-se com esses mesmos colegas e, juntos, façam uma pesquisa sobre Miró e Picasso. Exponham reproduções de pinturas deles no mural da sala. Depois, com a orientação do(a) professor(a) de Arte, façam desenhos amplos inspirados na obra desses dois artistas. Deem um título a eles. Montem grandes painéis para expor na escola. As frases criadas na atividade 1 poderão ser usadas na exposição, se assim vocês decidirem.

MOMA – Museu de Arte Moderna, New York

Mulher perante o sol, de Joan Miró, 1950.

Pablo Picasso/Coleção particular

Jaqueline com flores, de Pablo Picasso, 1954.

• Hora do texto

Vera Basile/Arquivo da editora

A menina que falava internetês

A mãe gostava de acreditar-se moderna. Do figurino à linguagem, esforçava-se para estar sempre *up-to-date* com as últimas tendências da moda. Seus objetivos eram claros: criar uma imagem de mulher mais jovem e fazer bonito para os filhos, os reis da tecnologia doméstica, que dominavam tudo na casa, dos controles remotos dos aparelhos eletrônicos aos computadores e *laptops*. Foi o propósito de não perder o bonde da história que levou Wanda a comprar um computador pessoal, assinar um provedor de acesso e começar a navegar pela internet. Nada poderia detê-la rumo à modernidade!

Depois de alguns dias, navegando em seu trabalho, encontrou sua filha pré-adolescente *on-line*. Não resistiu à tentação e iniciou uma conversa através de um programa de mensagens instantâneas.

– Olá, filha, aqui é a sua mãe, navegando pela internet... Tudo bem com você, querida?

– blz.

– Como? Não entendi, filhinha. Seu teclado está com algum problema nas vogais?

– naum.

– Vejo que não é este o problema, já que você digitou duas vogais agora mesmo! Mas pode ser um defeito nas teclas de acentuação. Por favor, filha, teste o "til".

– q tio?

– Não, não o tio, o til. O tio é irmão do papai, o tio Bruno. O til é aquele acento do não, do anão, da mamãe... Lembra quando a mamãe ensinou você que o til parecia uma minhoquinha?

– nem

– Nem? Como assim, "nem"? Nem no sentido de conjunção coordenativa aditiva como em "não lembro nem quero lembrar"? Ou seria "nem" como conjunção coordenativa alternativa, como em "não me lembro e nem parece uma minhoquinha"?

– ;-(

– Que foi isso, filhota?

up-to-date (inglês): moderno, atualizado.

laptop (inglês): computador portátil que funciona com bateria; *notebook*.

– naum quero + tc com vc

– Você... não quer mais tecer comigo?

– teclar

– Assim mamãe fica triste, lindinha. Eu só queria conversar, puxar algum assunto. Mas está difícil. Eu não entendo o que você escreve e você não se interessa pelo que eu digito. Realmente, meu bem, parece que não é possível estabelecer um diálogo com você. Tudo bem, se eu estiver incomodando, eu paro agora mesmo.

– tá.

– Antes de ir para casa eu vou passar no supermercado. O que você quer que eu compre para... para... para vc? É assim que se diz em internetês?

– refri e bisc8

– Refrigerante e biscoito? Biscoito? Filha, francamente, que linguagem é essa? Você estuda no melhor colégio, seu pai paga uma mensalidade altíssima e você escreve assim na internet? Sem vogais, sem acentos, sem completar as palavras, sem usar maiúsculas no início de uma frase, com orações sem nexo e ainda por cima usando números no lugar das sílabas? Isso é inadmissível, Maria Eugênia!

– Xau, mãe, c tá xata.

– Maria Eugênia! Chata é com ch!

–

– Maria Eugênia?

–

– Desligou. Bem, pelo menos a tecla til está em ordem.

HERMANN, Rosana. In: CAMPOS, Carmen Lucia da Silva; SILVA, Nílson Joaquim da (Orgs.). *Lições de gramática para quem gosta de literatura*. São Paulo: Panda Books, 2007. p. 92-94.

Caio Guatelli/Folhapress

Rosana Hermann (1957), formada em Física e Jornalismo pela Universidade de São Paulo, é escritora, roteirista, apresentadora de TV e blogueira. Em seu livro *Presas na teia*, aborda a questão dos limites entre o público e o privado na internet.

Expressão escrita

1. No texto **A menina que falava internetês** predominam sequências narrativas, descritivas, expositivas ou argumentativas?

2. Com que intenção o texto foi produzido?

3. Observe como a mãe é caracterizada, no início do texto e no diálogo com a filha, e responda:
   a) Por que ela comprou um computador?
   b) Ela teve sucesso em seu intento?
   c) Caricatura é o desenho de pessoa ou coisa que, pelo exagero e deformação de uma característica (nariz, testa, boca, tipo de cabelo etc.), cria um efeito de humor ou sátira. Nos textos, o personagem caricato também tem um traço físico ou de caráter ressaltado que o torna engraçado. É possível dizer que a autora compôs uma caricatura dessa mãe? Explique.

4. Quando alguém diz que não deseja "perder o bonde da história", revela que não quer perder uma oportunidade única na vida. Observe outras expressões com a palavra **bonde**:

pegar o bonde andando / tocar o bonde / tomar o bonde errado

DICA!

Para achar o significado de uma expressão no dicionário, deve-se procurar pela palavra-base da expressão, que não é necessariamente a primeira. Assim, para saber o significado de *comer bola*, *pisar na bola* ou *estar com a bola toda*, por exemplo, deve-se procurar no verbete **bola**, e não em *comer*, *pisar* ou *estar*. Após as acepções, os dicionários apresentam as expressões idiomáticas. Alguns dicionários eletrônicos apresentam essas expressões em uma aba específica dentro do verbete pesquisado, separada das acepções.

a) Inspirado(a) no texto, crie frases com elas. Quando não souber o significado, pesquise no dicionário.
b) Na sua opinião, qual dessas expressões aplica-se à mãe, no texto?

5. Um recurso de humor usado no texto é o do quiproquó. Aponte os fatos que, no texto, soam como tal, criando um efeito de comicidade.

Quiproquó

A palavra *quiproquó* (o grupo *qui* pronuncia-se *kwi*) provém do latim *quid pro quo*, ou seja, isto por aquilo, uma coisa por outra. Nos textos de humor, os quiproquós são caracterizados pelos enganos, pelas séries de erros em que se toma uma coisa por outra, provocando confusões e riso.

6. No parágrafo em que a mãe tenta entender com que sentido a filha usou **nem**, ela classifica essa palavra como conjunção coordenativa aditiva (em "não lembro nem quero lembrar") e como conjunção coordenativa alternativa (em "não me lembro e nem parece ser uma minhoquinha"). Sabendo que **aditiva** indica **adição** (uma coisa **e** outra, **nem** uma coisa **nem** outra) e que **alternativa** indica **alternância**, **opção** (uma coisa **ou** outra), responda:
a) Ela classificou corretamente a conjunção **nem** nos dois casos?
b) Como deveria ser construída a frase "não me lembro e nem parece uma minhoquinha" para haver ideia de alternância?

7. Comente o final do texto. Finalmente, a mãe entendeu como se conversa na internet?

8. O que você pensa sobre essa forma de expressão – o internetês? Como e quando ela pode ser usada?

• A linguagem dos textos

A linguagem coloquial no texto escrito

É possível usar linguagem coloquial em textos escritos? Depende do texto, da situação concreta em que é produzido, do fim a que se destina, de quem será o interlocutor.

Notícias ou reportagens publicadas por jornais e revistas destinadas a público adulto, publicações especializadas sobre os diversos ramos do saber (direito, medicina, literatura etc.), conferências, palestras, artigos (de análise política, econômica, social), textos técnicos, cartas comerciais e oficiais, entre tantos outros textos escritos, não devem apresentar o nível coloquial de linguagem. Com maior ou menor rigor, mais ou menos elaborados, todos eles devem ser redigidos na modalidade formal.

Porém, quando escrevemos um bilhete ou um recado para um amigo, quando fazemos breves anotações para nós mesmos (lembretes, anotações de recados), trocamos mensagens pela internet ou criamos textos fictícios (contos, histórias em quadrinhos) cujos personagens utilizam a linguagem coloquial em seus diálogos, essa modalidade da linguagem poderá ser utilizada.

José Luís Juhas/Arquivo da editora

É o que ocorre no texto de abertura deste capítulo. Trata-se da recriação de uma página de diário escrita por um adolescente de 13 anos que reproduz as falas de seus colegas e suas próprias observações em sala de aula. A linguagem coloquial caracteriza-os e torna o texto convincente.

Ainda com relação à caracterização de personagens, os autores tiveram o cuidado de diferenciar os registros linguísticos dos adolescentes dos registros da professora. Enquanto eles dizem: "Ainda bem que no Brasil nunca **teve** guerra", ela explica: "Não é bem assim. Antes fosse. Mas **existem** vários tipos de guerra. No Brasil **houve** guerras secretas, lutas mortais pela defesa da liberdade de expressão. E nem faz tanto tempo".

Ou seja, para o registro coloquial dos alunos, os autores escolhem, apropriadamente, o verbo **ter** no lugar de **haver** ou **existir**; já na fala da professora, utilizam os registros do padrão formal.

No texto **A menina que falava internetês**, a pré-adolescente também é caracterizada pela linguagem, chamada de "internetês" pela autora. Essa linguagem, porém, mais do que coloquial, representa uma variedade linguística de utilização num ambiente restrito e particular, a internet.

Nos dois casos, houve adequação da linguagem à situação e aos personagens envolvidos nas respectivas situações retratadas.

Atividades

Leia:

Tiro ao álvaro

De tanto levar frechada do teu olhar
Meu peito até parece, sabe o quê?
Táubua de tiro ao álvaro, não tem mais onde furar

Teu olhar mata mais do que bala de carabina
Que veneno estriquinina
Que peixeira de baiano

Teu olhar mata mais
Que atropelamento de automóver
Mata mais que bala de revórver

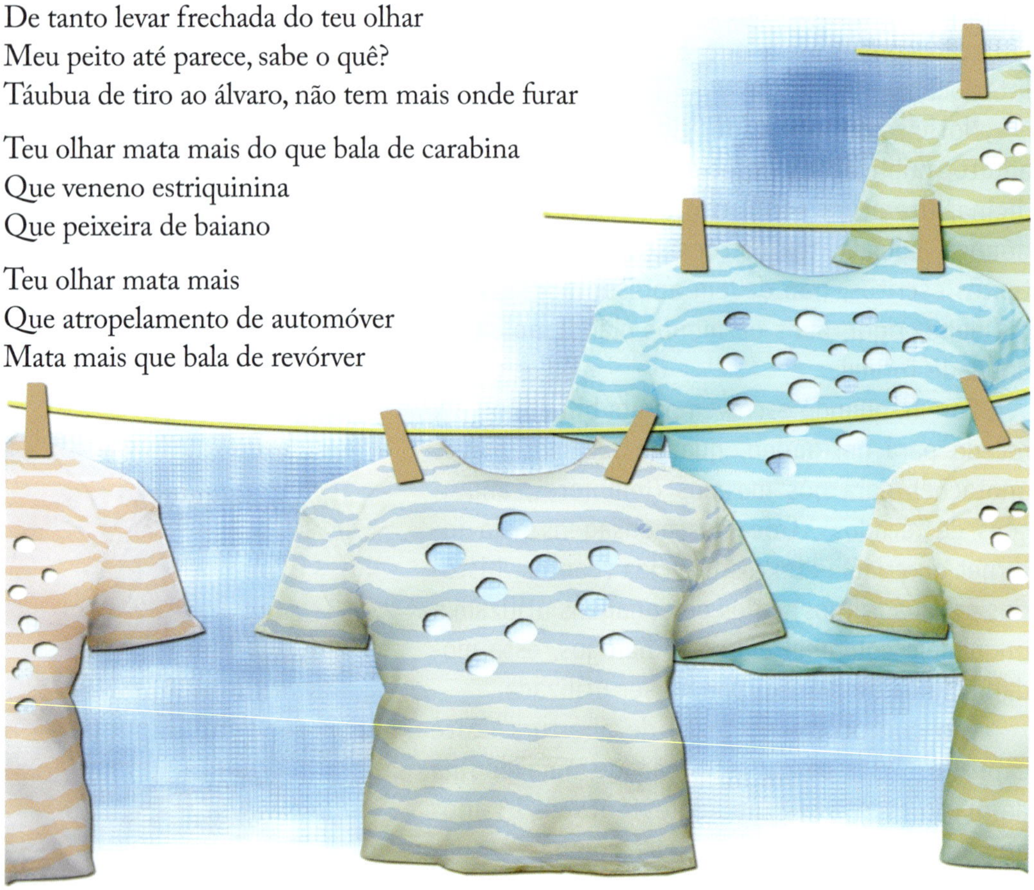

Vera Basile/Arquivo da editora

BARBOSA, Adoniran; MOLES, Oswaldo. Tiro ao Álvaro. Intérpretes: Adoniran Barbosa e Elis Regina. In: *Saudosa maloca - Grandes sucessos.* [S.l.]: EMI, 2011. 1 CD. Faixa 2. Disponível em: <http://letras.terra.com.br/adoniran-barbosa/43970/>. Acesso em: 4 fev. 2012.

1. Essa letra reproduz certo tipo de fala comum em algumas regiões do país. Pelo contexto, descubra quais palavras correspondem a **álvaro**, **frechada**, **táubua**, **estriquinina**, **automóver** e **revórver** e escreva-as segundo as normas ortográficas vigentes.

2. Pesquise quem foi Adoniran Barbosa e que tipo de música ele compunha.

3. Analise essa letra. Leve em consideração estes aspectos:
   a) Há um "eu" e um "tu" instalados no texto. A quem correspondem?
   b) O que a linguagem utilizada pelo eu lírico revela sobre ele? Caso fosse empregada a norma urbana de prestígio, o efeito de sentido da canção seria o mesmo? Por quê?
   c) Sabendo que comparações e metáforas são recursos da linguagem poética, responda: há esses recursos no texto? Dê exemplos.
   d) Há criação poética no texto? Justifique sua resposta.

Produzindo texto

Página de diário

Leia as anotações de um dia do diário de Zlata. Como você leu anteriormente na sinopse, o diário, chamado por ela de Mimmy, acabou se transformando num livro.

Domingo, 5 de julho de 1992.

Dear Mimmy,

Já nem lembro mais quando saí de casa pela última vez... Faz quase dois meses! Como eu gostaria de ver vovô e vovó! Eu ia todos os dias à casa deles, faz uma eternidade que não estou com eles.

Passo o tempo todo em casa e no porão. E assim transcorre minha infância de guerra. Estamos no verão. As outras crianças estão passando férias no mar, na montanha, nadam, tomam sol, se divertem. Meu Deus, que pecado eu cometi para ser obrigada a passar o tempo dessa maneira? As crianças não merecem isso. Estou trancada como se estivesse numa gaiola. Só vejo o parque em frente à nossa casa olhando através de nossas janelas quebradas. Um parque vazio, deserto, sem crianças, sem alegria. Ouço explosões e a meu redor tudo tem cheiro de guerra. Minha vida, agora, é a guerra. DROGA, não aguento mais! Me dá uma vontade de uivar, de chorar. Se pelo menos eu pudesse tocar um pouco de piano, mas não, não posso, o piano está no quarto "perigoso", lá não tenho coragem nem de pôr os pés. Será que isso ainda dura muito tempo?!

Zlata

FILIPOVIC', Zlata. *O diário de Zlata:* a vida de uma menina na guerra. São Paulo: Cia. das Letras, 1994. p. 73-74.

Picasso registrou a guerra numa tela que se tornou mundialmente conhecida. Assim como ele, muitos artistas deixaram para a posteridade suas impressões sobre os acontecimentos vividos. Mano gravou fatos marcantes de sua vida de adolescente nas páginas de um diário; Adoniran Barbosa reproduziu a vida e a linguagem das pessoas simples, com humor e lirismo, em suas canções.

Registre, você também, algo marcante do seu tempo, escrevendo uma página de diário. Coloque-se diante de sua realidade e dê seu testemunho. Só que seu interlocutor não será apenas você. Pense que, além de desabafar com seu diário, gostaria de compartilhar confidências com seus amigos.

Assim que sua página de diário estiver pronta, prepare-se para avaliar as páginas dos colegas – e também ter a sua avaliada –, conforme orientações que constam da seção **Exercitando a crítica**. Reveja seu trabalho e refaça-o se necessário.

No final, reúna-se com alguns colegas para organizar um painel com as produções de toda a turma.

DICA!

- é importante sempre datar suas anotações;
- busque registrar um acontecimento marcante;
- suas impressões são tão importantes quanto o acontecimento em si: deixe clara sua posição diante dos fatos, seja ela de indignação, admiração, alegria, tristeza ou de qualquer outro sentimento que envolva a situação;
- em um diário, pode ser usada a linguagem coloquial.

Exercitando a crítica

Junte-se a um ou dois colegas para comentar outras produções. Alguns critérios serão importantes no momento de avaliá-las: o registro da data do episódio relatado; a organização interna do texto e a clareza dos sentimentos em relação ao que foi registrado; a linguagem espontânea; o uso de vocativo (como "meu diário") é opcional.

Outros tempos

Palbo de Sousa/CIA de Luz

Werner Rudhart/kino.com.br

Moacyr Lopes Junior/Folhapress

Paulo Fridman/Pulsar Imagens

A. Telas com imagens de personalidades atuais e antigas do futebol são uma das atrações do Museu do Futebol, instalado no Estádio Municipal Paulo Machado de Carvalho, no Pacaembu, em São Paulo.

B. O Memorial dos Imigrantes ocupa o prédio da antiga hospedaria do bairro do Brás, em São Paulo, por onde passaram, entre 1882 e 1978, mais de 70 nacionalidades e etnias. Possui 87 mil imagens da imigração no país.

Disponível em:<www.memorialdoimigrante.org.br>. Acesso em: 8 fev. 2012.

C. Uma nova concepção de museu: interação e deslumbramento proporcionados pelo Museu da Língua Portuguesa, instalado na Estação da Luz, outro prédio centenário de São Paulo.

Disponível em: <http://www.espacoturismo.com/cultural/museu-da-lingua-portuguesa>. Acesso em: 8 fev. 2012.

D. Grandes vãos livres e traços sinuosos no museu Oscar Niemeyer, em Curitiba: a arquitetura de seu criador, por si só, já é uma obra de arte com mais de 17 mil m^2 de área expositiva, num complexo de 144 mil m^2.

Disponível em: <www.museuoscarniemeyer.org.br/arquitetura.htm>. Acesso em: 8 fev. 2012.

PARA COMEÇO DE conversa

1. Você já visitou um museu? Caso a resposta seja afirmativa, conte o que viu; caso seja negativa, diga como imagina que sejam os museus.
2. A palavra *museu* costuma ser associada a coisas antigas e ultrapassadas. Pelas fotos que você viu nesta página, está correta essa associação?
3. Em sua opinião, é importante conhecer fatos, objetos e histórias de outros tempos? Explique.

• Hora do texto

As cocadas

Eu devia ter nesse tempo dez anos. Era menina prestimosa e trabalhadeira à moda do tempo.

Tinha ajudado a fazer aquela cocada. Tinha areado o tacho de cobre e ralado o coco. Acompanhei rente à fornalha todo o serviço, desde a escumação da calda até a apuração do ponto. Vi quando foi batida e estendida na tábua, vi quando foi cortada em losangos. Saiu uma cocada morena, de ponto brando, atravessada de paus de canela cheirosa. O coco era gordo, carnudo e leitoso, o doce ficou excelente. Minha prima me deu duas cocadas e guardou tudo mais numa terrina grande, funda e de tampa pesada. Botou no alto da prateleira.

José Luís Juhas/Arquivo da editora

Duas cocadas só... Eu esperava quatro e comeria de uma assentada oito, dez, mesmo. Dias seguidos namorei aquela terrina, inacessível. De noite, sonhava com as cocadas. De dia as cocadas dançavam pequenas piruetas na minha frente. Sempre eu estava por ali perto, ajudando nas quitandas, esperando, aguando e de olho na terrina.

Batia os ovos, segurava a gamela, untava as formas, arrumava nas assadeiras, entregava na boca do forno e socava cascas no pesado almofariz de bronze.

Estávamos nessa lida e minha prima precisou de uma vasilha para bater um pão de ló. Tudo ocupado. Entrou na copa e desceu a terrina, botou em cima da mesa, deslembrada do seu conteúdo. Levantou a tampa e só fez: Hiiii... Apanhou um papel pardo sujo, estendeu no chão, no canto da varanda e despejou de uma vez a terrina.

As cocadas moreninhas, de ponto brando, atravessadas aqui e ali de paus de canela e feitas de coco leitoso e carnudo guardadas ainda mornas e esquecidas, tinham se recoberto de uma penugem cinzenta, macia e aveludada de bolor.

Aí minha prima chamou o cachorro: Trovador... Trovador... e veio o Trovador, um perdigueiro de meu tio, lerdo, preguiçoso, nutrido e abanando a cauda. Farejou os doces sem interesse e passou a lamber, assim de lado, com o maior pouco caso.

Eu olhando com uma vontade louca de avançar nas cocadas.

Até hoje, quando me lembro disso, sinto dentro de mim uma revolta – má e dolorida – de não ter enfrentado decidida, resoluta, malcriada e cínica, aqueles adultos negligentes e partilhado das cocadas bolorentas com o cachorro.

CORALINA, Cora. *O tesouro da casa velha.* São Paulo: Global, 2000. p. 85-6.

prestimoso: que ajuda de boa vontade, que é prestativo.
areado: esfregado ou limpo com areia ou outro material.
terrina: vasilha de louça ou metal, normalmente com tampa.
gamela: vasilha de madeira ou de barro usada na preparação de alimentos.
almofariz: pilão.
lida: trabalho, luta.
resoluta: decidida, corajosa.

Divulgação

A poeta goiana **Cora Coralina** (1889-1985) publicou seu primeiro livro apenas em 1965, após a morte do marido. Depois disso, Cora continuou a produzir, firmando-se como uma das maiores poetas brasileiras do século XX. As principais características de seus versos são a naturalidade, a ternura e a esperança com relação à vida. Uma de suas mais importantes obras é *Poemas dos becos de Goiás e estórias mais*, publicada em 1983.

Expressão oral

No conto **As cocadas,** Cora Coralina põe-nos diante de um fato ocorrido numa época distante que nos leva, inevitavelmente, a comparar costumes do passado com os atuais. Esse é um dos caminhos do conhecimento e da reflexão sobre o tempo presente. Saber como as pessoas se relacionavam ou o que era exigido delas na vida familiar e social pode nos levar a compreender melhor o nosso tempo.

Propomos, assim, que você e sua turma façam uma **roda de histórias do passado**. Pense em uma pessoa que tenha um caso interessante para contar. Entreviste-a, grave ou anote a história dela e depois leve o relato para seus colegas ouvirem. Antes, porém, organize a entrevista, pois algumas etapas devem ser observadas. Seguem algumas sugestões:

- Entre em contato com a pessoa escolhida, explique o objetivo da entrevista e, caso ela aceite seu convite, marque data e hora para ouvi-la.
- No dia marcado, leve gravador ou papel e caneta para realizar seu trabalho. Se decidir anotar o depoimento, ouça com bastante atenção o relato e anote apenas seus pontos principais. Assim que puder, escreva o relato completo. Procure ser o mais fiel possível às palavras do entrevistado.
- Em dia previamente marcado, leve o material coletado para apresentá-lo oralmente à turma. Prepare sua fala. Desperte o interesse de seus colegas para a história que vai apresentar criando suspense ou destacando algum aspecto interessante. Motive-os a pensar em algum fato, formulando perguntas instigantes, por exemplo. Depois, conte a história ou faça-os ouvir a gravação original.
- Após a audição das histórias, façam uma roda de discussões. O objetivo é comparar, refletir e destacar aspectos relevantes das histórias, portanto cabem todas essas ações. Não se trata, neste caso, de defender posições, mas de reunir elementos que levem a uma visão geral de uma época que não foi vivenciada pela turma.
- No momento da discussão, devem ser respeitadas as regras da fala pública. Assim, cada participante deve manifestar o desejo de falar, ser objetivo, respeitar o tempo de fala – seu e dos colegas –, ouvir os demais participantes, permitir a conclusão do pensamento, entre outras.
- Lembramos que a eleição de um coordenador e a definição de regras antes de iniciar a discussão contribuem para o sucesso da atividade.

No final, encerrem a discussão estabelecendo as conclusões a que a turma chegou.

8 JEITOS de mudar o mundo

Vá à página 225.
Leia o texto do item 5. Para comparar a situação das mulheres no passado e no presente, faça uma entrevista com uma senhora de mais idade. Pergunte se ela acha que o modo de vida e a forma como as mulheres são tratadas mudaram muito nos últimos tempos e se ela já sofreu algum tipo de preconceito por ser mulher.

Expressão escrita

Gênero textual CONTO

Originalmente, o conto vem de uma tradição oral remota, dos contadores de histórias ou de "causos". Dessa tradição mantêm-se alguns elementos: personagens envolvidos em peripécias em determinado tempo e espaço. Com a escrita, surge a preocupação estética e os recursos de linguagem aparecem. Modernamente, o conto é uma narrativa curta, densa e compacta, que busca dizer o máximo com o mínimo de palavras. Apresenta grande variedade de formas, mas mantém como características fundamentais: a tensão provocada por um conflito ou por uma crise (que o personagem principal precisa enfrentar) e um ritmo intenso e envolvente que busca seduzir o leitor. Os desfechos costumam surpreender e o significado global do conto é amplo, vai além dos acontecimentos narrados. Há subgêneros do conto: conto policial, conto de terror, conto de aventura, conto de amor etc.

1. O conto é narrado em primeira pessoa. Qual é o efeito dessa escolha para quem o lê? Responda no caderno.

algo a +

Cora Coralina foi poeta e, como ela mesma gostava de se definir, contadora de "estórias": "sem 'h', minha menina, porque não sou historiadora nem memorialista, apenas e sempre a estória do cotidiano – verdades e mentiras" [Prefácio da obra citada, p. 5]. Seus contos trazem, portanto, cenas da vida real, embora também haja neles uma boa dose de imaginação e o olhar da autora sobre os fatos, ou seja, uma visão do presente sobre fatos passados. Livre de convenções acadêmicas e dona de uma maestria literária inconfundível, Cora Coralina soube transformar os "causos" que ouviu (ou viveu) durante sua longa existência em histórias que combinam simplicidade de fatos com profundidade de sentimentos e emoções.

2. Logo no início do conto, lemos:

   "Eu devia ter nesse tempo dez anos." (...) "Tinha ajudado a fazer aquela cocada."

   Observe o uso dos pronomes demonstrativos **esse** e **aquela**. O que eles ajudam a definir?

3. No segundo parágrafo, a personagem narra todo o trabalho de fazer o doce e seu aspecto depois de pronto e termina dizendo onde a prima guardou as cocadas.
   a) Explique com que intenção foram dadas essas informações.
   b) Comente a escolha dos adjetivos usados para descrever a cocada pronta e o coco com que foi feita: cocada morena, ponto brando, canela cheirosa; coco gordo, carnudo, leitoso; doce excelente. Pense nos sentidos (visão, olfato etc.) que a descrição busca provocar.
   c) Escreva por que, em sua opinião, a frase "Botou no alto da prateleira." foi colocada no final do parágrafo.

4. Resuma o conteúdo dos parágrafos 3 e 4.

5. Em seu caderno, compare o comportamento da prima e o sentimento da menina em relação às cocadas estragadas.

6. Comente o 6º parágrafo. Pense, por exemplo, por que teriam sido usadas as mesmas palavras do 2º parágrafo para falar das cocadas, agora emboloradas. Registre sua opinião no caderno.

7. Volte ao texto e releia a descrição do cachorro e da forma como ele lambe as cocadas. Que sentimento essa descrição lhe despertou?

8. No último parágrafo, a menina exprime seu sentimento de revolta "má e dolorida" contra "aqueles adultos negligentes" e seu desejo de tê-los enfrentado "decidida, resoluta, malcriada e cínica". Comente a escolha dos adjetivos para caracterizar a revolta, os adultos e o desejado (e não cumprido) enfrentamento.

9. No conto percebe-se um trabalho incessante das mulheres: faziam tantos doces que todas as vasilhas estavam ocupadas, e foi só por isso que as cocadas emboloradas foram descobertas. Mas não se revela o destino de tantos doces (se seriam para uma festa, para o consumo diário etc.).

   a) Por que essa informação não é dada? Afinal, o que é importante nesse conto?

   b) Entre as características peculiares do ser humano mencionadas a seguir, qual você diria que é mais forte nesse conto: a avareza, a gula, a inveja, a ira, a luxúria, o orgulho ou a preguiça? Justifique sua resposta.

10. Você já deve ter percebido que muita gente, ao relembrar tempos antigos, sempre conclui nostalgicamente que o passado era melhor do que o presente. Escreva no caderno o que você pensa sobre isso, fundamentando sua opinião.

As palavras e seus sentidos

José Luis Juhas/Arquivo da editora

1. Leia:

> "Sempre eu estava por ali perto, ajudando nas quitandas, esperando, aguando e de olho na terrina."

Com base nessa frase, responda no caderno:

a) Com que sentido foi usada a palavra **quitanda**?

b) Apresente outro significado dessa palavra, dando uma frase como exemplo.

c) Com que sentido foi usado o verbo **aguar**?

d) **Ficar de olho em alguma coisa** é uma expressão que significa "ter alguma coisa em mira, no pensamento"; "desejar". Nas frases a seguir, há expressões formadas com a palavra **olho**. Explique o significado de cada uma.

- De tanto pensar nas cocadas, a menina **não pregava o olho**.
- Como a prima não percebeu? **Saltava aos olhos** o desejo da menina!
- Saiu uma cocada de **encher os olhos**.
- Tinha tanta habilidade na cozinha, que fazia receitas deliciosas **a olho**.
- Pensa que vou lhe dar mais cocadas só **pelos seus belos olhos**?

Você conhece outras expressões com a palavra **olho**? Crie frases em seu caderno para mostrar em que situações elas são usadas.

2. "Entrou na copa e desceu a terrina, botou em cima da mesa, deslembrada do seu conteúdo." **Deslembrada** significa **esquecida**: são palavras sinônimas. Em sua opinião, daria no mesmo usar uma ou outra? Explique no caderno.

• Gramática no texto

Leia as passagens a seguir e depois, no caderno, responda ao que se pede.

1. "O coco era gordo, carnudo e leitoso, o doce ficou excelente."
   a) Destaque os verbos desse período e separe suas orações.
   b) O que se diz do coco e do doce nessa frase?
   c) Explique: por que foi usada a primeira vírgula? E a segunda?

2. "Batia os ovos, segurava a gamela, untava as formas, arrumava nas assadeiras, entregava na boca do forno e socava cascas no pesado almofariz de bronze."
   a) Esse parágrafo é constituído de um único período composto. Copie-o e, em seguida, sublinhe os verbos e separe as orações com colchetes. Quantas orações você encontrou?
   b) Todos esses verbos têm um único sujeito. Qual? O que esses verbos informam sobre ele?
   c) Apesar de não se dizer o que o sujeito "arrumava nas assadeiras" ou "entregava na boca do forno", é possível descobrir pelo contexto. O sujeito arrumava o quê? Entregava o quê?
   d) Explique o uso da vírgula nesse parágrafo.

3. "Duas cocadas só..."
   a) Você diria que essa é uma frase? Escreva sua resposta no caderno e justifique-a.
   b) Explique a diferença entre as frases abaixo e a original, com reticências.
   "Duas cocadas só." "Duas cocadas só!"

O predicado

Você já aprendeu que a oração se constrói a partir de dois elementos: o sujeito e o predicado. Esses são os chamados **termos essenciais da oração**. Nos próximos capítulos, você verá que existem orações sem sujeito, mas não orações sem predicado. Portanto, para que se diga que há uma oração, é preciso que exista um predicado.

Pense na oração normalmente composta dos dois termos. Nela, o predicado é **aquilo que se diz do sujeito**. Observe, agora, o que o predicado pode expressar sobre o sujeito:

sujeito	predicado
"Eu	devia ter nesse tempo dez anos." → fato
"Minha prima	me deu duas cocadas [e]" → ação
(ela)	"guardou tudo mais numa terrina grande, funda [...]" → ação
"O coco	era gordo, carnudo e leitoso, [...]" → qualidade
"[...] o doce	ficou excelente." → estado
Ela	enfrentou decidida aqueles adultos negligentes. → ação e qualidade

Essas são algumas das características que possibilitam agrupar predicados em três tipos: **verbal**, **nominal** e **verbo-nominal.**

Predicado verbal

"Minha prima me **deu** duas cocadas [...]"
"Eu **devia ter** nesse tempo dez anos."

O verbo e a locução verbal em destaque são os núcleos desses predicados.

Núcleo

Num agrupamento de palavras, o **núcleo** é a palavra que representa a ideia central. Se ele for retirado, o agrupamento perde o sentido. Por exemplo: no sujeito "minha **prima**", o núcleo é **prima**; no predicado "me **deu** duas cocadas", **deu** é o núcleo. Se retirarmos os núcleos (um deles ou os dois), a frase perde o sentido: "Minha me deu duas cocadas" / "Minha prima me duas cocadas" / "Minha me duas cocadas".

Dizemos que, no predicado verbal, o verbo é **significativo**: exprime ação, fato ou fenômeno da natureza. O verbo é o elemento que concentra a principal informação transmitida pelo predicado, por isso sempre funciona como núcleo.

No período a seguir, cada oração constitui um predicado, já que o sujeito **eu** não está explícito. Observe as informações dadas pelos verbos em destaque (seus núcleos):

"[Eu] **Batia** os ovos, **segurava** a gamela, **untava** as formas,
arrumava nas assadeiras, **entregava** na boca do forno
e **socava** cascas no pesado almofariz de bronze."

Todos esses predicados são verbais. Os verbos que os constituem transmitem informações fundamentais sobre o sujeito.

Predicado nominal

"O coco	era **gordo**, **carnudo** e **leitoso**, [...]"
"[...] o doce	ficou **excelente**."

Os adjetivos em destaque são os núcleos desses predicados. Ou seja, são as palavras que transmitem as informações mais importantes sobre o sujeito, no predicado:

coco → gordo, carnudo, leitoso
doce → excelente

Os verbos **era** e **ficou** não são significativos; funcionam como elemento de ligação entre o sujeito e o núcleo do predicado e, por isso, são chamados **verbos de ligação**.

ATENÇÃO!

Os principais verbos cujo papel é estabelecer uma ligação entre o sujeito e um atributo do sujeito são **ser**, **estar**, **ficar**, **continuar**, **parecer**, **permanecer** e **tornar-se**.

Predicado verbo-nominal

Ela **enfrentou decidida** os adultos negligentes.

Duas informações são fundamentais no predicado "enfrentou decidida os adultos negligentes": **enfrentou** e **decidida.** Essas duas palavras, respectivamente verbo e adjetivo, são núcleos desse predicado. Como esses núcleos são um verbo e um nome, o predicado é chamado **verbo-nominal.**

Veja outros exemplos:

sujeito	predicado verbo-nominal		
A prima	**trabalhava**	**apressada**	na confecção dos doces.
As cocadas	**dançavam**	**provocantes**	na minha imaginação.
O cão	**farejou**	os doces	**desinteressado.**
[Ela]	**Apanhou**	um papel pardo sujo	**enfadada.**

Assim, o predicado verbo-nominal expressa ao mesmo tempo a **ação** e o **estado** associado a essa ação verbal.

O predicativo

O núcleo **nominal** do predicado é chamado de **predicativo:** nome (adjetivo, substantivo, pronome, numeral) que expressa, no predicado, qualidade ou estado do sujeito ou do complemento do verbo.

O doce	ficou	**excelente.**	
↓	↓	↓	
sujeito	verbo de ligação	predicativo	
Ela	saiu	**irritada.**	
↓	↓	↓	
sujeito	ação verbal	predicativo	
Ele	encontrou	a prima	**irritada.**
↓	↓	↓	↓
sujeito	ação verbal	complemento do verbo	predicativo

Atenção para o fato de que a concordância é um importante indicador das relações estabelecidas na frase:

Ele encontrou **a prima irritada.** 	**Eles** encontraram a prima **irritados.**

Na primeira oração, a forma feminina do predicativo (**irritada**) indica que ele se refere ao objeto **prima.** Já na segunda, o predicativo no masculino plural (**irritados**) indica que ele se refere ao sujeito **eles.**

Atividades

Acervo Iconographia/Reminiscências

Acendedor de lampiões. Rio de Janeiro, final do século XIX.

Sr. Ariosto

Nasci na avenida Paulista, em 1900, numa travessa chamada Antonio Carlos, dia 20 de setembro. Meus pais vieram para cá como imigrantes, deixaram sua família na Europa. Da hospedaria de imigrantes eles já eram tratados para uma fazenda no estado de São Paulo e para lá meu pai foi.

Meu pai era de Módena, minha mãe era de Capri e ficaram muito tempo na roça. Depois a família veio morar nessa travessa da avenida Paulista; agora está tudo mudado, já não entendo nada dessas ruas.

Meu pai era mestre de caligrafia, pintava quadros a aquarela e fazia retratos a bico de pena, que é uma arte difícil. [...]

A avenida Paulista era bonita, calçamento de paralelepípedos, palacetes. As outras ruas eram semicalçadas, cobertas de árvores, de mata. De noite, os "lampioneiros" vinham acender os lampiões e de madrugada voltavam para apagar.

BOSI, Ecléa. *Memória e sociedade*: lembranças de velhos. São Paulo: Cia. das Letras. 1994. p. 154.

1. Retire do trecho acima uma oração em que *ficar* não está sendo empregado como verbo de ligação e explique por que o predicado dessa oração é verbal.

2. Reescreva a oração a seguir, alterando o predicado de verbal para nominal. Faça as adaptações necessárias.

   "Meus pais vieram para cá como imigrantes [...]"

3. Reescreva esta oração, mudando o predicado de nominal para verbal. Faça as adaptações necessárias.

   "[...] agora está tudo mudado".

4. Classifique os predicados do trecho a seguir:

   "Meu pai era mestre de caligrafia, pintava quadros a aquarela e fazia retratos a bico de pena, que é uma arte difícil".

5. Leia a tirinha:

Joaquím Salvador Lavado (QUINO)/Mafalda, de Quino. São Paulo: Martins Fontes, 2000

QUINO. *Toda Mafalda*. São Paulo: Martins Fontes, 1993. p. 219.

   a) Ajude o Miguelito: informe qual é o sujeito da oração dada por Mafalda como exemplo.

   b) Por que Miguelito disse que o sujeito é o prefeito? Que confusão ele fez?

c) "Enfeia a rua" constitui que tipo de predicado?

d) Reescreva a frase de Mafalda com um predicado nominal, sem alterar seu significado.

6. Identifique os núcleos dos predicativos destas orações:

"A avenida Paulista era bonita, calçamento de paralelepípedos, palacetes. As outras ruas eram semicalçadas, cobertas de árvores, de mata."

7. Reescreva este trecho, transformando o predicado verbal em verbo-nominal. Acrescente o que for necessário:

"e de madrugada [os 'lampioneiros'] voltavam para apagar."

Para além do texto

Desenvolva duas pesquisas com seu grupo:

1. Pesquise receitas antigas com seus colegas. Algumas delas têm nomes curiosos, como baba de moça, papo de anjo, mata-fome e beijinhos de moça. Entreviste suas avós, tias-avós, vizinhas; elas gostarão muito de falar sobre os quitutes que faziam e que talvez não façam mais. Depois, com o grupo, elabore um livro de receitas com o material coletado ou, o que também é muito interessante, prepare algumas delas e, com ajuda do(a) professor(a), combine com o restante da turma uma hora do lanche especial.

2. Realize também uma pesquisa relativa a vocabulário. Peça às pessoas entrevistadas que deem exemplos de palavras que se usavam antigamente e que hoje não se usam mais. Anote esses termos e seus significados e organize um glossário. O livro de receitas e o glossário podem tornar-se documentos bem interessantes. Por isso, podem ser expostos na escola para que todos tenham acesso à memória da comunidade.

algo a +

Os museus têm como função colecionar, conservar, estudar e interpretar diferentes objetos, e seus acervos são formados de acordo com objetivos e normas de qualidade bem definidas. Os objetos escolhidos devem ser obras originais e adequadas para exibição, para o estudo ou ambos e documentados com informações precisas e acessíveis. É necessário que os museus cuidem da segurança, da conservação e da preservação das peças. Os profissionais que trabalham nos museus são museólogos, bibliotecários, arquitetos, iluminadores, restauradores e pesquisadores. Alguns museus contam com profissionais especializados em educação. Entre as atividades educativas, destacam-se a interpretação das coleções por meio de exposições permanentes, temporárias ou especiais; visitas guiadas; conferências e roteiros; programas de televisão e rádio; projeção de filmes e representações artísticas. Os museus costumam publicar catálogos sobre suas coleções e exposições contendo ilustrações e informações sobre os objetos, sua origem e história e a função desempenhada. Os mais importantes contam com bibliotecas especializadas para a pesquisa, o estudo e a documentação das peças.

Disponível em: <www.brasilcultura.com.br/conteudo.php?id=46&menu=96&sub=49>. Acesso em: 27 jan. 2009.

• Hora do texto

Os automóveis invadem a cidade

Naqueles tempos, a vida em São Paulo era tranquila. Poderia ser ainda mais, não fosse a invasão cada vez maior dos automóveis importados, circulando pelas ruas da cidade; grossos tubos, situados nas laterais externas dos carros, desprendiam, em violentas explosões, gases e fumaça escura. Estridentes fonfons de buzinas, assustando os distraídos, abriam passagem para alguns deslumbrados motoristas que, em suas desabaladas carreiras, infringiam as regras de trânsito, muitas vezes chegando ao abuso de alcançar mais de 20 quilômetros a hora, velocidade permitida somente nas estradas. Fora esse detalhe, o do trânsito, a cidade crescia mansamente. Não havia surgido ainda a febre dos edifícios altos; nem mesmo o Prédio Martinelli – arranha-céu pioneiro de São Paulo, se não me engano do Brasil – fora ainda construído. Não existia rádio, e televisão, nem em sonhos. Não se curtia som em aparelhos de alta-fidelidade. Ouvia-se música em gramofones de tromba e manivela. Havia tempo para tudo, ninguém se afobava, ninguém andava depressa. Não se abreviavam com siglas os nomes completos das pessoas e das coisas em geral. Para que isso? Por que o uso de siglas? Podia-se dizer e ler tranquilamente tudo, por mais longo que fosse o nome, tudo por extenso – sem criar equívocos – e ainda sobrava tempo para ênfase, se necessário fosse.

Os divertimentos, existentes então, acessíveis a uma família de poucos recursos como a nossa, eram poucos. Os valores daqueles idos, comparados aos de hoje, no entanto, eram outros; as mais mínimas coisas, os menores acontecimentos, tomavam corpo, adquiriam enorme importância. Nossa vida simples era rica, alegre e sadia. A imaginação voando solta, transformando tudo em festa, nenhuma barreira a impedir meus sonhos, o riso aberto e franco. Os divertimentos, como já disse, eram poucos, porém suficientes para encher o nosso mundo.

GATTAI, Zélia. *Anarquistas, graças a Deus*. São Paulo: Círculo do Livro. 1979. p. 22.

Editor Prugner/(Gustavo)

Desfile de carros enfeitados e com capotas abaixadas durante comemorações do Carnaval na Avenida Paulista, sentido Consolação, por volta de 1930, São Paulo (SP).

Xando Pereira/Folhapress

Filha de imigrantes italianos, **Zélia Gattai Amado** nasceu em São Paulo, em 1916, e faleceu em Salvador em 2008. Ingressou tardiamente na carreira literária: *Anarquistas, graças a Deus*, seu primeiro livro, foi publicado em 1979. Dizia-se memorialista, uma vez que a maioria de suas obras era de livros de memória. Viveu 56 anos com o escritor Jorge Amado, com quem militou na política. Durante muitos anos encarregou-se da organização e preparação das obras do escritor baiano. Era também fotógrafa e publicou a fotobiografia de Jorge Amado, *Reportagem incompleta*. Publicou, entre outras obras: *Um chapéu para viagem*, *Senhora dona do baile*, entre outros. Escreveu também para crianças.

algo a +

Primeiro arranha-céu da América Latina, o Edifício Martinelli, com 30 andares, começou a ser construído em 1922 e levou uma década para ser concluído. Para provar que o prédio não iria cair, como muitos pensavam (os outros tinham no máximo 10, 12 andares), o comendador Martinelli fez construir uma luxuosa mansão no topo do prédio e se mudou para lá. Hoje, após restauração, o edifício abriga inúmeros órgãos públicos.

Daniela Souza/Folhapress

Edifício Martinelli, localizado no Centro Histórico de São Paulo (SP). Foto de julho de 2010.

Expressão escrita

1. A partir das informações dadas no texto, lance uma hipótese sobre a época retratada.
2. O que tirava o sossego dos moradores paulistanos "naqueles tempos"?
3. Sem rádio ou tevê, como você imagina que as pessoas se divertiam?
4. No texto, há referências a um passado remoto, no qual se usavam aparelhos antigos – como o gramofone – para ouvir música. Mesmo que você não soubesse que o livro de onde foi retirado esse capítulo foi publicado em 1979, que elemento do texto poderia revelar que ele não foi escrito no século XXI?

José Luís Juhas/Arquivo da editora

5. Na época retratada pelo texto, as pessoas não tinham pressa, faziam tudo tranquilamente. Hoje, porém, uma das queixas mais comuns das pessoas é a falta de tempo. Se considerarmos que a tecnologia nos últimos cem anos contribuiu para facilitar a realização de nossos afazeres, como explicar essa "falta de tempo"?
6. Qual a principal mudança ocorrida no comportamento das pessoas daquela época comparativamente às pessoas da atualidade?

Gênero textual RELATO DE EXPERIÊNCIAS

Relatos apresentam acontecimentos vividos por pessoas que decidem compartilhar sua experiência com ouvintes ou leitores. Contêm narração não ficcional, sem as características e a organização do conto, que gira em torno do imaginado. Os relatos costumam apresentar marcas claras de autoria, como verbos e pronomes na primeira pessoa, e expressão de sentimentos. Por ser o registro de experiências vividas situadas no tempo, traz à luz os fatos do passado em diálogo com o presente, sendo comuns avaliações desses fatos. Os relatos podem variar, dependendo do objetivo e do público a que se destina: há relatos de viagem, de fatos históricos, de estágios etc.

• A linguagem dos textos

O adjetivo como recurso descritivo

Adjetivo é uma palavra que normalmente se associa a um núcleo – o substantivo ou o pronome – e desempenha um papel fundamental nos processos descritivos, pois é responsável pela precisão das características dadas a certo objeto ou ser.

A escolha dos adjetivos é um trabalho delicado. Com eles, podemos transmitir informações precisas, sensações concretas ou simplesmente cair na imprecisão e nas ideias vagas e inexpressivas.

Efeitos de oposição e ironia

Veja como Cora Coralina constrói significados importantes em seu texto, opondo ideias e criando situações irônicas, com o uso dos adjetivos:

> "Era menina **prestimosa** e **trabalhadeira** à moda do tempo."

Os dois adjetivos destacados estão perfeitamente ajustados ao contexto. A autora ressaltou, com eles, apenas as qualidades necessárias ao entendimento do texto: a menina estava sempre pronta a ajudar (**prestimosa**) e trabalhava muito (**trabalhadeira**), enquanto os adultos, caracterizados como **negligentes**, eram indiferentes a essa dedicação. Ela, prestimosa e trabalhadeira, desejou as cocadas, e não ganhou. Quem as recebeu, ao final, foi o cachorro Trovador. Veja os adjetivos que o caracterizam:

> "[...] e veio o Trovador, um perdigueiro de meu tio,
> **lerdo**, **preguiçoso**, **nutrido** e abanando a cauda."

Os adjetivos poderiam ser outros – **esperto**, **ativo**, **rijo** –, mas a ironia não seria a mesma! O cachorro que recebeu o doce era um animal lerdo e preguiçoso e o comeu com desdém.

Sensações concretas

> "Saiu uma cocada **morena**, de ponto **brando**, **atravessada** de paus de canela **cheirosa**. O coco era **gordo**, **carnudo** e **leitoso**, o doce ficou **excelente**."

> "As cocadas [...] tinham se recoberto de uma penugem **cinzenta**,
> **macia** e **aveludada** de bolor."

Veja que, com exceção de **excelente** (que não transmite nenhuma sensação específica), todos os adjetivos selecionados para esse processo descritivo estão relacionados aos sentidos:

visão → morena, atravessada, cinzenta, leitoso
olfato → cheirosa
tato → gordo, carnudo, macia, aveludada, brando

Não é preciso dizer que os sentidos mencionados também são perfeitamente adequados ao contexto: o doce aguçava a visão, o olfato e o tato da menina.

Seleções precisas

Nas sequências descritivas, a escolha acertada do adjetivo é fundamental para proporcionar ao leitor a possibilidade de formar a imagem que está sendo representada por meio das palavras. Releia este trecho de **Os automóveis invadem a cidade** e comprove.

"[...] automóveis **importados**, circulando pelas ruas **da cidade**; **grossos** tubos, [**situados nas laterais externas dos carros**], desprendiam, em **violentas** explosões, gases e fumaça **escura**. **Estridentes** fonfons **de buzinas**, assustando os distraídos, abriam passagem para alguns **deslumbrados** motoristas que, em **suas desabaladas** carreiras, infringiam as regras **de trânsito** [...]"

Veja agora como ficaria o texto sem as adjetivações.

"[...] automóveis, circulando pelas ruas; tubos desprendiam, em explosões, gases e fumaça. Fonfons, assustando os distraídos, abriam passagem para alguns motoristas que, em suas carreiras, infringiam as regras [...]"

Percebeu a diferença?

Atividades

Você vai ler a seguir duas passagens do livro *Nas ruas do Brás*, de Drauzio Varella. Substituímos alguns adjetivos usados pelo autor por outros mais vagos ou por expressões explicativas (em destaque). Sua tarefa é descobrir adjetivos mais específicos. Ao final da tarefa, o professor lhe dirá quais são os adjetivos originais. Suas respostas, porém, podem ser diferentes! Não se esqueça de registrá-las em seu caderno.

A paisagem humana do bairro era dominada pelos italianos, mais numerosos e barulhentos do que os portugueses e espanhóis da vizinhança. Gente simples, (1) **vinda** de pequenos povoados (2) **destruídos** pela guerra, uma mistura de calabreses, napolitanos, sicilianos, vênetos e milaneses. Falavam dialetos (3) **difíceis** uns para os outros.

[...]

Nem todos eram operários, no entanto. Havia barbeiros, alfaiates, marceneiros, sapateiros e ambulantes que passavam com a carrocinha. Entre eles, um napolitano com um latão (4) **em forma de cilindro** nas costas anunciava com voz (5) **agradável**:

– Olha a *pizza*! A *pizza*! *Mozzarella i pomarolla'n coppa*!

Queria dizer que a *pizza* tinha tomate em cima da mozarela. Ele forrava o latão com um pano branco e ali dentro os discos de *pizza* vinham cuidadosamente (6) **colocados**, separados uns dos outros por folhas de papel-manteiga. Eram (7) **feitos** pela mulher dele no forno a lenha. Não custavam caro mas poucos compravam, porque os imigrantes eram pessoas (8) **que gastavam pouco**. Napolitanos como ele foram (9) **os que abriram caminhos** das pizzarias que surgiram no Brás, nos anos 50.

VARELLA, Drauzio. *Nas ruas do Brás*. São Paulo: Companhia das Letrinhas, 2001. p. 23, 26-27.

Bairro paulistano do Brás, em 1958.

Acervo Última Hora/Folhapress

Produzindo texto

Relato de memórias

Leia o texto a seguir, no qual o narrador se recorda de um episódio de sua infância.

Camila de Godoy/Arquivo da editora

Galinha ao molho pardo

Ao chegar da escola, dei com a novidade: uma galinha no quintal.

[...]

[...] Havia sido comprada por minha mãe para o almoço de domingo: Dr. Junqueira ia almoçar em casa e ela resolveu fazer galinha ao molho pardo.

Eu já tinha visto a Alzira matar galinha, uma coisa horrível. Agarrava a coitada pelo pescoço, agachava, apertava o corpo dela entre os joelhos, torcia com a mão esquerda a cabecinha assim para um lado e, com a direita, zapt! passava o facão afiado, abrindo um talho no gogó. O sangue esguichava longe. Ela aparava logo o esguicho, com uma bacia, deixando que escorresse ali dentro até acabar. E a bichinha ainda viva, estrebuchando nas mãos da malvada.

Como se fosse a coisa mais natural do mundo, a Alzira me contou o que ia acontecer com a nova galinha.

Revoltado, resolvi salvá-la.

[...]

SABINO, Fernando. *O menino no espelho*. 40. ed. Rio de Janeiro: Record, 1993. p. 19-22.

Renato Cobucci/Jornal *Hoje em dia*/AE

O mineiro **Fernando Sabino** nasceu em Belo Horizonte em 1923. Desde muito cedo, apaixonou-se pelos livros. Em toda a sua vida, colaborou com diversos jornais brasileiros, escrevendo artigos e crônicas. Entre seus livros, destacam-se: *O encontro marcado* (romance), 1956; *O homem nu* (contos e crônicas), 1960, adaptado para o cinema; *A companheira de viagem* (crônicas), 1965. Em 1999 recebeu o prêmio Machado de Assis, o maior concedido pela Academia Brasileira de Letras, pelo conjunto da obra. Faleceu em 10 de outubro de 2004, um dia antes de completar 81 anos.

Apesar da pouca idade, você já tem histórias para contar. Escolha um fato de sua vida que já considere antigo e conte-o em seu caderno, como se fosse um caso.

Tudo deverá girar em torno de sua pessoa e dos sentimentos em relação ao fato narrado, mas aproveite para falar também das mudanças que ocorreram na vida das pessoas, de como era o bairro ou a cidade onde você nasceu, dos costumes, das formas de arte e diversão na época em que aconteceu o fato. Consulte seus pais ou seus avós para obter as informações necessárias.

Sugestões:

- O dia de seu nascimento: as expectativas, os fatos marcantes.
- Seu primeiro aniversário: comemoração, papel dos familiares.
- Seu primeiro dia de aula: os temores, as compensações.

- Sua primeira amizade verdadeira: o que significou para sua vida.
- Um objeto, brinquedo, livro ou jogo inesquecível: você não podia viver sem ele.
- Uma peripécia: você aprontou e chamou a atenção de todos para seus atos.
- Um perigo: você passou por uma situação difícil, mas recebeu ajuda e tudo ficou bem.
- Um constrangimento: você foi obrigado a comer ou a fazer algo que não queria.
- Um elogio: você realizou um feito marcante e foi cumprimentado por todos.
- Uma viagem: euforia na ida e tristeza na volta.
- Uma alegria: você conquistou algo que era muito importante naquele momento.
- Uma decepção: nada saiu como você queria naquele dia.

Orientações:

- Em primeiro lugar considere o público para quem você escreverá seu texto. Ele pode ser escrito para seus colegas, para que conheçam um fato marcante de sua vida e o que sentiu em relação a ele; para seus pais, a fim de que o conheçam melhor; para a comunidade, caso o fato seja de interesse geral.
- Pense no que você quer mostrar com seu caso e conte-o cuidadosamente, criando expectativas e construindo o desfecho de forma bem interessante. Em outras palavras, cuide da progressão dos acontecimentos para chegar ao fato culminante de sua história – razão pela qual você a conta. Concentre sua atenção na sequência de ações; para tanto, selecione cuidadosamente os verbos significativos que as expressem.
- Narre o fato em primeira pessoa.
- Determine o tempo em que o fato ocorreu; relacione-o ao que você pensa/sente hoje.
- Use adjetivos que transmitam informações precisas sobre o que você deseja descrever (evite adjetivos vagos como “lindo” ou “bonito”).

Quando terminar, aguarde para ouvir as opiniões de seus colegas sobre seu texto. Se houver alguma inadequação, se algo não estiver claro e se houver ajustes a fazer, este é o momento.

Exercitando a crítica

Troque seu texto com o de um colega e observe se:

- o foco narrativo foi mantido até o final (em 1ª pessoa);
- os verbos escolhidos para expressar os fatos e as ações são variados e expressivos;
- os adjetivos transmitem informações precisas;
- o caso narrado mostra uma realidade de um tempo que já se foi;
- o texto conseguiu criar expectativa em relação ao desfecho;
- está claro o sentimento do narrador em relação ao fato narrado.

José Luís Juhas/Arquivo da editora

A história de cada um

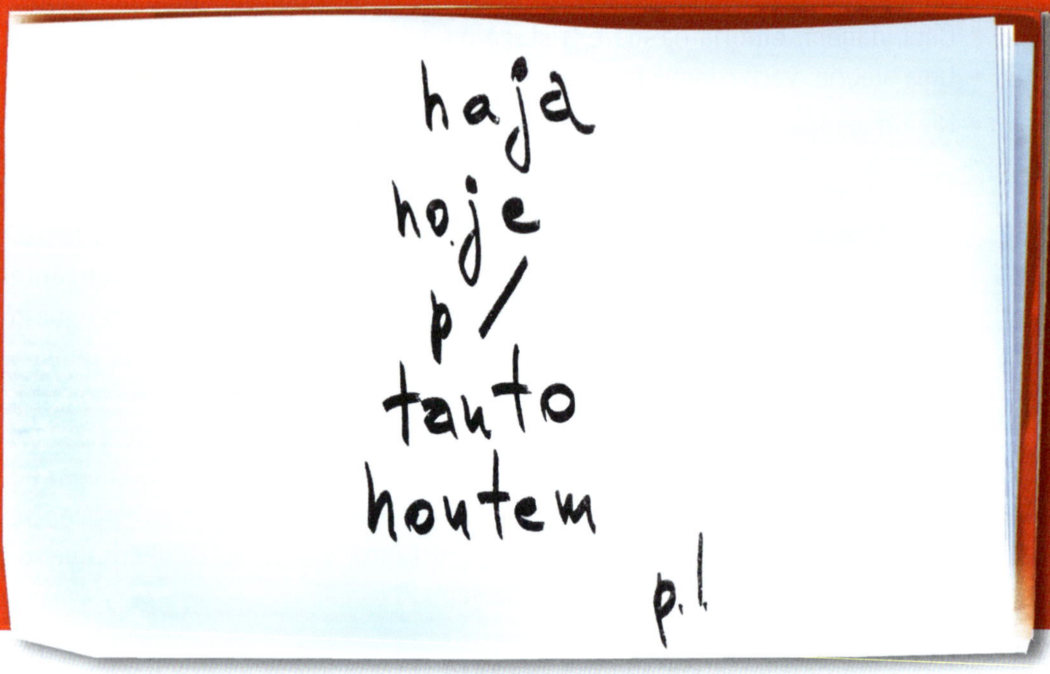

LEMINSKI, Paulo. *La vie en close*. São Paulo: Brasiliense, 1995. p. 99.

PARA COMEÇO DE conversa

1. A página do livro em que está esse poema de Paulo Leminski reproduz um manuscrito do poeta. Seria fácil encontrar o manuscrito de um autor dos dias de hoje? Por quê?

2. A palavra **para** vem abreviada no texto: **p/**. Essa é uma marca de que tipo de texto?

3. Há outras palavras abreviadas no texto. Discuta com um(a) colega o que elas estão representando.

4. Observe a grafia das palavras que compõem o poema.
   a) O que você nota de diferente nelas?
   b) Busque uma explicação para essa ocorrência.
   c) Você concorda com a afirmação de que esse poema é para ser visto, além de ser lido?

5. Comente a ideia contida nesse poema.

• Hora do texto

O primeiro beijo

[...] Vou começar minha carreira de contadora de mim com a história do primeiro beijo. Tem a ver com todo o resto, talvez até com essa minha louca e frenética doidice de escrever, como quem se entrega à pesca da palavra exata.

A palavra, a música da palavra, essa paixão pelo muito que se pode dizer e calar, escrevendo. Estou a sós comigo e acompanhada de futuros fantasmas, que ora imagino como possíveis leitores. Vejo você, folheando o livro, sem saber se vai gostar ou não. Eu também não sei. Aliás, é espantosa essa mínima diferença que existe, muitas vezes, entre uma opinião favorável ou desfavorável. Já saí muitas vezes de um teatro sem saber se havia gostado do espetáculo ou detestado. E é pelo espetáculo que chego ao, ou parto do, primeiro beijo.

Eu fui com minha mãe assistir ao Hamlet e era muito mocinha, tinha 15 anos. Naquele tempo, as mocinhas de 15 anos eram mocinhas e iam ao teatro com as mães. Foi em 1948, por aí. Se as contas estiverem erradas, tanto faz.

A memória se confunde com o pensamento. Penso em Shakespeare, em Hamlet. Vejo na minha frente Sérgio Cardoso dizendo para Maria Fernanda:

– Vai para um convento, Ofélia!

É difícil escrever, porque eu quero contar tudo: os meios e os fins, e me embolo. Só sei que saí do Hamlet dizendo que queria ser atriz... e que eu era tão inocentemente abobalhada que graças à minha total falta de desconfiômetro fui, no dia seguinte, bater à porta da entrada dos artistas do antigo Teatro Phoenix, que hoje seria Fênix, se não o tivessem derrubado. Há uma lei que protege os teatros, no Brasil. Mesmo assim, no Brasil, há algo fora de propósito: certas leis existem, mas não são cumpridas.

Fui ao teatro, de uniforme de saia pregueada, e disse para Áureo Nonato, o rapaz que foi atender:

– Eu quero fazer teatro.

E fui apresentada a Paschoal Carlos Magno, Sérgio Cardoso e Sérgio Britto. Acharam gozado aquela garota imbecilizada ir assim, sem mais nem menos.

Paschoal era um doido iluminado e disse:

– Eu sou um doido iluminado e vejo para você um futuro de glória.

Eu concordei imediatamente. Sérgio Cardoso ainda falou:

– Que belo timbre de voz!

Sérgio Britto perguntou:

– Que idade você tem?

– Quinze anos.

Por causa da idade, fui escolhida para ser Julieta Capuleto.

Ninguém entendeu nada, na minha família, mas foi assim.

Marcos Guilherme/Arquivo da editora

Marcos Guilherme/Arquivo da editora

– Eu quero ser atriz!

Houve um curso, chamado Seminário de Arte Dramática. Houve ensaios. Narto Lanza seria o Romeu.

Escrever tem disso: eu estava no passado e o telefone tocou e cortou o fio do que eu estava contando. Quem era? Não importa. O que importa é que eu era ensaiada por Esther Leão e não acertava a cena do beijo. Eu nunca havia sido beijada e, na hora do maior romance, eu parecia um aspargo: dura e verde, insossa e gelada.

Foi aí que um rapaz bonitão, estudante de direito, começou a me acompanhar para casa, depois dos ensaios. Mamãe nem sempre me buscava, pois ensaiávamos cedo. Um dia, ali, na Praça dos Jacarandás, em frente ao número 15, ele me beijou.

Levei um susto. Não sabia que beijo era assim. Reclamei, briguei, chorei. Aí, ele respondeu, para se desculpar:

– Sylvia, me perdoa: foi dona Esther quem mandou.

Inútil contar que o namoro acabou. Chorei horas a fio o meu primeiro beijo.

O estranho é que as coisas tristes, quando o tempo passa, tornam-se gozadas. As coisas boas, quando passam, fazem chorar. Deve ser para equilibrar o universo, tal como as estrelas.

ORTHOF, Sylvia. *Se a memória não me falha*. Rio de Janeiro: Nova Fronteira, 1987. p. 18-20.

Luludi/Agência Estado

Sylvia Orthof (1932-1997), com cerca de 120 livros infantis publicados, foi contemplada com o Prêmio Jabuti de Literatura Infantil pelo livro *A vaca Mimosa e a mosca Zenilda*, em 1983, e com o Prêmio Ofélia Fontes pela coleção "Assim é se lhe parece", feita em parceria com Angela Carneiro e Lia Neiva, em 1995. Sua obra poética, dirigida a crianças, inclui os livros *Se as coisas fossem mães*, *Ponto de tecer poesia* e *A poesia é uma pulga*, entre outros. Além de grande escritora, Sylvia foi atriz do Teatro Brasileiro de Comédia (TBC).

Expressão oral

Biografia é a história da vida de uma pessoa. Quem coleciona memórias – fatos da própria vida – e as escreve, produz uma **autobiografia**. *Se a memória não me falha*, de Sylvia Orthof, é um bom exemplo disso, com histórias bem-humoradas da infância e adolescência que retratam costumes antigos: namoros, relação entre pais e filhos, entre meninos e meninas, rebeldia contra padrões antigos etc.

Leia um dos livros indicados na seção *Para saber mais* do capítulo 3, no fim do livro.

No livro *Anarquistas, graças a Deus*, do qual você leu um trecho no capítulo anterior, Zélia Gattai conta a história de sua família recém-chegada da Itália e fala do cotidiano dos imigrantes no início do século XX, com humor e linguagem bastante acessível. Outra biografia interessante, em forma de teatro, é *Ó abre alas*, que foi escrita por Maria Adelaide Amaral e conta a incrível história da vida de Chiquinha Gonzaga, compositora, pianista e regente brasileira, autora da primeira marcha de Carnaval, **O abre alas**, e primeira mulher a reger uma orquestra no Brasil.

Depois, organize uma Roda de histórias de caráter biográfico para que cada um conte a vida de um personagem famoso de um dos livros sugeridos.

Como a Roda de histórias constitui uma modalidade de fala pública – e a turma já tem alguma experiência no gênero –, as normas a serem seguidas para sua realização podem ser elaboradas em conjunto. Pensem no tempo que será destinado à fala de cada um, na postura ao falar e ao ouvir, na utilização de material de apoio (cartazes, desenhos, resumos, exposição dos próprios livros para que os colegas os folheiem), em como esse material poderá ser utilizado, na necessidade de um coordenador etc.

Terminada a atividade, avaliem a importância da leitura e da transmissão de conhecimentos adquiridos por meio dela.

algo a +

Nos últimos anos, cresceu o interesse do público leitor por memórias e biografias. Há livros sobre as mais diversas personalidades de todos os tempos:

- personagens da cena política, como *Olga*, uma militante comunista alemã (livro depois transformado em filme), de Fernando Morais;
- da cena artística, como o cantor e compositor Cazuza, com o título *Cazuza: só as mães são felizes*, de Lucinha Araújo e Regina Echeverria, e a cantora e compositora Maysa, chamado *Maysa - só numa multidão de amores*, de Lira Neto.
- dos esportes, como o piloto Ayrton Senna, em *Ayrton: o herói revelado*, de Ernesto Rodrigues, ou o jogador de futebol Garrincha, em *Estrela solitária: um brasileiro chamado Garrincha*, de Ruy Castro;
- romances cujo personagem central é um grande conquistador da história, como *Alexandre, o Grande*, de E. E. Rice, também tema de filme.

Ainda na linha de memórias, há o já indicado *O diário de Anne Frank*, da própria Anne, a adolescente judia que relata de forma comovente seus sonhos, esperanças e sentimentos no período em que esteve presa num esconderijo com sua família durante a Segunda Guerra Mundial.

Homero Sérgio/Folhapress

▲ Cazuza (1958-1990), cantor e compositor, em foto de 1988.

Patrick Behar/TempSport/Corbis/Latinstock

▲ Ayrton Senna (1960-1994), piloto de Fórmula 1, em foto de 1990.

8 JEITOS de mudar o mundo

Vá à página 225.
Leia o texto do item 6. Uma pessoa que tem muita história para contar sobre a violência contra mulheres e já publicou sua autobiografia é a brasileira Maria da Penha. Pesquise qual é a história de Maria da Penha e qual sua importância no cenário de violência contra a mulher no Brasil.

Expressão escrita

1. A palavra **autobiografia** significa "história de vida de uma pessoa contada por ela mesma". Que passagem do texto **O primeiro beijo** o caracteriza como parte de uma autobiografia? Escreva no caderno.
2. A história do primeiro beijo confunde-se com qual outro interesse da autora, expresso no texto?

3. O poeta Mário Quintana disse:

"É preciso escrever um poema várias vezes para que dê a impressão de que foi escrito pela primeira vez."

QUINTANA, Mário. *Prosa & verso*. Porto Alegre: Globo, 1978. p. 72.

Comente em seu caderno que relação você vê entre o que diz a autora sobre o ato de escrever e a afirmação de Quintana.

4. Assim se inicia o quarto parágrafo:

"A memória se confunde com o pensamento."

Que trecho desse parágrafo diz respeito ao pensamento? Qual se refere à memória?

5. Quando se contam fatos do passado, é comum relacioná-los ao presente, comparando-os e avaliando-os. Cite duas passagens em que Sylvia Orthof relaciona presente e passado e comente-as.

6. Releia o trecho:

"Eu nunca havia sido beijada e, na hora do maior romance, eu parecia um aspargo: dura e verde, insossa e gelada."

Marcos Guilherme/Arquivo da editora

Você já viu um aspargo? Consegue imaginar como ele é? Essa comparação descreve bem a imagem da garota na cena do beijo? Explique em seu caderno.

7. O texto apresentado faz parte do livro *Se a memória não me falha*. Que passagem do texto justifica esse título?

8. Há uma passagem do texto em que as informações são muito precisas. Qual é ela? Como se justifica tal precisão?

9. Você concorda com a narradora, no último parágrafo, quando ela conclui que os fatos tristes do passado nos fazem agora sorrir e os felizes nos fazem chorar? Escreva sua resposta no caderno, justificando-a e dando como exemplos fatos vividos por você.

As palavras e seus sentidos

1. Leia com atenção as frases a seguir prestando atenção nos termos em destaque e escreva no caderno o significado deles.

a) "[...] o telefone tocou e cortou o **fio** do que eu estava contando."

b) "Chorei horas **a fio** o meu primeiro beijo."

c) Desculpe-me, eu me distraí e acabei perdendo **o fio da meada**.

d) O livro é tão bom que num instante você o lê, **de fio a pavio**.

e) Apesar de termos corrido muito, não perdemos o filme **por um fio**.

2. Leia a primeira frase do texto:

"Vou começar minha carreira de contadora de mim com a história do primeiro beijo."

Como você já viu, quem conta a história da vida de alguém escreve uma **biografia** [bio + graf(o) + ia]; quem conta a história da própria vida escreve uma **autobiografia** [auto = de si mesmo]. **Bio** significa *vida*; **grafia** significa *escrita, descrição*. Forme, no caderno, palavras associando esses elementos aos fornecidos no quadro abaixo.

biblio-: livro **cali-**: belo **micro-**: pequeno **orto-**: correto
geo-: terra **gênese:** a origem, na formação dos seres
taqui-: rápido, breve **xilo-**: madeira

3. Releia a frase:

"[...] graças à minha total falta de desconfiômetro [...]"

A palavra **desconfiômetro** é uma criação relativamente recente na língua portuguesa, mas já está registrada em alguns dicionários. Transcrevemos do *Dicionário Aurélio eletrônico* o verbete **desconfiômetro** e aproveitamos para incluir também **semancol**, seu sinônimo.

desconfiômetro

[De desconfiar + *-o-* + *-metro*.]

S. m. Bras. Burl. → Substantivo masculino. Brasileirismo. Burlesco.

1. Suposto aparelho que dá a capacidade de perceber quando se é inoportuno, inconveniente, ou maçante.

2. Essa capacidade.

[*Sin. ger.*:] → Sinônimo geral, sinônimos gerais

semancol

[De *se* + *manc(ar)* + *-ol*.]

S. m. Bras. Burl. → Substantivo masculino. Brasileirismo. Burlesco.

Capacidade de perceber quando se é inoportuno, maçante, cacete; desconfiômetro, mancômetro, semancômetro.

Marcos Guilherme/Arquivo da editora

a) Comente a maneira como essas palavras se formaram.

b) Você conhece outras palavras também criadas recentemente? Consulte dicionários e gramáticas e, com a ajuda do(a) professor(a), crie verbetes de dicionário para elas. Faça as atividades em seu caderno.

• Gramática no texto

1. Observe a construção destas duas frases:

[eu]	"Chorei	horas a fio	o meu primeiro beijo."
↓	↓	↓	↓
sujeito	**verbo**	**circunstância de tempo**	**complemento do verbo**

[eu]	Chorei	horas a fio.
↓	↓	↓
sujeito	**verbo**	**circunstância de tempo**

O verbo **chorar** pode ser utilizado com ou sem complemento: **Chorei o leite derramado** ou simplesmente **Chorei**. Que diferença de sentido você percebe nesse verbo, de uma frase para outra? Responda no caderno.

Marcos Guilherme/Arquivo da editora

2. Leia este trecho:

"Acharam gozado aquela garota imbecilizada ir assim, sem mais nem menos."

Responda no caderno: a que se refere o adjetivo **gozado** nessa frase?

3. Leia esta frase:

"E é pelo espetáculo que chego ao, ou parto do, primeiro beijo."

Nessa frase, a narradora apresenta, de forma sintética, duas alternativas para o que vai contar:

E é pelo espetáculo que < chego ao primeiro beijo. / ou / parto do primeiro beijo.

Reescreva as frases a seguir no caderno, utilizando o mesmo tipo de construção usado por Sylvia Orthof ou outro que também evite repetições.

a) Não sabia se lutava por seu sonho ou se desistia de seu sonho.

b) Queria confiar em seus amigos, mas acabou desconfiando de seus amigos.

Tipos de sujeito

Na oração, o sujeito é expresso por nome ou por palavra que representa ou assume a categoria de nome. Algumas vezes, é representado por uma única palavra; outras, por um grupo delas com um ou mais de um núcleo; às vezes, é possível determiná-lo; às vezes, não.

Sujeito determinado

sujeito

"**Paschoal** era um doido iluminado [...]"

↓ substantivo

sujeito

"Naquele tempo, **as *mocinhas* de 15 anos** eram mocinhas [...]"

↓ núcleo do sujeito (substantivo)

sujeito

A *diretora* da peça e o *rapaz* tramaram aquela história do beijo.

↘ ↙ núcleos do sujeito (substantivos)

sujeito

Eu concordei imediatamente.

↓ pronome pessoal

sujeito

Ninguém entendeu nada.

↓ pronome indefinido (palavra que representa o nome)

Ilustrações: Marcos Guilherme/ Arquivo da editora

sujeito

Ambos ficaram constrangidos.

↓ numeral (palavra que assume a categoria de nome)

Em todos esses casos, o sujeito está **explícito** (claro) na frase.

Algumas vezes, porém, dizemos que ele é **elíptico** ou **oculto**, ou seja, não vem expresso, mas podemos identificá-lo:

- pela forma verbal:

[**Eu**] Lev**ei** um susto. [**Eu**] Reclam**ei**, [**eu**] brigu**ei**, [**eu**] chor**ei**.

[**Nós**] Leva**mos** um susto. [**Nós**] Reclama**mos**, [**nós**] briga**mos**.

- pelo contexto:

Levei um susto. [**Eu**] Não sabia que beijo era assim.

A forma verbal **sabia** pode referir-se a um sujeito **eu**, **ele** ou **ela**: **eu** sabia, **ele** sabia, **ela** sabia. Portanto, apenas o contexto pode indicar o sujeito do verbo.

Eles levaram um susto. [**Eles**] Não sabiam que beijo era assim.

A presença do pronome pessoal **eles** na primeira oração é um indicador seguro de que o sujeito de **sabiam** é esse mesmo pronome. Na segunda oração, ele está elíptico para evitar a repetição desnecessária.

Sujeito indeterminado

Existem situações em que não queremos ou não podemos dizer quem é o sujeito de uma determinada ação. Para esses casos, há o recurso de indeterminá-lo. Veja um exemplo do texto:

"[...] fui, no dia seguinte, bater à porta da entrada dos artistas do antigo Teatro Phoenix, que hoje seria Fênix, se não o tivessem derrubado."

Pense na última oração desse trecho: "se não o tivessem derrubado". É possível saber quem derrubou o teatro? Nem a frase nem o contexto fornecem essa informação. A narradora do texto ou não sabia ou achou melhor não entrar em detalhes, por isso indeterminou o sujeito.

Há duas formas de indeterminar o sujeito:

- utilizando o verbo na 3ª pessoa do plural, sem fazer referência a um sujeito expresso.

Construíram um *shopping* onde, antes, havia um teatro.
↓
Não sabemos ou não queremos dizer quem **construiu o *shopping*.**

- utilizando o verbo na 3ª pessoa do singular + se (índice de indeterminação do sujeito).

Antigamente não **se ia** com qualquer traje ao teatro.
↓
A frase não especifica quem **costumava ir bem trajado ao teatro antigamente.**

Colocação do sujeito na oração

Em português, geralmente se coloca o sujeito antes do verbo:

"**Paschoal** era um doido iluminado [...]"

"**Paschoal**	era	um doido iluminado [...]"
↓	↓	↓
sujeito	**verbo de ligação**	**predicativo do sujeito**

É possível, porém, posicioná-lo após o verbo:

Sobraram **duas vagas** para o curso.

Sobraram	**duas vagas**
↓	↓
verbo	**sujeito**

Quando construímos uma oração colocando seus termos de acordo com a ordem padrão da língua (sujeito + verbo + complemento(s) do verbo + circunstância(s)), dizemos que a frase está na **ordem direta**. Quando invertemos a colocação desses termos, dizemos que está na **ordem inversa**.

A ordem direta e a ordem inversa podem ser utilizadas como recurso estilístico, para enfatizar um termo ou outro na oração. Em geral, chamamos a atenção para um termo quando o colocamos no início da frase:

Os meninos saíram bem cedo. – ênfase no sujeito
Saíram bem cedo os meninos. – ênfase na ação
Bem cedo saíram os meninos. – ênfase na circunstância de tempo

Atividades

Tibor Bognar/Corbis/Latinstock

Biblioteca Marciana, em Veneza (Itália).

A biblioteca no Renascimento...

O Renascimento foi um grande movimento cultural que se manifestou no final da Idade Média e atingiu seu máximo florescimento no início da Idade Moderna. Nesse período, além das bibliotecas particulares e das universidades, surgiram grandes acervos organizados por ordem de governantes da época, como a célebre Biblioteca Vaticana, em Roma, ou a Marciana, em Veneza.

Dos manuscritos ao livro impresso...

Escrever à mão era um processo lento e trabalhoso, tanto para elaborar o original de uma obra como para reproduzi-la. Os chineses inventaram a xilografia, que eram pranchas de madeira onde os sinais gráficos eram esculpidos em relevo e aplicados sobre o papel como se fossem um carimbo.

Esse processo chegou à Europa e, em 1455, foi aperfeiçoado pelo alemão Johann Gutenberg, que criou tipos móveis feitos de metal, os quais podiam ser rearrumados para imprimir textos diferentes. Por essa razão, Gutenberg ficou conhecido como o "Pai da Imprensa". Desde então, a imprensa progrediu extraordinariamente, até chegar aos procedimentos computadorizados. E a facilidade de acesso aos conhecimentos cresceu junto com ela.

O Estado de S. Paulo, São Paulo, 20 abr. 2002. Estadinho, p. 8.

Corbis/Latinstock

Esta xilogravura mostra um recorte de um mapa que acompanhou uma carta de Colombo à Espanha quando de suas viagens ao Novo Mundo.

módulo 2

1. Releia um trecho do texto:

"O Renascimento foi um grande movimento cultural que se manifestou no final da Idade Média e atingiu seu máximo florescimento no início da Idade Moderna. Nesse período, além das bibliotecas particulares e das universidades, surgiram grandes acervos [...]"

a) Reescreva esse trecho no caderno e, em seguida, grife os verbos das orações que o compõem.

b) Identifique o sujeito desses verbos. Observe que palavras foram escolhidas para exercer essa função nos dois períodos e faça um comentário sobre isso.

c) Reescreva o segundo período, enfatizando o sujeito.

d) Se originalmente o texto tivesse sido escrito com ênfase no sujeito, faria alguma diferença? Qual?

2. Reduza as frases abaixo a seus elementos essenciais, escrevendo em seu caderno apenas o núcleo do sujeito e o núcleo do predicado.

a) "E a facilidade de acesso aos conhecimentos cresceu junto com ela."

b) Esse processo chegou à Europa em 1455.

c) "Escrever à mão era um processo lento e trabalhoso [...]."

- Agora, responda: os termos retirados fazem falta ao pleno entendimento das frases?

Divulgação/Arquivo da editora

▲ Símbolo da Biblioteca Nacional Marciana, de Veneza (Itália).

3. Releia esta frase prestando atenção na ordem dos termos que a compõem:

"E a facilidade de acesso aos conhecimentos cresceu junto com ela."

Reescreva essa frase na ordem inversa de modo a enfatizar:

a) o fato expresso pelo verbo.

b) a circunstância de tempo simultâneo (ao mesmo tempo que).

André Thévet/Arquivo da editora

▲ Retrato de Johann Gutenberg, de André Thévet, 1584.

4. Reescreva as frases a seguir, transformando os termos destacados em sujeito. Inicie as orações com esses termos. Faça as alterações necessárias na frase para manter seu significado.

a) Esse processo foi aperfeiçoado pelo alemão **Johann Gutenberg**.

b) Os tipos móveis de metal podiam ser rearrumados pelo **tipógrafo**.

c) Os sinais gráficos eram esculpidos em pranchas de madeira pelos **chineses**.

5. Forme frases com sujeito indeterminado a partir dos enunciados dados (atenção às indicações entre parênteses). Justifique o emprego desse tipo de sujeito.

a) Reproduzir o original de uma obra manualmente. (verbo na 3ª pessoa do plural)

b) Imprimir textos diferentes usando os mesmos tipos de metal. (verbo na 3ª pessoa do plural)

c) Progredir extraordinariamente no campo da impressão e reprodução nos últimos séculos. (verbo na 3ª pessoa do singular + índice de indeterminação do sujeito **se**).

Para além do texto

Campanha pela leitura

Você já participou de uma campanha pela leitura? É isso o que vamos sugerir.

Antes, porém, propomos a análise desta propaganda, que circulou num município de Santa Catarina em campanha de incentivo à doação de livros para a criação de um espaço de leitura. Reúna-se com alguns colegas para analisar alguns elementos importantes.

Agência Yo/www.agenciayo.com.br

Você foi o personagem principal para que a história de nossa campanha em 2007 tivesse mais um final feliz. Foi só porque você doou e se doou que arrecadamos muitos livros e criamos o primeiro *Espaço do saber* na comunidade Jardim Zanelatto (São José - SC). Através da sua doação [...] muitas vidas vão mudar. Obrigado!

1. Com relação à imagem:

a) Comentem o que há de interessante na figura central dessa propaganda.

b) Expliquem o efeito que a imagem provoca em quem a vê.

2. Com relação ao texto:

a) Vocês concordam com a afirmação de que "livros mudam vidas"? Por quê?

b) No *slogan* "Mais livros mais livres" houve uma intenção na escolha das palavras. Como vocês a explicariam? Procurem explicar também o que acontece com a estrutura dessa frase.

c) Observem o texto do detalhe: ele foi construído como uma ampla metáfora. Que ideia a inspirou?

d) Observem o verbo **doar** nas duas ocorrências deste trecho: "Foi só porque você **doou** e **se doou** que arrecadamos muitos livros [...]". Qual a diferença de sentido?

3. Com relação à campanha:
   a) A propaganda que vocês analisaram, juntamente com outras, faz parte da campanha de arrecadação de livros. Vocês acreditam que ela tenha desempenhado com sucesso seu papel?
   b) A quem está direcionada essa campanha? Que ideia ela defende? Que valores pretende transmitir?
   c) Qual a opinião de vocês sobre uma campanha como essa?

Gênero textual PROPAGANDA INSTITUCIONAL

A propaganda institucional tem por finalidade persuadir determinado público a adotar uma ideia, a mudar de opinião, formando uma imagem positiva sobre uma marca ou instituição ou a engajar-se num projeto ou campanha, apelando ora para o raciocínio (com argumentação) ora para a emoção (com recursos expressivos) do ouvinte/leitor ao transmitir valores. Para obter comportamentos sociais favoráveis às causas que defende, a propaganda institucional articula com perfeição texto/imagem e, dependendo da mídia em que circula (como rádio e tevê), usa também sons e imagens em vídeos. É comum o emprego de slogans *que buscam fixar de forma sintética a mensagem que a instituição deseja passar a seu público-alvo.*

algo a +

O que é um *slogan*? Em sua origem, a palavra *slogan* significa "grito de guerra". Trata-se de enunciado curto e eficaz, associado a uma ideia ou a uma marca que se fixa na memória do ouvinte ou leitor pela repetição. Um *slogan* conta com recursos sonoros (como rimas, repetição de sons semelhantes), recursos sintáticos (como frases de estruturas iguais) ou semânticos (como oposição de sentidos). Ele sintetiza a mensagem do enunciador sobre determinado produto ou ideia.

Voltando à campanha de vocês: a intenção é sensibilizar os colegas de outros anos para a importância da leitura. Vocês vão sugerir que cada um doe um livro adequado à faixa etária de vocês. Combinem um local e uma data para o evento no qual vão fazer as trocas. Assim, cada um de vocês terá uma opção a mais de leitura.

Para divulgar essa ideia, criem cartazes e espalhem-nos pela escola. Pensem num *slogan* que será representativo para a campanha. Inspirem-se na propaganda analisada para criar os cartazes: façam colagens ou montagens, utilizando imagens de revistas. Não se esqueçam de colocar local e data nos cartazes. Espalhem-nos em espaços visíveis, passem nas classes avisando os colegas, solicitem aos pais dos alunos que participem da campanha, providenciando um livro para cada um doar.

Os livros que não forem trocados poderão ser destinados à biblioteca da escola.

• Hora do texto

O que contam os selos?

Esta é uma composição feita com selos emitidos pelos Correios entre os anos de 2000 e 2011. Observe as imagens e leia as legendas. Você fará muitas descobertas.

Fotos: Empresa Brasileira de Correios e Telégrafos/ Departamento de Filatelia e Produtos/ECT

Homenagem aos clubes brasileiros campeões da libertadores: Santos Futebol Clube (20/4/2001)
Artista: Eduardo C. dos Santos
No selo, o artista colocou em primeiro plano o jogador que, no domínio da bola, prepara-se para uma jogada. No lado superior esquerdo, o emblema do Santos Futebol Clube. Ao fundo, em segundo plano, está a torcida presente na disputa pelo Campeonato. Foi utilizada a técnica mista (desenho, aquarela e manipulação eletrônica).

Série A arte urbana dos grafiteiros – Lubrapex 2006 (11/9/2006)
Artistas: Akuma/Mello/Rui Amaral
Série referente à divulgação da arte do grafite, movimento organizado nas artes plásticas, em que o artista aproveita e intervém em espaços públicos por meio de uma linguagem própria.

Roda de capoeira e ofício dos mestres de capoeira (25/5/2009)
Artista: Carybé
A capoeira tornou-se patrimônio cultural imaterial do Brasil a partir de 15 de julho de 2008.

Série Clubes de Futebol - Rumo à Copa de 2014: Centenário do Sport Club Corinthians Paulista (1/9/2010)
Homenagem ao centenário do Sport Club Corinthians Paulista.

Dia Internacional da Mulher (8/3/2002)
Artistas: Lu Coelho e Enrique Scheideger
De forma leve, este selo celebra o Dia Internacional da Mulher. O desenho sugere mulheres de todas as etnias e culturas. Com alegria, elas evocam a ideia de solidariedade e convivência pacífica. Lembrando uma flor ao redor do planeta, a construção da imagem é otimista e vislumbra um mundo mais gentil. Utopia ou esperança, a mulher pode transformar nosso mundo em um local mais harmonioso para todos. Técnica usada: computação gráfica.

Série Árvores brasileiras – Tesouros nacionais (3/10/2011)
Artistas: Dayse Ramos e Millie Britto
Incentivo à preservação das árvores, essenciais à vida do planeta.

Expressão escrita

1. De que imagem você gostou mais? Por quê? Responda no caderno.

2. Você deve ter percebido que são diversos os assuntos contemplados nos selos.

a) Faça uma relação dos temas presentes nessa composição.

b) Que outros temas você imagina que possam ser tratados nos selos?

c) Qualquer pessoa pode idealizar um novo selo e sugerir sua criação aos correios. O que acontece quando "uma ideia vira selo"?

3. Você diria que os selos "contam histórias"? Justifique sua resposta.

4. Alguns selos têm em seu título a palavra **série**: "Série A arte urbana dos grafiteiros", Série "Clubes de Futebol – Rumo à Copa de 2014". Converse com seus colegas e depois responda: o que ela significa nesse contexto? Responda no caderno.

Fotos: Empresa Brasileira de Correios e Telégrafos/Departamento de Filatelia e Produtos/ECT

Série A arte urbana dos grafiteiros. Emissão: 27/3/2006. Artistas: Akuma/Mello e Rui Amaral.

Série Clubes de Futebol – Rumo à Copa de 2014: Coritiba Foot Ball Club. Emissão: 12/10/2009. Artista: Alaor Gosdal.

5. Os selos circulam não só pelo seu país de origem, mas por todos os países do planeta – isso ocorre por meio da troca de correspondências entre as pessoas. Responda:

a) Que outra forma de troca de selos você conhece?

b) A circulação internacional dos selos pode ser uma forma de adquirir conhecimento? Explique.

6. Você notou que alguns desenhos estampados nos selos são criados por artistas? O que você pensa sobre isso?

7. Dois dos selos apresentados mereceram comentários: o da "Homenagem aos Clubes Brasileiros Campeões da Libertadores" e o do "Dia Internacional da Mulher".

a) Leia o comentário sobre o selo que homenageia o Santos Futebol Clube: que aspectos ele destaca?

b) Também no caderno, comente as cores utilizadas nesse selo.

c) Leia o comentário sobre o selo do Dia Internacional da Mulher: você havia percebido os aspectos destacados nele? Comente a imagem criada pelos artistas.

8. Algumas pessoas colecionam selos; outras, figurinhas, chaveiros, rótulos ou embalagens de produtos, pedrinhas, bonecas, carrinhos de brinquedo, autógrafos, papéis de carta, cartões-postais e muitas outras coisas (até areia!). Você coleciona ou já colecionou algum tipo de objeto? O que o (a) motivou a iniciar sua coleção? Conhece alguém que coleciona algo? É possível aprender alguma coisa com esses objetos? O quê? Conte para seus colegas as coisas que você aprendeu (ou que podem ser aprendidas) com eles.

• A linguagem dos textos

A legenda

Gênero textual LEGENDA

Legenda é um breve texto que acompanha ilustrações, fotografias, gravuras, gráficos, mapas etc., fornecendo informações sobre os elementos que os compõem. Precisa ter clareza e objetividade; deve acrescentar ou confirmar as informações que a imagem transmite. Circula juntamente com as imagens em jornais e revistas impressos ou virtuais e na mídia audiovisual, e pode estar localizada abaixo, ao lado ou dentro dessas imagens.

algo a +

Jonne Roriz/Agência Estado

▲ Diego Hypólito, ginasta brasileiro, exibe a medalha de ouro conquistada na prova de salto dos Jogos Pan-Americanos de Guadalajara (México), em 2011.

Leia as orientações para redação de legendas do *Manual de redação* do jornal *Folha de S.Paulo*:

"**Legenda** – Recurso essencial de edição. A legenda não é colocada sob a foto apenas para descrevê-la, embora não possa deixar de cumprir essa função. Por ser um dos primeiros elementos da página que atrai o leitor, merece tanto cuidado quanto os títulos. Deve ser atraente e conquistar a atenção.

A boa legenda também esclarece qualquer dúvida que a foto possa suscitar. Deve salientar todo aspecto relevante e dar informação adicional sobre o contexto em que ela foi tirada. Não deve simplesmente descrever aquilo que qualquer leitor pode ver por si só.

A legenda fotográfica deve atender à curiosidade do leitor, que deseja saber o que ou quem aparece na foto, o que está fazendo, onde está. Sempre que for cabível, deve usar verbo no presente (o presente do momento em que a foto foi tirada)."

Disponível em: <www1.folha.uol.com.br/folha/circulo/manual_edicao_l.htm>. Acesso em: 17 fev. 2012.

Em fotos de pessoas, a legenda deve indicá-las pelo nome, função ou o que for relevante. Em caso de um grupo de pessoas, para identificá-las usam-se expressões que as localizem na foto: **da esquerda para a direita**; **à esquerda**, **à direita**; **no alto**, **na foto ao lado**, **embaixo**; **no sentido horário**; **sentado**, **de chapéu**, **em pé** etc. Em montagens de fotos, admite-se legenda conjunta, desde que se façam indicações como: **ao alto**, **acima**, **abaixo** etc.

Acervo Iconographia/Reminiscências

Detalhe de foto de organizadores da Semana de Arte Moderna de 1922, em São Paulo (SP). Ao centro e à frente, Oswald de Andrade; atrás, da esquerda para a direita, Rubens Borba de Moraes, Luís Aranha e Tácito de Almeida. ▶

Lygia Clark/Coleção particular

▲ *Superfície modulada n. 5*, de Lygia Clark, 1955.

As legendas de obras de arte podem se compor do título da obra, da data de sua produção, do nome do artista, da técnica utilizada e das dimensões. As que você examinou na seção **Hora do texto** apresentam o nome do selo, o ano de sua emissão e o nome do artista que criou a imagem.

As legendas podem completar com dados técnicos as informações contidas nas imagens. É o caso das legendas de mapas, por exemplo.

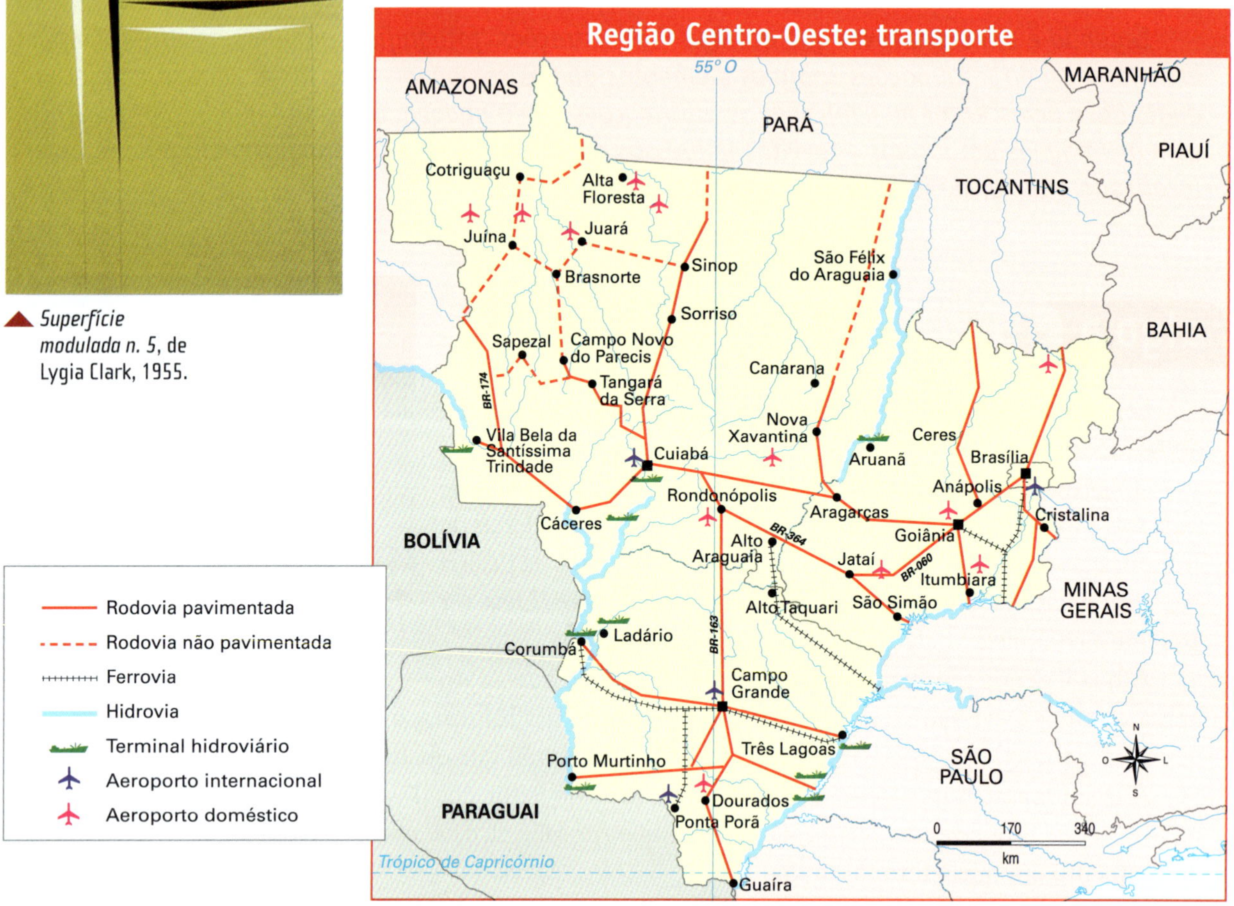

Adaptado de: ATLAS geográfico escolar. Rio de Janeiro: IBGE, 2009.

O texto-legenda

Algumas vezes, as legendas constituem pequenos textos. São exemplos disso os comentários que você leu sobre o selo de Homenagem aos Clubes Brasileiros Campeões da Libertadores e sobre o selo do Dia Internacional da Mulher.

A função de um texto-legenda é auxiliar o leitor a compreender as informações contidas na imagem, chamar a atenção para detalhes interessantes, fazendo-o voltar a olhar a foto e percebê-los.

Em situação alguma a legenda deve ser redundante nem pode dizer o óbvio. Ao contrário, deve informar ou ampliar o significado daquilo que se pode ver, de forma clara, concisa e objetiva.

O texto da legenda pode ser informativo, irônico ou humorístico. Seu tom vai depender do tipo de publicação e do público a que se destina.

Nos infográficos, a legenda tem papel fundamental, pois se incorpora totalmente às imagens. Veja:

Semana de Arte Moderna: 90 anos

O roteiro modernista em São Paulo

Há 90 anos, a Semana de Arte Moderna trazia renovação ao cenário cultural brasileiro. A arte conservadora do século XIX, até então predominante no Brasil, começava a perder espaço. Veja parte de um roteiro de algumas das principais obras modernistas que estão em exposição na capital paulista.

Ilustrações: José Luís Juhas/Arquivo da editora

Semana de Arte Moderna: 90 anos. Adaptado de: <http://www.estadao.com.br/especiais/semana-de-arte-moderna-90-anos,160718.htm>. Acesso em: 24 fev. 2012.

Atividades

1. Recorte fotos de jornais e revistas com as respectivas legendas e leve-as para a classe, a fim de discuti-las com os colegas e o (a) professor(a). Utilize os critérios a seguir:
   - Que aspectos as legendas destacam?
   - Que informações são fornecidas?
   - No caso de grupos de pessoas, que recursos são utilizados para identificá-las na imagem?
   - São humorísticas ou irônicas?
   - Estão adequadas ao tipo de publicação em que aparecem?
   - Outros que julgar relevantes.

2. Observe o conjunto de selos a seguir:

Fotos: Empresa Brasileira de Correios e Telégrafos/Departamento de Filatelia e Produtos/ECT

Crie, no caderno, um texto-legenda para o conjunto, comentando a mudança da moeda e o valor dos selos em diferentes épocas. Antes de escrever, procure informar-se com seus professores (em especial, com o de História) sobre as mudanças de moeda no Brasil e sobre o fato de um selo ter chegado a custar Cr$ 15.000,00. Nesse caso, o **Cr** representa a moeda da época, o **cruzeiro**.

3. Agora redija no caderno um texto-legenda para esta foto.

Jeff Widener/AP Photo/Glow Images

Produzindo texto

Álbum de fotos com textos-legendas

As fotografias costumam captar um flagrante, um momento da vida que fica perpetuado. Propomos a você a realização de uma autobiografia diferente, ou seja, um álbum de fotos que revelem momentos especiais de sua vida acompanhadas de textos-legendas.

José Luís Juhas/Arquivo da editora

Para tanto, componha um álbum que poderá ser organizado em sequência cronológica ou por agrupamento temático. No primeiro caso, as fotos mostrarão ano a ano os eventos registrados. No segundo caso, as fotos serão agrupadas em torno de eventos que você julgue importantes em sua vida.

Para contextualizar as imagens mostradas pelas fotos você vai elaborar textos-legendas. Ao produzi-los, siga todas as indicações apresentadas na seção *A linguagem dos textos*. Cuide para que haja continuidade entre uma legenda e outra.

Você poderá, também, adicionar a seu álbum frases, poemas ou breves textos que tenham alguma relação com as fotos ou com os momentos que elas registram.

Se quiser realizar um trabalho mais elaborado, mais criativo, arranje cola, tesoura, papéis coloridos, enfeites, recortes, adesivos, fitas, rendas, retalhos de tecidos, botões, flores ou folhas secas e... mãos à obra! Personalize seu álbum acrescentando à capa ou às páginas dele um toque artesanal que revele também um pouco de sua personalidade.

Não se esqueça de dar um título original a seu trabalho.

Exercitando a crítica

- O álbum resultou num conjunto harmônico que tem continuidade?
- A apresentação está caprichada, bem acabada?
- Os momentos retratados pelas fotos são significativos?
- Os textos-legendas:
  a) contextualizam de tal forma que qualquer leitor será capaz de, ao lê-los, compreender os momentos que foram marcantes em sua vida?
  b) apresentam informações interessantes para complementar as imagens ou são redundantes?
  c) estão gramaticalmente adequados com relação à pontuação, à grafia das palavras, à concordância entre os termos?
  d) têm um tom – bem-humorado ou sério – coerente com a matéria apresentada?

A história de cada dia

Óleo sobre tela, 45,4 cm x 40,6 cm. Rijksmuseum, Amsterdã, Países Baixos (Holanda)/foto: Bettmann/Corbis/Latinstock

A Criada, também chamada 'A Leiteira' ou 'A ajudante de cozinha', de Jan Vermeer.

PARA COMEÇO DE conversa

1. O cotidiano pode ser belo? Segundo o olhar do pintor holandês Vermeer (1632--1675), o cotidiano pode, sim, apresentar uma beleza que mereça ser retratada. E você: como vê seu cotidiano?
2. Em sua opinião, por que Vermeer ficou conhecido como "o pintor da luz"?
3. No caso desta tela especificamente, o que teria levado o pintor a produzi-la?

• Hora do texto

A meu amigo, o Piracicaba

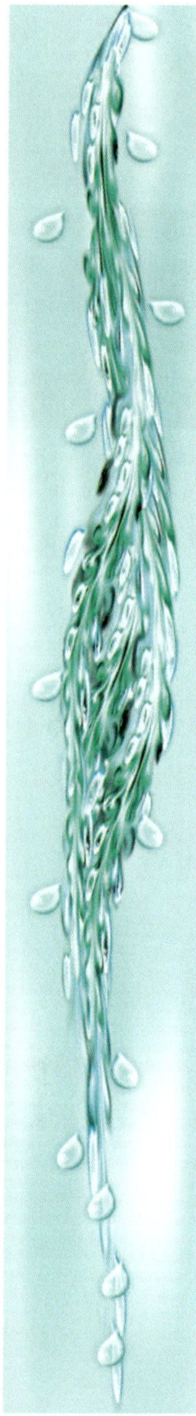

Ilustrações: Vera Basile/Arquivo da editora

Xará, a gente não deve nunca cuspir num rio, por menor que seja esse rio, porque ninguém pode dizer dessa água não beberei. Um rio tem curvas e voltas. O rio é como a vida: mistérios, sombras, grotas, reflexos de prata, remansos e correntezas. O rio, por menor que seja, é uma lição de descobertas. Na escola as professoras mandam decorar que um rio é um curso de água que corre para o mar. Mas um rio é muito mais que isso. Um rio está acima das noções de Geografia; é mais que um traço trêmulo no mapa, é mais mistério que um artefato hidráulico. Um rio são os pedregulhos, a barranca, os chorões, os galhos debruçados sobre o espelho, anteriores às pontes de concreto. Um rio são os olhos insones dos peixes irrequietos, o lodo frio, a loca dos cascudos, o remoinho, a corredeira, o réquiem dos defuntos afogados, a urina dos moleques, o olor da pele das mulheres, o agachar das lavadeiras, o itinerário dos barcos e o silêncio dos pescadores.

O rio é o patrimônio das pessoas simples, das cabritas e dos pássaros.

O rio é o grande monumento da cidade.

Xará, dize-me que rio tens, te direi quem és.

Teu rio é o horóscopo do teu futuro: claro, pardo ou escuro.

Teu rio mostra o que pensas das pessoas, o que fazes com as pessoas e às pessoas; se és um homem livre, bom, sensato, feliz ou se és apenas um homem que não tem sequer a alegria de um rio.

O cheiro do rio é teu atestado de antecedentes.

Xará, um rio pode ser o riso líquido das crianças ou as lágrimas secas dos velhos.

O rio é a fração ideal de teus sonhos; o brinquedo que restou à humanidade salva do incêndio, que a espada de fogo ateou no paraíso perdido entre o Tigre e o Eufrates. Xará, o rio é tua carteira de identidade, teu certificado de sanidade, teu comprovante de civilidade, teu erregê; registro de gente. Um rio é feito para ser amado, para correr e saltitar, para beijar as margens com volúpia. Um rio é feito para ser prestigiado, namorado, para ser mostrado aos turistas e aos de casa, com orgulho, assim:

– Olhe, veja como cuidamos deste tesouro, deste símbolo, destas raízes, desta cortina de névoa que à noite se levanta, deste véu de noiva que escorre da colina, desta fonte de luz e graça, desta bênção.

Veja como somos amigos do rio, como abrimos uma avenida na cidade para recebê-lo com alegria. E veja como o rio percorre, tranquilo e terno, as doces horas das núpcias com a cidade.

Há grandes rios.

xará (brasileirismo)**:** pessoa que tem o mesmo nome de batismo que outra; companheiro.

grota: cavidade, depressão, vale, gruta.

remanso: trecho de rio em que as águas são calmas, quase sem correnteza.

loca: toca subaquática.

réquiem: parte do ofício dos mortos, na liturgia católica, que principia com as palavras latinas *requiem aeternam dona eis*, "dai-lhes o repouso eterno".

olor: cheiro agradável, aroma, perfume.

volúpia: grande prazer.

Rubens Chaves/Folhapress

Ponte pênsil sobre o rio Piracicaba, setembro de 2010.

Há rios tão grandes que as pessoas devaneiam o outro lado do horizonte líquido.

Nesses rios grandes as crianças nascem botos e as mulheres engravidam em canoas de remos.

Esses rios disputam com o oceano; são restos do dilúvio.

Navegando nesses rios, o rei da terra não passa de traíra.

Mas os rios modestos, mesmo os riozinhos, também são importantes, e também nesses não se deve cuspir, xará.

Um ribeiro, um regato, um riacho, um ribeirão, um córrego, todos eles fazem o mar, onde ninguém distingue o grande do pequeno.

E essa igualdade é, talvez, a maior lição que os rios dão.

Não foi à toa, xará, e sim por sabedoria das coisas, que a Independência foi proclamada às margens de um rio (tão pequeno e raso que quase morre, por cuspirem nele).

DIAFÉRIA, Lourenço. *A morte sem colete*. São Paulo: Moderna, 1986. p. 103.

J.B. Scaldo/ Arquivo da editora

O cronista **Lourenço Diaféria** (1933-2008) valia-se da ironia para produzir suas crônicas, sempre densas e provocativas, por meio das quais denunciava a violência da cidade grande, traçando assim um perfil do homem comum em seu ambiente urbano. Ele nos mostra uma cidade que pulsa em habitantes de vida simples e cheia de poesia. Principais obras: *A morte sem colete, Um gato na terra do tamborim* e *O empinador de estrela*.

Expressão oral

Em duplas, organizados em semicírculo na classe, releiam esta passagem do texto:

> "– Olhe, veja como cuidamos deste tesouro, deste símbolo, destas raízes, desta cortina de névoa que à noite se levanta, deste véu de noiva que escorre da colina, desta fonte de luz e graça, desta bênção.
>
> Veja como somos amigos do rio, como abrimos uma avenida na cidade para recebê-lo com alegria. E veja como o rio percorre, tranquilo e terno, as doces horas das núpcias com a cidade."

Pensem no que ocorre atualmente a seu redor, troquem ideias e respondam: é esse o tratamento dispensado pelos cidadãos aos rios de sua região?

Após alguns minutos de conversa, escrevam SIM ou NÃO numa folha de papel sulfite e a exibam para os demais alunos. Tenham em mente que vocês precisarão, imediatamente, justificar sua resposta.

Reorganizem o semicírculo, separando em dois grupos as duplas que responderam SIM das duplas que responderam NÃO. O (A) professor(a) irá pedir a cada uma que apresente um argumento para justificar seu posicionamento.

A dupla precisará ser objetiva e concisa na apresentação. No quadro, o (a) professor(a) anotará, em duas colunas, os argumentos que justificam o SIM e os que justificam o NÃO. Qual delas irá prevalecer?

Expressão escrita

1. O texto **A meu amigo, o Piracicaba** é uma crônica. A crônica, em geral, nasce de um fato do dia a dia, de um acontecimento que pode ser banal, de algo que o cronista observa e que o impressiona.

   a) Que fato motivou o autor a escrever essa crônica?

   b) É correto afirmar que esse fato foi um pretexto para propor discussão mais ampla?

   c) As crônicas podem ter caráter predominantemente narrativo, expositivo, argumentativo, poético... Quanto à que você acabou de ler, como ela se caracteriza?

Gênero textual CRÔNICA

A crônica é um gênero estreitamente ligado ao tempo (o nome provém do grego khronos, *tempo). Tem características jornalísticas (é publicada em periódicos, em espaço predeterminado) e características literárias (apresenta recursos de linguagem). A matéria-prima da crônica é o cotidiano, mas o modo como o cronista apresenta o cotidiano, as considerações que ele faz sobre os fatos narrados a distinguem de outros textos jornalísticos. Ironia, humor, poesia estão presentes em crônicas que, recolhidas posteriormente em livros, continuam sendo lidas, muito tempo depois dos fatos que as geraram. Esses fatos acabam sendo meros pretextos para o autor fazer suas críticas e reflexões.*

2. O autor escolheu um interlocutor para sua mensagem.

   a) Que palavra identifica esse interlocutor?

   b) Em sua opinião, por que ele a escolheu?

   c) Que tom essa escolha confere ao texto?

A palavra **xará** tem origem indígena: variante de ***xera*** [tupi *xe rera*, "meu nome"]. Significa "pessoa que tem o mesmo nome de batismo que outra" (*Dicionário Aurélio eletrônico*), mas é possível usá-la quando alguém deseja se dirigir a outra pessoa cujo nome não sabe ou a amigos, companheiros.

3. Há relações intertextuais na crônica: são alguns provérbios citados, mas que foram renovados e apresentam novos sentidos. Responda no caderno:

   a) O provérbio "Ninguém pode dizer dessa água não beberei" é utilizado normalmente para dizer o quê? Que sentido ele adquire no texto?

   b) "Xará, dize-me que rio tens, te direi quem és" parodia o famoso provérbio "Dize-me com quem andas e te direi quem és". Explique o significado dos dois.

4. Com que sentido foi usado o verbo **cuspir** no texto?

5. No primeiro parágrafo, o autor preocupa-se em definir o rio. Passa pela definição dada pelas professoras: "um curso de água que corre para o mar" e termina dizendo "Um rio são os pedregulhos, a barranca, os chorões [...]". E constrói uma definição pessoal.

Vera Basile/Arquivo da editora

a) Observe os elementos que ele usa para construir essa definição pessoal: eles são internos ou externos ao rio? Comente, em seu caderno, essa forma de defini-lo.

b) Em sua opinião, por que ele busca outra definição?

6. A cuidadosa seleção vocabular feita pelo cronista pode ser verificada em várias passagens de seu texto. Ela é responsável, por exemplo, pela bela imagem criada na seguinte frase: "O rio é como a vida: **mistérios**, **sombras**, **grotas**, **reflexos de prata**, **remansos** e **correntezas**". As palavras destacadas referem-se tanto a rio como a vida. Pense e responda no caderno: para você, que fatos da vida, ou que sentimentos, podem ser considerados verdadeiros **mistérios**, **sombras**, **reflexos de prata**, **remansos** e **correntezas**?

7. Em dois momentos, o autor se refere ao passado e ao futuro: "O cheiro do rio é teu atestado de antecedentes"; "Teu rio é o horóscopo do teu futuro: claro, pardo ou escuro". Interprete essas duas frases.

8. Em que passagem o autor associa o rio à cidadania, de forma direta?

9. A natureza conhece uma igualdade que entre os humanos não existe. Que passagem do texto transmite esse significado?

10. Interprete o último parágrafo do texto. Escreva suas conclusões no caderno.

algo a +

Piracicaba é uma palavra de origem indígena que significa: "lugar onde o peixe para", uma referência às quedas existentes no rio que bloqueiam a piracema dos peixes. Houve um tempo em que a vida dependia do rio: ali se pescava com facilidade, se nadava e até se podia tomar da sua água, mas o crescimento industrial e urbano alterou esse quadro. Atualmente, a bacia do Piracicaba continua importantíssima, pois abastece, além da região que percorre, metade da metrópole paulistana.

Localização da Bacia do rio Piracicaba

Adaptado de: ATLAS geográfico escolar. Rio de Janeiro: IBGE, 2009.

• Gramática no texto

1. O autor da crônica usa a 2ª pessoa do singular (**tu**) para dirigir-se a um interlocutor virtual, que ele chama de **xará**. Os verbos e pronomes destacados mostram esse fato:

   "Xará, **dize**-me que rio **tens**, **te** direi quem **és**."

   Escreva no caderno como ficariam essas passagens se ele escolhesse tratar esse interlocutor por **você**.

2. Releia agora este trecho e observe o verbo destacado. Se no lugar de **saltitar** tivesse sido empregado o verbo **saltar**, o efeito seria o mesmo?

   Um rio é feito para ser amado, para correr e **saltitar** [...]

   As ações indicadas pelos verbos costumam ter duração diferenciada: enquanto uns expressam ações de longa duração outros indicam ações de curta duração ou revelam outros aspectos. Nas frases a seguir, o processo verbal indica aspectos de ação que se inicia, que permanece, que termina ou que se repete?

   a) Ficaram ali a falar e a bebericar.
   b) O rio continua adoecendo.
   c) Começou a amanhecer.
   d) Ele acaba de fechar um contrato.
   e) Ficamos esperando a chuva passar.

3. Observe estas duas frases:

   "O rio é o grande monumento da cidade."
   "Um rio são os olhos insones dos peixes irrequietos [...]."

Vera Basile/Arquivo da editora

   Registre suas respostas no caderno.

   a) Qual é o sujeito do verbo **ser** em cada uma delas?
   b) Como você justificaria o verbo **ser** flexionado no plural, na segunda frase?
   c) Crie algumas orações utilizando os núcleos dados abaixo. O primeiro substantivo do par deve ser o sujeito da oração; o segundo deve ser o predicativo. Em todas as orações, você só poderá utilizar o verbo **ser**. Não se esqueça da concordância!
      - alegria – terras
      - educação – alternativa
      - cidade – pessoas
      - rio – bênçãos

4. Leia:

   "[...] a Independência foi proclamada às margens de um rio (tão pequeno e raso que quase morre, por cuspirem nele)."

   a) Qual é o sujeito do verbo **cuspir**?
   b) Por que o cronista escolheu usar esse tipo de sujeito na frase?

5. Nas frases a seguir, o verbo **disputar** foi usado com os significados de **competir**, **lutar** e **concorrer**.

   "Esses rios **disputam** com o oceano [...]"
   Os homens **disputavam** um pedaço de terra.
   Disputou uma cadeira no Senado nas últimas eleições.

Copie as frases em seu caderno, substituindo o verbo **disputar**, em cada uma, pelo sinônimo adequado. Atenção às alterações que os complementos desses verbos deverão sofrer nas novas construções.

O verbo e as pessoas do discurso

Você já aprendeu que a oração organiza-se em torno de um verbo e que normalmente se compõe de sujeito e predicado. Aprendeu também que o verbo se relaciona com o sujeito em número e pessoa e que essa é uma relação fundamental.

Os verbos apresentam uma característica particular: sua forma passa por alterações para adequar-se a **tempo**, **modo**, **número** ou **pessoa.**

Relembre os pronomes que representam as pessoas:

número	pessoa	retos	oblíquos
	1ª	eu	me, mim, comigo
Singular	2ª	tu	te, ti, contigo
	3ª	ele/ela	se, si, consigo, o, a, lhe, ele, ela
	1ª	nós	nos, conosco
Plural	2ª	vós	vos, convosco
	3ª	eles/elas	se, si, consigo, os, as, lhes, eles, elas

Reveja esses conceitos por meio de algumas frases:

- "[...] o rio **percorre**, tranquilo e terno, as doces horas das núpcias com a cidade."
  tempo: presente
  modo: indicativo (fato certo)
  pessoa: 3ª (pois refere-se a **rio**, que representa a 3ª pessoa = **ele**)
  número: singular (porque **rio** está no singular)

- "Esses rios **disputam** com o oceano [...]"
  tempo: presente
  modo: indicativo (fato certo)
  pessoa: 3ª (pois refere-se a **rios**, que representa a 3ª pessoa = **eles**)
  número: plural (porque **rios** está no plural)

- "[...] dessa água [**eu**] não **beberei**."
  tempo: futuro
  modo: indicativo
  pessoa: 1ª (pois refere-se ao pronome pessoal reto de 1ª pessoa = **eu**)
  número: singular (porque o pronome **eu** representa a 1ª pessoa do singular)

Como você observou, as alterações que dizem respeito à relação do verbo com o sujeito são as flexões de **número** e **pessoa**. Resta lembrar que a pessoa do discurso que desempenha o papel de sujeito na oração exerce influência sobre o **verbo** e sobre os **pronomes** que a ele se referem. Observe a frase do texto:

- "Xará, **dize**-me [tu] que rio **tens**, **te** direi quem **és**."
  - **dize** → verbo **dizer** 2ª p. sing.
  - [tu] → pronome pessoal reto 2ª p. sing. → sujeito de **dizer, ter** e **ser**
  - **tens** → verbo **ter** 2ª p. sing.
  - **te** → pronome pessoal oblíquo 2ª p. sing. → refere-se ao sujeito **tu**
  - **és** → verbo **ser** 2ª p. sing.

Verbos impessoais – oração sem sujeito

Existem orações, em português, cujos verbos não fazem referência a sujeito nenhum. Veja:

Quando **chove**, as águas do rio se avolumam.

Vera Basile/Arquivo da editora

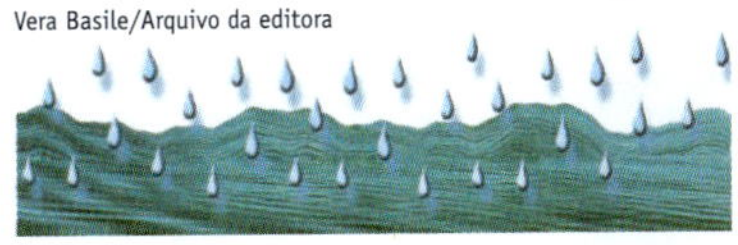

O verbo **avolumar-se** se refere a **águas do rio**, seu sujeito, mas o verbo **chover** não se refere a nenhum elemento presente (ou não) na frase. **Quando chove**, portanto, é uma oração **sem sujeito**.

Orações sem sujeito ocorrem principalmente:

- com os verbos que indicam **fenômenos da natureza**:

  Ventou a noite inteira.
  Caso a temperatura caia mais, **geará** durante a madrugada.
  No Brasil, **neva** em regiões do Sul.
  No verão, **amanhece** mais cedo.
  Neste ano, **fez** calor até o fim de abril.

  Outros exemplos: trovejar, entardecer, fazer frio, estar frio etc.

- com o verbo **haver**, quando significa **existir**:

  "**Há** grandes rios."
  Haverá grandes desertos no lugar das florestas...

- com os verbos **fazer** e **haver**, quando indicarem tempo decorrido:

  Faz tempo que andam poluindo estes rios.
  Há alguns anos percebemos a deterioração dos rios.

- com o verbo **ser**, quando indica tempo em geral:

  "**É** cedo / ou tarde demais / pra dizer adeus / pra dizer jamais" (Titãs)
  São duas horas.

Você deve ter percebido que esses verbos apresentam flexões de **tempo** e **modo**, mas não de **pessoa** e **número** (**há**, **haverá**, **ventou**, **geará**, **fez**). Por essa razão, dizemos que eles são **impessoais**: não se referem a nenhuma pessoa do discurso. Essa impessoalidade se manifesta pela 3ª pessoa do singular.

Excepcionalmente o verbo **ser**, nas orações sem sujeito, pode concordar com o predicativo, como em "**São** duas horas.".

ATENÇÃO!

Quando esses verbos são usados no sentido figurado, podem referir-se a um sujeito, com o qual concordarão. Por exemplo:

Choveram reclamações. (= As reclamações choveram.)

Eles **trovejaram** uma repreensão e todos nós ficamos quietos.

[Eu] **Amanheci** triste hoje.

Atividades

1. No parágrafo que você vai ler a seguir, um narrador de 1ª pessoa (narrador-personagem) fala do gosto de dois amigos pela noite. Sua tarefa é reescrevê-lo, no caderno, mudando o foco narrativo para a 3ª pessoa. Ou seja, o narrador não será mais personagem, apenas observará o que está sendo relatado.

Ilustrações: Vera Basile/Arquivo da editora

Uma excentricidade do meu amigo era sua paixão pela noite – pela noite em si –, e cedi a essa sua esquisitice, como a todas as outras. Entreguei-me aos seus caprichos com absoluto abandono. As trevas noturnas não estavam sempre conosco, mas podíamos simular sua presença. Logo ao alvorecer, fechávamos todas as janelas do nosso velho prédio e acendíamos um par de velas fortemente perfumadas, que lançavam apenas débeis e fantasmagóricos raios de luz. Com a sua ajuda, mergulhávamos em sonhos – lendo, escrevendo ou conversando, até o relógio nos avisar que chegara a verdadeira Escuridão. Então saíamos para as ruas, de braço dado, ainda a discutir os assuntos do dia, caminhando longas distâncias a esmo até horas tardias, procurando entre as luzes e sombras irreais da cidade aquela infinidade de excitação mental que a observação tranquila pode permitir.

POE, Edgar Allan. *Os assassinatos da rua Morgue e o escaravelho de ouro*. Adap. de Ricardo Gouveia. São Paulo: Scipione, 1997. p. 11.

2. Agora você lerá o início de uma carta que uma garota enviou a uma amiga.

"Querida Marilu

Achei bárbara a **tua** última carta. Pela foto, vi que **você** está muito bacana! E pelo que me conta, deve **se** sentir maravilhosa. Que experiência!!! Estar aí, nos Estados Unidos, vendo e vivendo tantas novidades. Releio **suas** palavras e morro de inveja. De tudo! Principalmente do **teu** namoro com o John, assim tão livre, tão pra frente.

(...)

Beijos e saudades

da **sua** sempre amiga

Marília"

ABRAMOVICH, Fanny. *As voltas do meu coração*. São Paulo: Atual, 1989. p. 18-9.

a) Observe os pronomes destacados na carta: o que você percebe? Por que isso ocorre? Escreva suas conclusões no caderno.

b) Escolha uma forma – **tu** ou **você** – para Marília usar em sua carta e reescreva essa passagem no seu caderno, uniformizando os pronomes do texto (ou todos na 2ª pessoa, ou todos na 3ª pessoa). Atenção a outras alterações que se façam necessárias.

3. Reescreva as frases a seguir no caderno, mudando o tempo dos verbos em destaque. Faça as alterações que forem necessárias.

a) **Há** um abismo entre aqueles costumes e os de seus pais.

b) **Faz** dez anos que estamos aqui.

c) **Eram** 22 horas e ele ainda não havia chegado.

4. Responda às questões, utilizando o verbo **fazer**.
   a) Há quanto tempo você mora na sua cidade?
   b) Você conhece seu(sua) melhor amigo(a) há quantos anos?

5. Substitua o verbo **ter** por **haver**, atendendo às indicações entre parênteses.
   a) Aquelas cidades tinham prefeitos que cuidavam perfeitamente da limpeza pública. (*Naquelas cidades...*)
   b) As pessoas tinham o forte desejo de cuidar do rio que banhava a cidade. (*Nas pessoas...*)
   c) Reconhecemos que esse jornal tem profissionais de gabarito. (*Reconhecemos que nesse jornal...*)
   d) Quantos bilhões de habitantes terá o planeta até o final do século? (*... no planeta até o final do século?*)

6. O verbo **haver** com sentido de **existir** é impessoal, ou seja, constitui orações sem sujeito. Com o verbo **existir**, porém, deve haver um sujeito na oração. Em vista disso, copie as frases a seguir no caderno, substituindo o verbo **haver** por **existir**.
   a) Há muitos rios pedindo socorro nas cidades do país.
   b) Haveria projetos de despoluição capazes de revitalizar esses rios em pouco tempo?
   c) Haverá rios limpos no futuro?
   d) Pode haver desculpas para tanto descaso?

Patrícia Santos/Agência Estado

Excesso de lixo acumulado à margem do Rio Pinheiros (São Paulo, SP, em 2007).

4

7. Observe estas duas maneiras de revelar o mesmo fato:

   A **chuva** em excesso provocou **transbordamento** dos rios.
   Choveu excessivamente e os rios **transbordaram**.

   Agora reescreva as frases a seguir, trocando os substantivos destacados por verbos cujo sentido seja semelhante.
   a) A **geada** em Santa Catarina causou **prejuízos** aos agricultores.
   b) A **noite** caiu repentinamente e nos trouxe o **medo**.
   c) **Ventos** fortes varreram a costa norte do país causando **destruição** nos balneários.

Para além do texto

A crônica do dia a dia

Alguns jornais e revistas mantêm, em suas páginas, espaço para a publicação de crônicas. Pesquise, recorte-as e leve-as para a sala de aula. Cada dia um de vocês se encarregará de apresentar, no mínimo, uma crônica para a turma.

Vera Basile/Arquivo da editora

Prepare sua apresentação tendo em vista:

- **Contextualização:**

Em que periódico a crônica foi publicada? Em que página? Em que data? Quem é o autor? O que você sabe sobre ele? Ele tem coluna diária ou semanal nesse periódico?

- **Assunto:**

De que trata a crônica? O que a inspirou? Uma notícia? Uma lembrança do cronista? Um fato da atualidade?

- **Tipo de texto que a constitui:**

A crônica é **predominantemente narrativa** porque conta uma pequena história, retrata uma cena do cotidiano? Ou é **argumentativa** porque o cronista expõe suas ideias sobre aspectos do cotidiano, faz comentários, posiciona-se diante dos fatos e propõe reflexões ao leitor? Ou é uma crônica poética, em que predomina a organização especial da linguagem com recursos expressivos e forte carga de sentimentos?

- **Recursos de linguagem**

Quais recursos se destacam: ironia? humor? interlocução com o leitor? linguagem figurada?

Destaque trechos da crônica que ilustrem sua análise. Comente-a, tendo em vista a reflexão feita pelo cronista. Peça a seus colegas que também teçam seus comentários.

Depois, exponha a crônica num painel que vocês irão montar aos poucos, enquanto durarem as apresentações, para compartilhar a leitura com os colegas. Ao final, terão muitas para serem lidas.

Em último caso, se não encontrar as crônicas em publicações jornalísticas, procure um livro em que elas tenham sido recolhidas e apresente-as aos colegas. Na seção **Para saber mais**, localizada no final do volume, você tem algumas sugestões de títulos.

algo a +

Leia o que estes estudiosos disseram sobre a crônica:

"Por meio dos assuntos, da composição aparentemente solta, do ar de coisa sem necessidade que costuma assumir, ela se ajusta à sensibilidade de todo o dia. Principalmente porque elabora uma linguagem que fala de perto ao nosso modo de ser mais natural. Na sua despretensão, humaniza; e esta humanização lhe permite, como compensação sorrateira, recuperar com a outra mão uma certa profundidade de significado e um certo acabamento de forma, que de repente podem fazer dela uma inesperada embora discreta candidata à perfeição."

CANDIDO, Antonio. A vida ao rés-do-chão. Prefácio ao *Para gostar de ler*, v. 5. São Paulo: Ática, 1980. p. 5.

"A crônica brasileira tem uma cara própria, leve, bem-humorada, amorosa, com o pé na rua. Quase 150 anos depois de instaurada nos jornais, ela apresenta uma espetacular capacidade de se reinventar e se comunicar com o leitor. Literatura é tudo aquilo que permanece."

SANTOS, Joaquim Ferreira dos. Introdução. In: *As cem melhores crônicas brasileiras*. Rio de Janeiro: Objetiva, 2007. p. 15.

• Hora do texto

A última crônica

A caminho de casa, entro num botequim da Gávea para tomar um café junto ao balcão. Na realidade estou adiando o momento de escrever. A perspectiva me assusta. Gostaria de estar inspirado, de coroar com êxito mais um ano nesta busca do pitoresco ou do irrisório no cotidiano de cada um. Eu pretendia apenas recolher da vida diária algo de seu disperso conteúdo humano, fruto da convivência, que a faz mais digna de ser vivida. Visava ao circunstancial, ao episódico. Nesta perseguição do acidental, quer num flagrante de esquina, quer nas palavras de uma criança ou num acidente doméstico, torno-me simples espectador e perco a noção do essencial. Sem mais nada para contar, curvo a cabeça e tomo meu café, enquanto o verso do poeta se repete na lembrança: "assim eu quereria o meu último poema". Não sou poeta e estou sem assunto. Lanço então um último olhar fora de mim, onde vivem os assuntos que merecem uma crônica.

Ao fundo do botequim um casal de pretos acaba de sentar-se, numa das últimas mesas de mármore ao longo da parede de espelhos. A compostura da humildade, na contenção de gestos e palavras, deixa-se acentuar pela presença de uma negrinha de seus três anos, laço na cabeça, toda arrumadinha no vestido pobre, que se instalou também à mesa: mal ousa balançar as perninhas curtas ou correr os olhos grandes de curiosidade ao redor. Três seres esquivos que compõem em torno à mesa a instituição tradicional da família, célula da sociedade. Vejo, porém, que se preparam para algo mais que matar a fome.

José Luís Juhas/Arquivo da editora

Passo a observá-los. O pai, depois de contar o dinheiro que discretamente retirou do bolso, aborda o garçom, inclinando-se para trás na cadeira, e aponta no balcão um pedaço de bolo sob a redoma. A mãe limita-se a ficar olhando imóvel, vagamente ansiosa, como se aguardasse a aprovação do garçom. Este ouve, concentrado, o pedido do homem e depois se afasta para atendê-lo. A mulher suspira, olhando para os lados, a reassegurar-se da naturalidade de sua presença ali. A meu lado o garçom encaminha a ordem do freguês. O homem atrás do balcão apanha a porção do bolo com a mão, larga-o no pratinho – um bolo simples, amarelo-escuro, apenas uma pequena fatia triangular.

A negrinha, contida na sua expectativa, olha a garrafa de Coca-Cola e o pratinho que o garçom deixou à sua frente. Por que não começa a comer? Vejo que os três, pai, mãe e filha, obedecem em torno à mesa a um discreto ritual. A mãe remexe na bolsa de plástico preto e brilhante, retira qualquer coisa. O pai se mune de uma caixa de fósforos, e espera. A filha aguarda também, atenta como um animalzinho. Ninguém mais os observa além de mim.

São três velinhas brancas, minúsculas, que a mãe espeta caprichosamente na fatia do bolo. E enquanto ela serve a Coca-Cola, o pai risca o fósforo e acende as velas. Como a um gesto ensaiado, a menininha repousa o queixo no mármore e sopra com força, apagando as chamas. Imediatamente põe-se a bater palmas, muito compenetrada, cantando num balbucio, a que os pais se juntam, discretos: "parabéns pra você, parabéns pra você...". Depois a mãe recolhe as velas, torna a guardá-las na bolsa. A negrinha agarra finalmente o bolo com as duas mãos sôfregas e põe-se a comê-lo. A mulher está olhando para ela com ternura – ajeita-lhe a fitinha no cabelo crespo, limpa o farelo de bolo que lhe cai ao colo. O pai corre os olhos pelo botequim, satisfeito, como a se convencer intimamente do sucesso da celebração. De súbito, dá comigo a observá-lo, nossos olhos se encontram, ele se perturba, constrangido – vacila, ameaça abaixar a cabeça, mas acaba sustentando o olhar e enfim se abre num sorriso.

José Luís Juhas/Arquivo da editora

Assim eu quereria minha última crônica: que fosse pura como esse sorriso.

SABINO, Fernando. *Para gostar de ler*. v. 5. São Paulo: Ática, 1979. p. 40-2.

Expressão escrita

1. Para um cronista, nem sempre é tranquilo produzir diariamente um texto que tem hora para estar pronto e espaço delimitado para publicação. Esse fato fica subentendido nesta crônica?

2. Antes de entrar praticamente no assunto principal, sobre o que o cronista faz considerações?

3. O que ele afirma sobre a crônica coincide com o que você sabe sobre esse gênero?

4. Releia este trecho:

> "Nesta perseguição do acidental, quer num flagrante de esquina, quer nas palavras de uma criança ou num acidente doméstico, torno-me simples espectador e perco a noção do essencial."

Nessa crônica, o que seria "acidental"? Você concorda com o autor quando ele afirma perder a noção do "essencial"?

5. Segundo o cronista, onde vivem os assuntos "que merecem uma crônica"?

6. Essa crônica é exemplo de uma afirmação corrente sobre o gênero, a de que um fato corriqueiro do cotidiano serve apenas de pretexto para se elaborarem reflexões sérias sobre o comportamento humano e até para se fazer crítica social. Você concorda com essa afirmação? Justifique sua resposta.

7. Releia a descrição da comemoração do aniversário.
   a) Que sentimentos o cronista busca despertar no leitor?
   b) Com relação à linguagem, o que você nota de especial quando o autor se refere à aniversariante?

8. Comente a atitude do pai da criança ao sentir-se observado pelo cronista.

9. No início do texto, o cronista afirma:

> "Eu pretendia apenas recolher da vida diária algo de seu disperso conteúdo humano, fruto da convivência, que a faz mais digna de ser vivida."

   Você acredita que ele tenha conseguido realizar o que pretendia?

10. O jornalista Joaquim Ferreira dos Santos afirma que as crônicas "funcionam como oásis de respiração e bom gosto no meio das crises e tragédias de um jornal". Você concorda com ele? Por quê?

Para além do texto

A poesia que está na crônica

É comum os autores citarem outros textos ou outros autores em suas obras. Esse é um fenômeno que você já observou várias vezes, a que damos o nome de intertextualidade. No primeiro parágrafo da crônica de Fernando Sabino, está citado o primeiro verso de "O último poema", de Manuel Bandeira. Procure esse poema em livros ou na internet e, após uma leitura atenta, reúna-se com seus colegas para responder às seguintes questões:

a) Por que o verso do poeta: "assim eu quereria meu último poema" não sai da lembrança do cronista?

b) Conhecer na íntegra o poema cujo verso foi citado na crônica mudou algo em sua leitura? O quê?

c) Observe como o cronista conclui seu texto:

> Assim eu quereria minha última crônica:
> que fosse pura como esse sorriso.

A busca da pureza também está presente no poema? Exemplifique.

d) Na crônica emprega-se uma estratégia de composição de texto que consiste em explicar como seria o texto almejado e, ao mesmo tempo, já compor esse texto ideal. O mesmo pode ser observado em relação ao poema que você pesquisou?

• A linguagem dos textos

A coesão textual

Veja a definição de **coesão** no verbete do *Minidicionário Luft*:

co.e.são s.f. 1. Associação íntima entre as partes de um todo; adesão. 2. União, harmonia.

A coesão é uma importante qualidade do texto. Um texto coeso é aquele que apresenta **associação**, **conexão**, **harmonia** entre as partes que o compõem. Essas características podem ser observadas e conseguidas pela utilização de certas palavras:

- aquelas que estabelecem relações entre os termos das frases e períodos e entre parágrafos;
- aquelas que fazem referência a termos e ideias mencionados anteriormente;
- aquelas que ligam, retomam, eliminam repetições, unem seus componentes, fazendo, enfim, do texto uma unidade.

Lembretes:

pronome: palavra que substitui o nome ou o acompanha fazendo referência à pessoa do discurso que ele representa. Ele auxilia, portanto, a evitar repetições de palavras e estabelece ligações entre os elementos do texto, contribuindo para a sua coesão.
advérbio: caracteriza o verbo, expressando circunstâncias variadas.
conjunção: une termos ou orações estabelecendo diferentes relações de sentido.

Para exemplificar como a coesão se estabelece no texto, vamos retomar o início do terceiro parágrafo de "A última crônica".

"Passo a observá-**los**. O pai**, depois** de contar o dinheiro **que** discretamente retirou do bolso, aborda o garçom**,** inclinando-se para trás na cadeira**, e** aponta no balcão um pedaço de bolo sob a redoma. A mãe limita-se a ficar olhando imóvel**,** vagamente ansiosa**,** como se aguardasse a aprovação do **garçom. Este** ouve, concentrado, o pedido do homem **e depois** se afasta para atendê-**lo**."

1. Inicialmente, observe a conjunção **e** juntando as orações em duas passagens:

"[...] **e** aponta no balcão um pedaço de bolo [...]"
"[...] **e** depois se afasta [...]"

Observe que a **vírgula** também é empregada para dar sequência às orações.

2. Há **advérbios** indicando a passagem do tempo:

"[...] **depois** de contar o dinheiro [...]"
"[...] **depois** se afasta para atendê-lo."

No segundo parágrafo, tinham sido citadas três pessoas: o pai, a mãe e a garotinha que entram no botequim. No início do terceiro parágrafo, o emprego do pronome pessoal do caso oblíquo **os**, em sua forma **los**, retoma essas três pessoas, sem que seja necessário explicitar quem está sendo observado.

"Passo a observá-**los**."

Nesse mesmo parágrafo, recurso semelhante é empregado para substituir o substantivo **homem**:

[...] **e** depois se afasta para atendê-**lo**."

- Veja que a palavra **homem** já está sendo empregada para substituir a palavra **pai**.

  Usar expressões sinônimas é outra maneira de dar prosseguimento ao texto, referindo-se às mesmas pessoas ou objetos, sem, contudo, repetir a mesma palavra.

- O pronome relativo **que** se refere a um termo dito anteriormente, fazendo o papel que seria desse termo na oração. Além de evitar a repetição, seu uso possibilita relacionar duas orações. Veja como ficaria esta passagem:

"[...] depois de contar o **dinheiro,** retirou discretamente o **dinheiro** do bolso, [...]"
"[...] depois de contar o dinheiro **que** discretamente retirou do bolso, [...]"

- O pronome demonstrativo **este** substitui o substantivo **garçom** (já repetido anteriormente) na oração seguinte:

"[...] aguardasse a aprovação do **garçom**. **Este** ouve [...]"

Outros exemplos de pronomes usados para evitar repetições e que servem como elementos coesivos:

Pronomes relativos

- **Cujo(a), (as), (os)**
  A cidade mostra o respeito do cidadão por sua história. O rio **da cidade** é limpo.
  A cidade **cujo** rio é limpo mostra o respeito do cidadão por sua história.

- **Onde**
  Na cidade corre um rio sujo e triste. Moro **na cidade.**
  Na cidade **onde** moro corre um rio sujo e triste.

- **Pronomes demonstrativos**
  "Na escola as professoras mandam decorar que um rio é um curso de água que corre para o mar. Mas um rio é muito mais que **isso.**"
  O pronome **isso** entra no lugar da definição (um rio é um curso de água que corre para o mar) possibilitando referir-se a ela sem ter de repeti-la.

- **Pronomes possessivos**

"**Teu** rio é **tua** carteira de identidade."

Os pronomes possessivos determinam os substantivos; muitas vezes podem entrar no lugar deles:

Eu preservo **meu** rio, preserve o **seu**!

(não é necessário repetir a palavra **rio**).

Ilustrações: Vera Basile/Arquivo da editora

- **Pronomes pessoais**

"Um ribeiro, um regato, um riacho, um ribeirão, um córrego, todos **eles** fazem o mar, onde ninguém distingue o grande do pequeno."

A omissão do pronome que funciona como sujeito também é fator coesivo.

"Um rio está acima das noções de Geografia; é mais que um traço trêmulo no mapa, é mais mistério que um artefato hidráulico."

Um rio é sujeito da forma verbal **está**; o pronome **ele**, que o retoma nas demais orações como sujeito do verbo **ser** (*ele* é mais que um traço; *ele* é mais mistério), foi omitido, pois o próprio contexto e a forma verbal nos levam a entender a referência ao rio.

Atividades

1. Leia o texto e responda ao que se pede.

"Que a realidade virtual é uma tecnologia **cujas** utilidades vão além da pura diversão, já está mais do que provado, mas **isso** não significa que não seja possível usá-**la** nos momentos de lazer, seja com jogos eletrônicos [...] ou passeios virtuais por museus e planetários espalhados por diversos países da Europa e América.

No México, as crianças podem fazer uma viagem à terra de **seus** ancestrais, em uma das atrações oferecidas pela sala de realidade virtual do Papalote Museu del Niño, **que** recria todo o ambiente e construções da época em **que** viviam os maias."

GALILEU. São Paulo: Globo, set. 2004, p. 67.

Vera Basile/Arquivo da editora

a) "Que a realidade virtual é uma tecnologia **cujas** utilidades vão além da pura diversão [...]". **Cujas** retoma qual termo dessa frase?

b) O pronome **isso** retoma que ideia expressa anteriormente?

c) "[...] não seja possível usá-**la** [...]." O pronome destacado substitui que termo anterior?

d) "No México, as crianças podem fazer uma viagem à terra de **seus** ancestrais." O pronome **seus**, que acompanha o substantivo **ancestrais**, faz referência a que pessoa do discurso?

e) No último parágrafo, o pronome relativo **que** aparece duas vezes. A que termos ele se refere?

2. Reescreva o texto a seguir no caderno, eliminando as repetições por meio de pronomes.

"**Época** – *O que os pais podem fazer para evitar os quadros de depressão?*

Sandra – Desenvolver a autoestima desde a infância. É a **autoestima** que dá tranquilidade e segurança para enfrentar desafios e **resolver desafios**.

Época – *Como se estimula a autoestima?*

Sandra – Incentivando a prática de esportes, atividades culturais, *hobbies*. Quando o jovem desiste do vestibular dizendo que não acha o **vestibular** importante ou alegando não saber o que quer, é porque o **jovem** tem medo do fracasso. O adolescente nunca repete de ano; desiste antes. **O adolescente** nunca perde a namorada, desiste antes também. Teme perder porque não sabe o que é capaz de conseguir. O adolescente precisa ser bom e reconhecido por alguma coisa que faz. Se não for pelo lado positivo, pode adotar posturas negativas a fim de agredir o mundo por meio das **posturas negativas**...

[...]

Época – *Como superar a crise da adolescência?*

Sandra – Antes de tudo, não encarar a **crise da adolescência** como uma crise."

ÉPOCA. São Paulo: Globo, 30 ago. 2004, p. 56. Texto adaptado.

Produzindo texto

Crônica: o seu olhar sobre o cotidiano

Contribua você também para contar a seus colegas essa nossa história de todos os dias. Afinal, ela se compõe dos pequenos atos das pessoas, dos fatos corriqueiros. Pense em algum aspecto da realidade que o (a) deixa indignado(a) ou em algum aspecto que deseja destacar por enxergar, nele, a marca de nossos dias. Ele pode estar no noticiário da TV, nas ruas da cidade, nos atos cotidianos das pessoas. Como você viu, esses atos também podem revelar uma beleza insuspeitada.

Redija uma **crônica** que tenha como assunto principal esse aspecto observado por você.

Escolha o tipo de texto mais adequado a ele. Pense no aspecto do qual deseja tratar:

- Gira em torno de uma cena, uma pequena história que ilustra algum comportamento atual?
- Pretende ressaltar aspectos da nossa vida, modos de agir das pessoas, de forma poética?
- Está ligado às ideias que você quer defender sobre alguma característica da vida atual? Deve provocar reflexões?

Qualquer que seja sua opção, ela deverá expressar **seu modo particular** de olhar os fatos. Dê um tratamento especial à linguagem, utilizando figuras. Use a ironia, o humor, busque despertar sentimentos e emoções no leitor.

Ao terminar de redigir seu texto, troque-o com um colega. Reescreva-o ou faça as adequações necessárias a partir das recomendações dele. Se possível, digite a versão final ou passe-a a limpo com letra bem legível.

Depois, todos deverão expor os textos produzidos no mesmo painel que vocês foram construindo ao apresentar as crônicas de jornais. Se não houver espaço para todas, substituam os textos pelos mais recentes.

Robson Ventura/Folhapress

Multidão fazendo compras na Rua 25 de Março (São Paulo, SP, em 2008).

Robson Fernandjes/Agência Estado

Congestionamento na Marginal Tietê (São Paulo, SP, em 2008).

Mulher caminha por rua completamente alagada em região castigada pelas chuvas (Vale do Itajaí, SC, em 2008).

Moacyr Lopes Junior/Folhapress

Exercitando a crítica

Ao ler o texto do colega, observe:

- O texto produzido aborda claramente um aspecto da realidade cotidiana?
- Usou um fato comum como pretexto para uma reflexão mais profunda?
- É relativamente curto? Prende a atenção do leitor?
- Deixa transparecer a percepção do autor sobre o assunto tratado por meio de comentários?
- É possível perceber nele alguma forma de tratamento poético – sentido figurado, enumerações, repetições e outros recursos – com o objetivo de enfatizar uma ideia?

Grupo de criação

Nos primeiros capítulos deste volume você leu textos que resgatam um pouco de nossa memória, histórias que relatam costumes e comportamentos diferentes dos de hoje. Leu sobre a vida de personalidades que marcaram seu tempo por serem especiais e ouviu relatos de pessoas que não se tornaram famosas, mas que também construíram uma história.

Leu textos registrando fatos de nosso cotidiano que, no futuro, servirão para compor um quadro de referências de nossos costumes atuais. No final, deve ter percebido que tudo o que temos hoje, por caminhos diferentes, veio do que existiu no passado e que o futuro será construído sobre o presente.

Para transmitir um pouco do que você aprendeu sobre o passado, suas características, curiosidades e importância, sugerimos que você e sua turma organizem **uma exposição com objetos do passado**, uma espécie de museu. Para fazê-lo, porém, seria interessante que vocês visitassem alguns museus de sua cidade a fim de entender como eles se organizam e como suas obras são mostradas e identificadas. Caso não haja nenhum no lugar onde você mora, combine com o (a) professor(a) visitas virtuais a alguns museus famosos. Releia, também, a seção ***Algo a mais*** do capítulo 2 sobre museus.

O museu

Segundo o *Dicionário Aurélio eletrônico*, museu é "qualquer estabelecimento permanente criado para conservar, estudar, valorizar pelos mais diversos modos, e sobretudo expor para deleite e educação do público, coleções de interesse artístico, histórico e técnico".

Acervo do Museu Nacional do Rio de Janeiro/Arquivo da editora

Museu Nacional do Rio de Janeiro.

Tasso Marcelo/Agência Estado

Estudante observa peças do Museu Nacional do Rio de Janeiro. Foto de agosto de 2010.

O objetivo da exposição, portanto, será reunir um bom número de peças antigas que apresentem aspectos curiosos e informativos de um tempo que já passou.

Traga também para a classe objetos da sua infância que você ainda guarda com carinho. Como você acha que esses objetos serão relembrados daqui a 50 anos? Você acredita que eles se tornarão peças de museu?

As peças

A importância das peças de um museu está ligada principalmente ao fato de testemunharem os costumes de uma época. Assim, um simples utensílio doméstico que foi usado há algumas décadas ganha um valor extraordinário.

Alguns exemplos de peças que podem ser expostas:

- livros, revistas, gibis, diários;
- moedas, notas antigas, selos;
- utensílios domésticos em geral (moedores, torradores de café, ferro de passar roupa, tachos, talheres, louças etc.);
- fotografias e documentos antigos;
- cartões-postais, cardápios, folhetos;
- relógios (de parede, de bolso);
- máquinas fotográficas ou de escrever antigas;
- aparelhos de rádio, aparelhos de TV, *videogame*, toca-discos, videocassetes, gravadores, telefones;
- projetores de *slides* ou Super 8;
- discos de vinil, fitas cassetes, disquetes;
- peças de vestuário, incluindo óculos, bijuterias, bolsas, carteiras, cintos;
- canetas-tinteiro e outros materiais escolares antigos.

shock/Shutterstock/Glow Images

▲ Gramofone (1887).

Banco de Imagens/Arquivo da editora

▲ Máquina de escrever (1873).

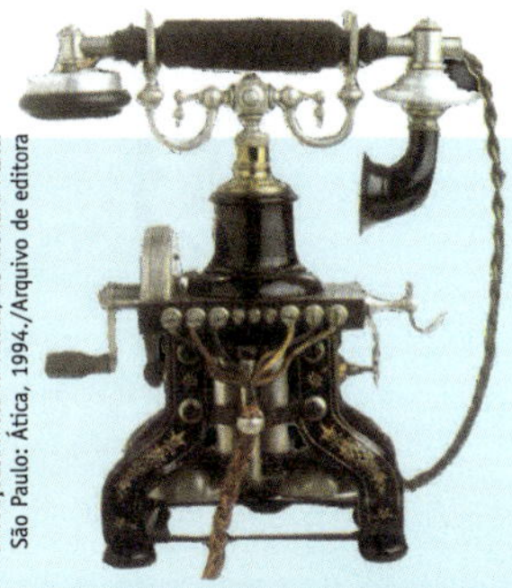

Invenções: História visual, de Richard Platt. São Paulo: Ática, 1994./Arquivo de editora

▲ Telefone (1900).

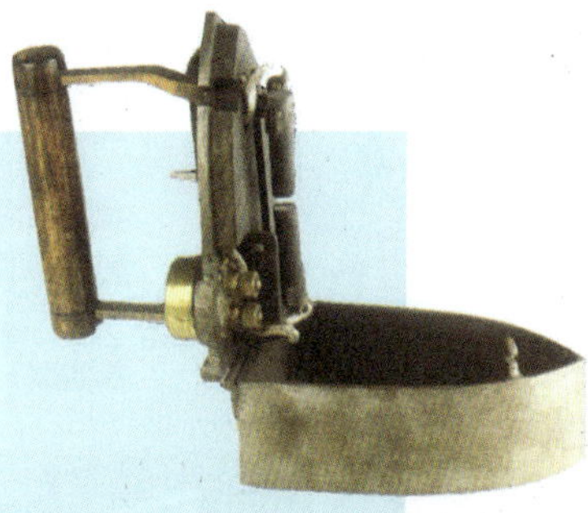

Banco de Imagens/Arquivo da editora

▲ Ferro a carvão (1885).

Sergio Vignes/Tempo Editorial

◀ Máquina fotográfica (século XIX).

Banco de Imagens/Arquivo da editora

▲ Gravador de fita cassete (1963).

Rogério Assis/Folha Imagem

▲ Relógio de bolso (c. 1920).

A organização

Em uma sala que possa ser usada temporariamente para a exposição, organizem as mesas nas quais as peças serão colocadas. É necessário que entre as mesas haja espaço suficiente para a circulação de pessoas.

A arrumação das peças poderá seguir critério de datas aproximadas (como anos de origem ou décadas) ou de tipos semelhantes de objetos.

Se julgarem necessário, criem uma faixa de isolamento que mantenha as pessoas a uma certa distância dos objetos para evitar que as peças sejam danificadas. Alguns avisos podem ser afixados nas paredes da sala para alertar as pessoas sobre esse cuidado.

A identificação das peças

Se você já visitou um museu, certamente observou que as peças normalmente estão acompanhadas de uma etiqueta de identificação, contendo informações sobre o doador ou proprietário (no caso de ela ter sido doada ou emprestada), o artista (caso se trate de pintura, escultura etc.), a data em que foi criada, o material utilizado, entre outras coisas.

Portanto, é preciso confeccionar etiquetas para a identificação das peças. No caso do museu que você e sua turma vão organizar, é importante indicar o nome da pessoa que emprestou a peça, a idade aproximada do objeto e sua utilidade. Essas etiquetas deverão ser colocadas junto às peças, de preferência na própria mesa, para facilitar a leitura. As informações contidas nelas contribuirão para assinalar o caráter informativo e cultural do museu.

Objeto emblemático 4, de Rubem Valentim, 1969.

Fotos: Léo Burgos/Acervo do fotógrafo

Vera Basile/Arquivo da editora

Etiqueta de identificação da obra de arte que traz: nome do autor, data de nascimento e morte do autor, título e data da obra, material de que foi feita, nome dos doadores e data da doação.

Divulgação

Juntamente com seus colegas, pense numa maneira de divulgar o evento. Vocês vão preparar cartazes e espalhá-los pela escola? Vão confeccionar convites e entregá-los a pais, amigos e familiares? Ou a exposição estará aberta a todos? Nesse último caso, vale divulgar num jornal de bairro ou em redes sociais.

Outra atividade interessante é produzir catálogos. No formato de uma caderneta, esse material poderá trazer informações como local, datas, horários, objetivos e conteúdo da exposição. Vocês precisam fotografar alguns objetos para servir de ilustração e despertar interesse no público. Uma legenda completa precisa ser redigida para acompanhar cada foto, revelando a origem das peças fotografadas, sua história, sua função.

Cuidados

Como as peças expostas são emprestadas, e possuem um valor para quem as cedeu, é preciso tomar alguns cuidados ao selecioná-las e também durante a exposição. Por exemplo:

- É mais importante expor peças de valor documental do que peças de valor monetário elevado. Afinal, o caráter do museu é cultural.
- É necessário ter autorização expressa dos proprietários das peças para expô-las.
- É importante determinar um grupo de alunos para fiscalizar a exposição, a fim de preservar a integridade dos objetos cedidos, e orientar os visitantes em caso de necessidade. Os alunos indicados para essa função podem trabalhar em sistema de revezamento.
- O tempo de realização da mostra deve ser decidido tendo em vista as reais condições do grupo.
- O recolhimento das peças e sua devolução também deverão ser cercados de cuidados para que elas não sejam devolvidas com danos a seus proprietários.

Vera Basile/Arquivo da editora

Avaliação

Avalie os resultados do trabalho realizado considerando a relevância das informações transmitidas à comunidade, a presença do público, a atuação do grupo e de cada um de seus integrantes e o valor cultural da atividade. Discuta com seus colegas as falhas e os acertos da exposição, lembrando que outras atividades desse tipo podem ser feitas e que a experiência acumulada é fundamental para obter sucesso nas próximas oportunidades.

Estrangeiros entre nós

Um país acolhedor

José Luís Juhas/Arquivo da editora

Memorial do Imigrante, São Paulo (SP)/Arquivo da editora

Família de imigrantes libaneses no início do século XX (São Paulo, SP).

Quando um imigrante tem direito de permanecer no Brasil?

Um estrangeiro que queira morar no Brasil tem várias maneiras de conseguir um visto permanente, o que o deixa em situação legal no país. Uma é ao se casar ou provar relação estável (morar junto) com um brasileiro ou uma brasileira. Relações homoafetivas também são aceitas. [...]

Ter um filho nascido no Brasil também dá direito ao pai, à mãe ou a ambos de ficarem no território nacional.

Disponível em: <http://revistaescola.abril.com.br/geografia/fundamentos/quando-imigrante-tem-direito-permanecer-brasil-503732.shtml>. Acesso em: 22 nov. 2011.

PARA COMEÇO DE conversa

1. Observe a ilustração acima. No círculo central da bandeira do Brasil, podemos ver uma série de pequenas bandeiras. Você reconhece alguma delas? O que essas bandeiras representam?
2. Por que, na sua opinião, muitas pessoas de outras nacionalidades escolheram o Brasil para viver?
3. Há pessoas de origem estrangeira na região em que você mora? Em caso afirmativo, de que nacionalidade elas são?

• Hora do texto

Sofia

Vera Basile/Arquivo da editora

Já tinham brincado muito, e agora estavam reunidos ao pé do poste, pensando numa coisa nova para fazer.

Ainda era cedo, a noite apenas começara.

– Vamos mexer com a Sofia? – propôs um.

Sofia era a dona do mercadinho – a vítima predileta deles. Pintavam o sete com ela. Sofia assustava-se com nada, e isso os deliciava. Viviam assombrando-a: vozes estranhas chamando lá fora, e ninguém (estavam no telhado), caveira de mamão verde com vela acesa dentro, capas, máscaras horrorosas, o caixote de lixo que sumia, o ferro de abaixar a porta que sumia, ratos, sapos, lagartixas aparecendo de repente, minha nossa! quase desmaiava, dessa vez eu chamo o guarda, mas nunca chamava o guarda, e tudo o que fazia era ameaçar os meninos, agitando o braço gordo:

– Eu vai contar bra seu pai, menino! Eu vai contar bra seu pai! Eles riam, alegres, distantes do braço dela.

– Raledine baculé, pé de turco tem chulé!

– Moleques! Sem-bregonhas!

– Sofia quer gombra galinha de raça? Cadê os urubus que ocê comprou, hem Sofia? Cadê as galinhas de raça?

Caíam na risada.

Sofia queria correr, mal saía do lugar, gorda, pernas gordas, braços gordos, uma tonelada de gordura.

– Ainda me pagam, lê! – gritava, enquanto os meninos se afastavam.

– Praga – xingava, tornando a entrar no mercadinho, onde, no balcão, ia encontrar um sapo morto. – Moleques.

De vez em quando havia trégua: o dia em que chegavam tomates. Vinham três, quatro caixotes. Os meninos apareciam, quietos, sérios. Ficavam por ali conversando, simulando indiferença. Sofia chegava até a porta, olhava para um lado da rua, para outro, espichava o pescoço como se estivesse procurando alguém (não procurava ninguém, sabiam), dava uma cuspida no chão (sempre dava a cuspida).

– Ei – falava, na sua voz grossa de homem, as mãos na cintura: – chegou tomate hoje.

(Eles já sabiam, e ela sabia que eles já sabiam.)

Displicentes:

– É?...

Pouco depois estavam sentados em caixotes vazios, trapos na mão, ágeis, limpando os tomates, pra quê que eles põem esse pó? É para conservar, separando os bons num caixote, os amassados noutro, jogando os podres no lixo, disputando quem limpava mais depressa. Sofia no meio deles, contando casos – de vez em quando uma exclamação na língua dela: deve ser nome feio, pensavam –, dando gargalhadas, sacudindo-se toda, esquecida das bri-

Vera Basile/Arquivo da editora

gas. Às vezes comia um tomate: enfiava-o inteiro na boca, as bochechas estufavam.

Terminado o serviço, ela fazia o pagamento: um saquinho de balas para cada um.

Uma vez – era aniversário dela – limparam tomate das sete às dez da noite, até fechar o mercadinho.

Na hora de pagar:

– Não é nada, não. Hoje é aniversário da senhora...

Sofia ficou olhando, a boca aberta. Foi falar, mas sua voz grossa de homem de repente ficou fina e sumiu, os olhos úmidos. Cada um deu um abraço nela, estavam comovidos com suas lágrimas, ela querendo falar alguma coisa, mas nada, os lábios trêmulos, os olhos úmidos.

– Vocês viram?

– Chorando...

– Ela grita com a gente, mas ela é boazinha...

– É pra gritar mesmo; do jeito que nós fazemos com ela... Eu vou falar: se fosse eu, não ficava assim não.

– Eu também.

– Ela fala que vai chamar o guarda, mas nunca chamou.

– Nós judiamos dela.

– Sabem, eu pensei uma coisa, não sei se vocês topam: a gente não mexer mais com ela. Quê que vocês acham?

– Eu topo.

– Eu também.

– Engraçado, eu tinha pensado nisso também, mas fiquei com vergonha de falar.

– Fazer um juramento: ninguém mais mexer com ela. Topam?

Todos topavam. Um até quis contar para ela na hora.

– Não, deixa ela ir notando aos poucos: uê, os meninos estão diferentes... Já pensaram o tanto que ela vai achar bom?

– Se vai...

E ali no poste, todos de pé, fizeram o juramento.

– Para sempre.

– É. Para sempre.

Uma semana depois a lâmpada da entrada do mercadinho sumia, uma perereca saltava de um saquinho de papel, um busca-pé estourava debaixo do balcão, e Sofia agitava o braço gordo no passeio, enquanto eles corriam.

– Moleques! Sem-bregonhas! Eu vai contar bra seu pai! Eu vai chamar o guarda!

Um dia Sofia adoeceu. Nunca mais tornaram a vê-la. Miguel, seu irmão, é que passou a tomar conta do mercadinho. Com ele não mexiam: não tinha graça.

E um dia Sofia morreu. Comentaram na cidade que ela morrera é de tanto comer. Contavam que o médico a mandava fazer regime e ela não obedecia; ela dizia:

– Sofia morre, mas morre de barriga cheia.

VILELA, Luiz. *Contos da infância e da adolescência*. São Paulo: Ática, 1996. p. 15-8.

Milton Mansilha/AE

Mineiro de Ituiutaba (1942), **Luiz Vilela** é considerado um dos principais contistas brasileiros da atualidade, tendo recebido inúmeros prêmios por sua produção literária. Suas obras foram traduzidas para diversos países. Com *O fim de tudo*, livro de contos, o jornalista ganhou o Prêmio Jabuti. Publicou também, entre outros: *O choro no travesseiro*, *No bar*, *Tarde da noite*, *O inferno é aqui mesmo*, *Te amo sobre todas as coisas* e *Sofia e outros contos*.

Expressão oral

Ao reproduzir as falas de Sofia, o autor procurou destacar o modo como a dona do mercadinho pronuncia certas palavras (*bra* em vez de pra; *sem-bregonhas*, em vez de sem-vergonhas). Essa maneira de falar indica que o português não é a língua materna da personagem. Sofia fala português (tanto que consegue se comunicar com os meninos), mas com sotaque diferente do deles.

Observe a seguinte definição de **sotaque**:

> "Um modo particular de pronunciar uma língua. Em qualquer língua que não seja falada apenas por um punhado de falantes, há fortes diferenças sociais, regionais e individuais no modo como a língua é pronunciada por diferentes pessoas; às vezes, essas diferenças são impressionantes. Cada tipo distinto de pronúncia é chamado *sotaque*. Dependendo de nossa origem e da experiência que temos, seremos capazes de identificar sotaques diferentes do nosso com maior ou menor precisão."
>
> TRASK, R. L. *Dicionário de linguagem e linguística*. São Paulo: Contexto, 2004. p. 281.

Onde você mora, deve haver pessoas que falam a língua portuguesa com sotaque diferente do seu, provavelmente porque vêm de outro país ou de outra região do Brasil. Observe a fala dessas pessoas (seria interessante se você conseguisse gravá-las para ouvi-las posteriormente), depois exponha para a classe quais são as principais diferenças entre a pronúncia delas e a sua. Procure observar também se, além do sotaque, há diferenças no vocabulário utilizado e no modo de construir as frases.

Expressão escrita

1. **Sofia** é um conto. Nesse gênero, que se caracteriza pela predominância de sequências narrativas, há um narrador: aquele que relata os acontecimentos. Como você caracteriza o narrador de **Sofia**?

Nos textos ficcionais, que são fruto da imaginação humana, o narrador não deve ser confundido com o autor. Enquanto o autor tem existência real, o narrador é uma entidade ficcional, que pode ou não ser personagem da história que conta.

2. Como vimos, pelas falas de Sofia, podemos concluir que o português não é sua língua nativa. Pelo texto, é possível saber a nacionalidade dela?
3. Os textos são um todo significativo que apresentam a linguagem em uso. A linguagem usada no conto para reproduzir as falas de Sofia é adequada? Registre sua opinião.

Vera Basile/Arquivo da editora

4. Nesse conto, Luiz Vilela faz um relato de travessuras típicas da infância. Comente as brincadeiras que os meninos faziam com Sofia. Eles agiam com maldade?
5. Um fato foi determinante para que os meninos se arrependessem de ter praticado tantas travessuras com Sofia. Qual?
6. Numa das brincadeiras com Sofia, um dos meninos pergunta a ela:

"Sofia quer gombra galinha de raça?"

Nesse enunciado, "gombra" foi usado em lugar de outra palavra. Qual? Por que o menino falou dessa maneira?

7. **Sofia** é um texto escrito, mas em certas passagens estão presentes recursos típicos da linguagem oral. Escreva no caderno trechos do texto em que isso ocorre.

8. Reproduzimos a seguir um trecho do conto que apresenta palavras do narrador e falas de personagens. Copie-as no caderno, escrevendo do lado delas a quem pertencem.

> "Pouco depois estavam sentados em caixotes vazios, trapos na mão, ágeis, limpando os tomates, pra quê que eles põem esse pó? É para conservar, separando os bons num caixote, os amassados noutro, jogando os podres no lixo, disputando quem limpava mais depressa."

9. Os meninos juraram que não mexeriam mais com Sofia. Eles cumpriram o juramento? Justifique sua resposta.

10. Sofia adoece, e é seu irmão, Miguel, quem passa a tomar conta do mercadinho. Mas com ele os meninos não brincam. Por fim, Sofia morre, segundo o comentário geral na cidade, de tanto comer.
Comente o desfecho do conto. O que a morte de Sofia teria representado para os meninos?

As palavras e seus sentidos

Reúna-se com mais dois ou três colegas para realizar as atividades seguintes. Discutam as expressões em destaque, tentem entendê-las por seu sentido nas frases e escrevam no caderno as conclusões a que vocês chegaram. Caso encontrem alguma dificuldade, vocês poderão recorrer a um dicionário.

a) "Já tinham brincado muito, e agora estavam reunidos **ao pé do poste**, pensando numa coisa nova para fazer."
b) Era um verdadeiro **pé-quente**, pois já ganhara prêmios em diversos concursos.
c) Não entendeu direito o provérbio porque o interpretou **ao pé da letra**.
d) Contou a novidade ao colega **ao pé do ouvido**.
e) **Aperte o pé**, pois estamos atrasados.
f) Começou o ano **com o pé direito**.
g) Aceitou o convite **com um pé atrás**.
h) Resolveu o problema **com um pé nas costas**.
i) Quando Sofia gritava, os meninos **davam no pé**.
j) Os meninos viviam **pegando no pé** de Sofia.

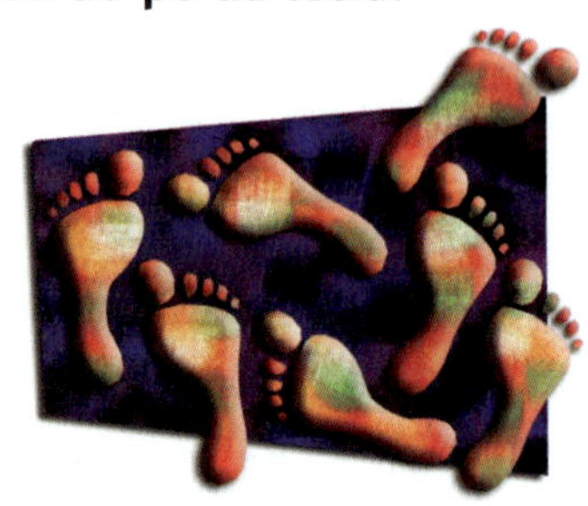

Camila de Godoy/Arquivo da editora

algo a +

Na expressão "pé da mesa", a palavra **pé** está sendo empregada em sentido diverso do original. Por falta de uma palavra específica para designar a parte da mesa que sustenta o tampo, por semelhança, passou-se a utilizar o substantivo **pé**. Ocorre que, devido ao uso contínuo da palavra **pé** nessa expressão, os usuários da língua não mais se dão conta de que ela está empregada em sentido figurado. A esse processo pelo qual se constroem inúmeras expressões na língua portuguesa dá-se o nome de **catacrese**.

É bastante comum usarem-se partes do corpo humano para criar catacreses. Veja: *braço da cadeira, orelha do livro, barriga da perna, dente de alho, olho da rua, boca da garrafa...*

•Gramática no texto

1. Leia:

"Sofia assustava-se com nada, e **isso os** deliciava."

Nessa frase, a função das palavras em destaque é retomar elementos do texto. O que é retomado por essas palavras? Escreva a resposta no caderno.

2. Releia a frase a seguir e responda no caderno:

"Os meninos apareciam, quietos, sérios:"

a) A que termo da oração se referem os adjetivos **quietos** e **sérios**?
b) Copie essa frase, substituindo **os meninos** por **Sofia**. Faça as modificações necessárias. Lembre-se de que os adjetivos concordam com o substantivo a que se referem.

3. Comente, em seu caderno, o uso dos dois-pontos na frase a seguir:

"Terminado o serviço, ela fazia o pagamento:
um saquinho de balas para cada um."

4. Leia mais um trecho do texto:

"Às vezes comia um tomate: enfiava-o inteiro na boca, as bochechas estufavam."

a) Embora não venha explícito na frase, é possível, pelo contexto, indicar qual é o sujeito de **comia**. Escreva-o no caderno.
b) **Um tomate** completa o significado de que palavra na frase?
c) "[...] **enfiava-o** inteiro na boca [...]." O termo em destaque retoma um substantivo. Qual? Escreva no caderno.

Os complementos

Como o próprio nome indica, **complemento** é aquilo que completa, que acrescenta a algo alguma coisa que lhe falta, a fim de torná-lo completo ou perfeito.

Em português, existem palavras que, em determinados contextos, não têm sentido completo; por isso, quando as utilizamos em frases, devemos acrescentar-lhes **complementos**.

Observe:

"[...] dessa vez eu chamo **o guarda** [...]"

"Vamos mexer **com a Sofia**?"

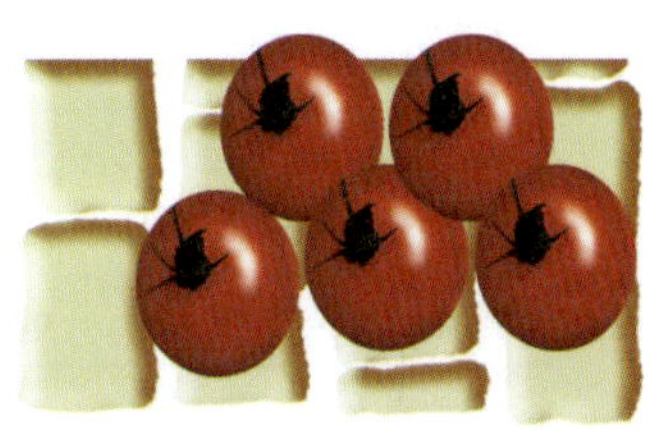

Vera Basile/Arquivo da editora

Nesses exemplos, os termos **o guarda** e **com a Sofia** completam, respectivamente, o sentido dos verbos **chamar** e **mexer**, que, nessas frases, não têm sentido completo: *quem chama chama alguém; quem mexe mexe com alguém*. Por funcionarem como complemento de verbos, tais termos são chamados de **complementos verbais**.

Complementos verbais: objeto direto e objeto indireto

"[...] dessa vez eu chamo **o guarda** [...]"

complemento verbal sem preposição

"Vamos mexer **com a Sofia**?"

complemento verbal introduzido pela preposição com

Comparando os dois exemplos, você notará que os complementos verbais (objetos) podem estar relacionados ao verbo com ou sem preposição.

Os complementos verbais que se ligam diretamente ao verbo, isto é, sem auxílio de preposição, recebem o nome de **objeto direto**; aqueles que se ligam ao verbo por meio de preposição são chamados de **objeto indireto.**

Os verbos cujo sentido é complementado por um objeto são classificados como **transitivos**. Eles podem ser diretos ou indiretos. São **transitivos diretos** aqueles que têm seu sentido completado por um **objeto direto** (complemento verbal não introduzido por preposição). São **transitivos indiretos** aqueles cujo sentido é completado por um **objeto indireto** (complemento verbal introduzido por preposição).

Assim, os verbos e complementos verbais dos exemplos anteriores seriam denominados:

"[...] dessa vez eu chamo **o guarda** [...]"
v.t.d. o.d.

"Vamos mexer **com a Sofia**?"
v.t.i o.i.

Um mesmo verbo pode apresentar os dois complementos verbais (**objeto direto** e **objeto indireto**) ao mesmo tempo. Nesse caso, ele recebe o nome de **verbo transitivo direto e indireto**. Veja um exemplo:

Sofia deu **um saquinho de balas para cada um.**
o.d. o.i.

Nessa frase, o verbo **dar** não tem sentido completo (*quem dá dá alguma coisa a alguém*), e apresenta dois complementos verbais: um sem preposição – **um saquinho de balas** (**objeto direto**) – e outro com preposição – **para cada um** (**objeto indireto**).

Complemento nominal

Alguns nomes (substantivos, adjetivos e advérbios) também apresentam sentido incompleto em certas frases. Em outras palavras, assim como há verbos transitivos, há também nomes transitivos, que, portanto, necessitam de um complemento. Veja os exemplos:

"Sofia era a dona **do mercadinho** [...]"

"[...] estavam comovidos **com suas lágrimas** [...]"

Vera Basile/ Arquivo da editora

Nesses exemplos, os termos **do mercadinho** e **com suas lágrimas** estão completando, respectivamente, o sentido dos nomes **dona** (substantivo) e **comovidos** (adjetivo): *quem é dono é dono de alguma coisa* e *quem está comovido está comovido com alguma coisa*. Observe que o complemento dos nomes está ligado a eles por meio de preposição.

O termo da oração que completa o sentido de nomes chama-se **complemento nominal**.

Assim como o objeto indireto, o **complemento nominal** se relaciona ao nome por meio de **preposição**. Mas atente bem: a diferença é que o objeto indireto completa o sentido de verbos, e o complemento nominal completa o sentido de nomes (substantivos, adjetivos e advérbios).

Atividades

1. Copie no caderno estas orações, indicando a que palavra está relacionado o termo em destaque. Em seguida, indique se ele é um objeto direto, objeto indireto ou complemento nominal.
   a) "Terminado o serviço, ela fazia **o pagamento** [...]."
   b) "— Engraçado, eu tinha pensado **nisso** também, mas fiquei com vergonha de falar."
   c) "Sofia agitava **o braço gordo** no passeio [...]"
   d) "Sofia no meio deles, contando casos [...], dando gargalhadas, sacudindo-se toda, esquecida **das brigas**."
   e) — Não gosto **de morangos**.
   — Que pena, aqui em casa somos todos loucos **por morangos**.

2. Leia:

Adaptado de anúncio publicitário.

a) Na primeira frase, o verbo **mostrar** apresenta dois complementos. Quais? Escreva-os no caderno.

b) A que se refere a expressão em destaque?

c) Qual é o sentido das expressões "nota vermelha" e "nota preta"?

3. Em seu caderno, forme frases completando o sentido dos verbos. Atenção: para cada verbo, você deverá acrescentar dois objetos: um direto, outro indireto.

a) O mestre ensinava ▲.

b) As irmãs propuseram ▲.

c) Os meninos contaram ▲.

d) A mulher mostrou ▲.

4. Os termos em destaque são nomes (substantivos, adjetivos e advérbios). Em seu caderno escreva frases, acrescentando termos que completem o sentido desses nomes.

a) A pressa é **inimiga** ▲.

b) **Depois** ▲ vem a bonança.

c) Gato escaldado tem **medo** ▲.

d) Esse lugar está **cheio** ▲.

e) O atraso causou a **perda** ▲.

f) A **consulta** ▲ permite saber o sentido das palavras.

g) A **descoberta** ▲ trouxe riqueza àquela cidade.

h) Como estava chovendo, eles ficaram **dentro** ▲.

5. Transforme os verbos transitivos em nomes regidos de preposição. Veja o exemplo. Utilize o caderno.

criticar os colegas → crítica aos colegas

a) necessitar de carinho
b) sequestrar os bens
c) confiar no colega
d) obedecer ao regulamento
e) combater a fome

Para além do texto

Pesquisa e expressão oral

No Brasil, os imigrantes de origem árabe (e seus descendentes) são impropriamente chamados de "turcos". Chamar um árabe de turco revela falta de conhecimento sobre a cultura árabe, pois turcos não são árabes.

Pesquise em livros, enciclopédias ou na internet informações sobre o povo árabe. Se houver na sala de aula algum aluno descendente de árabes, peça-lhe (ou aos seus pais ou responsáveis e avós) que contribua para o trabalho com um depoimento pessoal.

Banco de imagens/Arquivo da editora

Detalhe de litogravura árabe.

Em seu trabalho, procure esclarecer as seguintes questões:

- Quem são os árabes?
- Que países têm população predominantemente árabe?
- Que influências árabes podem ser notadas na cultura brasileira?
- Todos os árabes seguem a mesma religião?
- Quem são os turcos? Que língua falam?

Comente também aspectos da cultura árabe (vestimentas, costumes, artes plásticas, danças, músicas, culinária, ciências etc.) e da imigração árabe para o Brasil (quem foram os primeiros imigrantes, quando chegaram, onde se estabeleceram, que tipo de atividade desenvolviam).

• Hora do texto

Imigração árabe: um certo oriente no Brasil

Os imigrantes árabes tinham as mais diversas origens: vinham do Líbano, da Síria, da Turquia, do Iraque, do Egito ou da Palestina. Assim, constituíam-se de povos diferentes, que, com suas respectivas organizações políticas, compartilhavam fundamentos comuns: a língua, ou os dialetos derivados do árabe, e a cultura.

Norte da África e Oriente Médio: migração para o Brasil

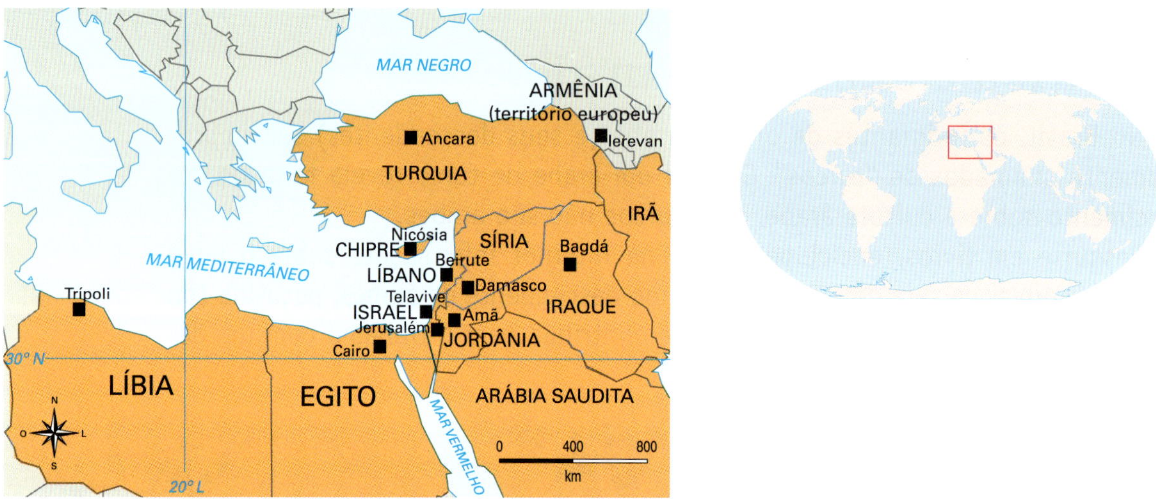

Adaptado de: ATLAS geográfico escolar. Rio de Janeiro, IBGE, 2009.

Origem e destino dos imigrantes

A viagem para a América tinha como pontos de partida os portos de Beirute e Trípoli. Por meio de agências de navegação francesas, italianas ou gregas, dirigiram-se para outros portos do Mediterrâneo como Gênova, na Itália, onde às vezes esperavam meses por uma conexão que os levasse para o Atlântico Norte ou Sul (Rio, Santos ou Buenos Aires).

Muitos imigrantes, com o objetivo de chegar aos Estados Unidos, destino principal da imigração árabe, acabavam vindo para o Brasil ou Argentina enganados pelas companhias de navegação. Afinal, explicavam, tudo era América.

A maioria dos imigrantes árabes se dirigiu para São Paulo, menor número foi para o Rio de Janeiro e Minas Gerais; poucos foram para o Rio Grande do Sul e Bahia. [...]

Sírios e libaneses por estado segundo os censos populacionais de 1920 e 1940

	1920	1940
Brasil	50 337	48 970
São Paulo	19 285	24 084
Rio de Janeiro	9 321	9 051
Minas Gerais	8 684	5 902
Rio Grande do Sul	2 656	1 093

Fonte: *Brasil:* 500 anos de povoamento. Rio de Janeiro: IBGE, 2000.

Inserção no mundo do trabalho

Desembarcados no Rio ou em Santos, a opção de trabalho das primeiras levas de imigrantes foi o comércio. Embora pobres e, em geral, afeitos ao trabalho agrícola, poucos foram os árabes que, após o desembarque, optaram pela agricultura. A miséria da população rural e o sistema de compra vinculado ao proprietário da terra repeliram esses imigrantes do trabalho no campo.

Na cidade de São Paulo, na década de 30, eles se concentravam nos distritos da Sé e Santa Ifigênia, ou seja, entre as ruas 25 de Março, da Cantareira e Avenida do Estado; no Rio de Janeiro, ocorreu um processo de concentração semelhante nas áreas cobertas pelas ruas da Alfândega, José Maurício e Buenos Aires.

Acervo Iconographia/Reminiscências

Mercado das Flores, na rua Buenos Aires. Rio de Janeiro, anos 1920.

Os mascates: origem do comércio popular

Quando chegaram os árabes, já existiam mascates portugueses e italianos, tanto em São Paulo quanto no Rio de Janeiro. Entretanto, a mascateação se tornou uma marca registrada da imigração árabe. Nesta atividade, esses imigrantes introduziram inovações que, hoje, são vistas como traços marcantes do comércio popular:

- redefiniram as condições de lucro;
- introduziram as práticas da alta rotatividade e alta quantidade de mercadorias vendidas, das promoções e das liquidações.

Essas inovações revelam o traço definidor da versão árabe da mascateação: o interesse pelo consumidor.

Nos primeiros anos de atividade, os mascates, em visita às cidades interioranas e, principalmente, às fazendas de café, levavam apenas miudezas e bijuterias. Mas com o tempo e o aumento do capital, começaram também a oferecer tecidos, lençóis, roupas prontas, entre outros artigos.

Coleção particular/Arquivo da editora

Conforme acumulavam os ganhos, os mascates contratavam um ajudante ou compravam uma carroça; o passo seguinte era estabelecer uma casa comercial, sendo o último passo a indústria.

mascate: vendedor ambulante que vai de casa em casa ou de cidade em cidade oferecendo mercadorias.

Mascate com sua carroça vendendo produtos no bairro comercial do Bom Retiro (São Paulo, SP, no início do século XX).

Do comércio para a indústria

Em São Paulo e no Rio de Janeiro, o comércio árabe imprimiu um caráter popular na paisagem de algumas áreas da cidade.

Em 1901, na capital paulista, já eram mais de 500 casas comerciais na região. Seis anos depois, um levantamento indicou que de 315 firmas de sírios e libaneses, 80% eram lojas de tecidos a varejo e armarinhos. A eclosão da I Guerra Mundial aumentou os lucros do comércio e da indústria com a interrupção da importação dos produtos europeus.

No Rio de Janeiro, a abertura da avenida Presidente Vargas, na década de 40, obrigou muitos dos comerciantes a abandonar o quadrilátero próximo à praça da República, mudando-se para a Tijuca.

Como na rua 25 de Março, em São Paulo, o comércio da rua da Alfândega ficou conhecido pelo seu caráter popular. Em 1962 foi fundada a Sociedade de Amigos das Adjacências da Rua da Alfândega – Saara, cuja sigla serviu como uma luva para o tipo de comerciante ali estabelecido.

O sucesso mais ostensivo dos imigrantes árabes foi a sua entrada no setor industrial, o que ocorreu, principalmente, nas duas primeiras décadas do século XX, quando deslanchou o processo de substituição das importações através da industrialização.

Brasil: 500 anos de povoamento. Disponível em: <www.ibge.gov.br/brasil500/arabes.html>. Acesso em: 15. fev. 2012.

Memorial do Imigrante, São Paulo/Arquivo da editora

Loja de tecidos e armarinhos de imigrante sírio (São Paulo, SP, década de 1950).

Eliane Haykal/Shutterstock/Glow Images

A esfiha é uma iguaria da cozinha árabe que hoje em dia está amplamente disseminada pelo Brasil.

Moacyr Lopes Junior/Folha Imagem

Dançarinas com véus durante aula-exibição de dança do ventre (São Paulo, SP, em 2001).

Expressão escrita

1. Todo texto é produzido com uma intenção. Com que finalidade foi produzido o texto **Imigração árabe: um certo oriente no Brasil**?
   Levando em conta as várias sequências textuais, qual é a que predomina nesse texto?

2. Os imigrantes árabes constituíam-se de povos diferentes, mas havia algo em comum entre eles. O quê?

3. O texto afirma que os imigrantes árabes partiam dos portos de Beirute e Trípoli.
   a) Com o auxílio do mapa da página 100, responda: em que países os imigrantes árabes embarcavam?
   b) Do local onde embarcavam seguiam para onde?

4. Segundo o texto, muitos imigrantes árabes não escolheram o Brasil como país de destino. Para onde eles pretendiam ir? Por que vieram parar aqui?

5. No texto, há uma tabela com números.
   a) Qual é a função dessa tabela?
   b) Segundo os números, com o passar dos vinte anos entre um censo e outro, o total de imigrantes sírio-libaneses no Brasil aumentou ou diminuiu?
   c) Nesses vinte anos, em qual estado do Brasil o número de imigrantes sírio-libaneses aumentou? Em qual se manteve estável?

6. É correto afirmar que os imigrantes de origem árabe não foram trabalhar nas plantações das fazendas porque, diferentemente de outros povos, como os japoneses e os italianos, não sabiam lidar com a terra?

7. Qual é o segredo do sucesso desses imigrantes no comércio?

8. O que os ganhos alcançados pelos árabes com o comércio ambulante possibilitaram?

9. Reúna-se com um colega; juntos, façam uma pesquisa em dicionários e, a seguir, respondam: quando devemos empregar a palavra **emigrante**? E **imigrante**? Escrevam frases em seu caderno, empregando corretamente essas duas palavras.

• A linguagem dos textos

A hipérbole

Em determinada passagem do texto **Sofia**, de Luiz Vilela, o narrador, caracterizando a dona do mercadinho, diz:

> "Sofia queria correr, mal saía do lugar, gorda,
> pernas gordas, braços gordos, uma tonelada de gordura."

Por mais gorda que fosse, Sofia não poderia pesar uma tonelada, ou seja, mil quilos. O autor, intencionalmente, exagerou na descrição a fim de enfatizar uma de suas características: o excesso de peso. Uma possibilidade de leitura deste trecho, também, é a de que o narrador tenha se identificado com o olhar das crianças, menores, que enxergavam Sofia como uma mulher muito grande.

Em diversas situações de uso da linguagem, para tornar a mensagem mais expressiva, exageramos, aumentando ou diminuindo propositalmente a realidade das coisas. Tal recurso constitui a figura de linguagem chamada **hipérbole**.

Atividades

1. Nas falas desta tirinha, ocorre uma hipérbole. Aponte-a e comente-a.

King Features/Intercontinental Press

HAGAR - Dik Browne

BROWNE, Dik. Hagar. *Folha de S.Paulo*, São Paulo, 7 maio 2002. p. E-5.

2. No caderno, crie hipérboles a partir das ideias expressas nas frases seguintes:

a) Ri muito.

b) Este objeto possui inúmeras utilidades.

c) Estou muito cansado.

d) Vim muito depressa.

Produzindo texto

Conto

Sua tarefa consistirá no seguinte: escrever um conto em que o personagem central seja uma criança. Nos contos, há a presença de um narrador, que pode ser um dos personagens, ou um mero observador. Em seu conto, o narrador, assim como em **Sofia**, será um observador que é capaz de narrar até mesmo o que os personagens pensam.

Lembre-se de que nos contos há o predomínio de sequências narrativas pelas quais se apresenta uma sequência de fatos, ações de personagens, e que essas ações estão ligadas umas às outras por relações de causa e efeito. Procure apresentar os fatos em ordem cronológica, isto é, na ordem em que eles ocorreram no tempo.

Procure também mostrar como a criança vê o mundo: fale de seus medos, de suas alegrias, de suas fantasias. Você poderá se valer de sequências descritivas para caracterizá-la.

No conto, poderão aparecer outros personagens, que também sejam crianças. Crie diálogos entre eles, procurando reproduzir a maneira como falam quando conversam entre si.

Vera Basile/Arquivo da editora

Embora o texto que você vai produzir tenha por personagem uma criança que fala de travessuras típicas dessa idade, imagine que os leitores de seu conto serão adultos.

Lembre-se ainda de que o autor não se confunde com o narrador, ou seja, você é o autor do conto, mas o narrador será alguém criado por você.

Exercitando a crítica

Troque seu conto com um colega e procure observar se o texto produzido por ele atende ao que foi pedido.

- Trata-se de um conto narrado em terceira pessoa, ou seja, quem narra os acontecimentos é um observador dos fatos?
- Caso haja diálogos, eles estão assinalados por sinais de pontuação?
- Nos diálogos, as falas dos personagens estão adequadas à faixa etária deles?
- Os fatos estão narrados de modo que a história, embora inventada, pareça verdadeira?
- A história é contada tendo em vista um leitor adulto?

Uma nova pátria

Galeria Nacional de Arte Moderna, Roma (Itália).

Os emigrantes, Angiolo Tomasi.
Disponível em: <http://livornodailyphoto.blogspot.com/2011/08/mei.html>.
Acesso em: 16 fev. 2012.

PARA COMEÇO DE conversa

1. O quadro acima, pintado pelo italiano Angiolo Tomasi em 1895, retrata emigrantes italianos. Em que lugar estão esses emigrantes?
2. Como eram as pessoas que emigravam?
3. Em sua opinião, por que famílias inteiras deixam seu país para se estabelecer em outro?
4. Só entre os anos de 1886 a 1900, cerca de 920 mil imigrantes italianos aportaram em território brasileiro. Na época, esses imigrantes entoavam a seguinte canção, que mais tarde se tornou popular e foi incorporada ao folclore de seu país:

   Na América onde chegamos
   Não encontramos nem palha nem feno
   Dormíamos no chão, ao sereno
   Como as bestas irracionais

   E com o engenho de nossos italianos
   E o esforço de nossos paisanos
   Com o passar dos anos
   Construímos países e arraiais

   Além dos italianos, quais outros imigrantes europeus vieram para o Brasil ajudar a "construir países e arraiais"?
5. Onde você mora há imigrantes? De que origem são?

• Hora do texto

Lisetta

Quando Lisetta subiu no bonde (o condutor ajudou) viu logo o urso. Felpudo, felpudo. E amarelo. Tão engraçadinho.

Dona Mariana sentou-se, colocou a filha em pé diante dela.

Lisetta começou a namorar o bicho. Pôs o pirulito de abacaxi na boca. Pôs mas não chupou. Olhava o urso. O urso não ligava. Seus olhinhos de vidro não diziam absolutamente nada. No colo da menina de pulseira de ouro e meias de seda parecia um urso importante e feliz.

Guilherme Gaensly/Agência Estado

▲ Bondes na Rua São João (São Paulo, SP, c. 1902.)

– Olha o ursinho que lindo, mamãe!

– *Stai zitta!*

A menina rica viu o enlevo e a inveja da Lisetta. E deu de brincar com o urso. Mexeu-lhe com o toquinho do rabo: e a cabeça do bicho virou para a esquerda, depois para a direita, olhou para cima, depois para baixo. Lisetta acompanhava a manobra. Sorrindo fascinada. E com um ardor nos olhos! O pirulito perdeu definitivamente toda a importância.

Agora são as pernas que sobem e descem, cumprimentam, se cruzam, batem umas nas outras.

– As patas também mexem, mamãe. Olha lá!

– *Stai ferma!*

Lisetta sentia um desejo louco de tocar no ursinho. Jeitosamente procurou alcançá-lo. A menina rica percebeu, encarou a coitada com raiva, fez uma careta horrível e apertou contra o peito o bichinho que custara cinquenta mil-réis na Casa São Nicolau.

– Deixa pegar um pouquinho, um pouquinho só nele, deixa?

– Ah!

– *Scusi*, senhora. Desculpe, por favor. A senhora sabe, essas crianças são muito levadas. *Scusi*. Desculpe.

A mãe da menina rica não respondeu. Ajeitou o chapeuzinho da filha, sorriu para o bicho, fez uma carícia na cabeça dele, abriu a bolsa e olhou o espelho.

Dona Mariana, escarlate de vergonha, murmurou no ouvido da filha:

– *In casa me lo pagherai!*

E pespegou por conta um beliscão no bracinho magro. Um beliscão daqueles.

Lisetta então perdeu toda a compostura de uma vez. Chorou. Soluçou. Chorou. Soluçou. Falando sempre.

– Hã! Hã! Hã! Hã! Eu que... ro o ur... so! O ur... so! Ai, mamãe! Ai, mamãe! Eu que...ro o... o... o... Hã! Hã!

– *Stai ferma o ti amazzo, parola d'onore!*

– Um pou... qui... nho só! Hã! E... hã! E... hã! Um pou... qui...

– *Senti*, Lisetta. *Non ti porterò più in città! Mai più!*

Vera Basile/Arquivo da editora

Um escândalo. E logo no banco da frente. O bonde inteiro testemunhou o feio que Lisetta fez.

Stai zitta!: Fique quieta!
enlevo: carinho.
Stai ferma!: Pare!
Scusi: Desculpe.
escarlate: vermelho muito vivo.
In casa me lo pagherai!: Em casa você me paga!
pespegou: aplicou.
Stai ferma o ti amazzo, parola d'onore!: Pare, ou te mato, palavra de honra!
Senti, Lisetta. _Non ti porterò più in città! Mai più!_: Escute, Lisetta. Não te trarei mais à cidade. Nunca mais!
Non piangere più adesso!: Não chore mais agora!
remate: finalização, conclusão.
escache: parta ao meio.

O urso recomeçou a mexer com a cabeça. Da esquerda para a direita, para cima e para baixo.

– *Non piangere più adesso!*

Impossível.

O urso lá se fora nos braços da dona. E a dona só de má, antes de entrar no palacete estilo empreiteiro português, voltou-se e agitou no ar o bichinho. Para Lisetta ver. E Lisetta viu.

Dem-dem! O bonde deu um solavanco, sacudiu os passageiros, deslizou, rolou, seguiu. Dem-dem!

– Olha à direita!

Lisetta como compensação quis sentar-se no banco. Dona Mariana (havia pago uma passagem só) opôs-se com energia e outro beliscão.

A entrada de Lisetta em casa marcou época na história dramática da família Garbone.

Logo na porta um safanão. Depois um tabefe. Outro no corredor. Intervalo de dois minutos. Foi então a vez das chineladas. Para remate. Que não acabava mais.

O resto da gurizada (narizes escorrendo, pernas arranhadas, suspensórios de barbante) reunido na sala de jantar sapeava de longe.

Mas o Ugo chegou da oficina.

– Você assim machuca a menina, mamãe! Coitadinha dela!

Também Lisetta já não aguentava mais.

– Toma pra você. Mas não escache.

Vera Basile/Arquivo da editora

Lisetta deu um pulo de contente. Pequerrucho. Pequerrucho e de lata. Do tamanho de um passarinho. Mas urso.

Os irmãos chegaram-se para admirar. O Pasqualino quis logo pegar no bichinho. Quis mesmo tomá-lo à força. Lisetta berrou como uma desesperada:

– Ele é meu! O Ugo me deu!

Correu para o quarto. Fechou-se por dentro.

MACHADO, António de Alcântara. *Brás, Bexiga e Barra Funda: notícias de São Paulo*. Belo Horizonte: Itatiaia, 2001. p. 48-50.

Expressão oral

Uma das características mais marcantes do texto que você acabou de ler silenciosamente é a expressividade da linguagem. Por meio de onomatopeias, de palavras grafadas de forma a tentar reproduzir o modo como as personagens as teriam proferido e do discurso direto sem introdução das falas pelo narrador, o autor consegue conferir à narrativa um ritmo bem peculiar, dando a ela um tom bastante coloquial.

A história narrada neste conto poderia ser representada como numa peça de teatro. Antes de uma peça ser encenada, os atores que dela participarão costumam fazer uma leitura dramatizada, a fim de se familiarizarem com texto e personagens.

Reúna-se com mais três colegas para fazer uma leitura dramatizada do texto. Organizem-se de modo a determinar o que cada um lerá (falas do narrador, de Lisetta, da mãe e do irmão de Lisetta). A fala *"Olha à direita"* poderá ser lida por quem representar o narrador. Para organizar a leitura, vocês poderão marcar as falas de cada um com canetas de cores diferentes.

Na leitura dramatizada, observem o ritmo das frases, procurando reproduzir o choro de Lisetta e a linguagem peculiar de dona Mariana, com suas falas em italiano. Lembrem-se de que, mesmo quando ela se expressa em português, sua fala deve apresentar traços da língua italiana, ou seja, dona Mariana fala português com sotaque italiano.

Expressão escrita

1. Quanto ao gênero textual, **Lisetta** é um conto. Com relação às diversas sequências textuais presentes nos textos (descritivas, narrativas, expositivas, argumentativas), qual delas predomina no conto de António de Alcântara Machado?
2. Nos contos, um fato inicial provoca o desenrolar dos acontecimentos. Em **Lisetta** qual é esse fato?
3. A história narrada no conto ocorre em dois ambientes. Quais? Escreva sua resposta no caderno.
4. Alguns elementos presentes no conto permitem concluir que o episódio narrado ocorreu há bastante tempo. Quais?
5. No conto, há uma sequência de acontecimentos que se desenrolam no tempo. A história narrada em **Lisetta** ocorreu num intervalo de tempo curto ou longo? Escreva sua resposta no caderno, justificando-a.

Camila de Godoy/Arquivo da editora

6. O conto não traz nenhuma informação sobre a idade de Lisetta, mas é possível concluir que ela é uma criança. Que elementos do texto nos permitem chegar a essa conclusão? Registre-os no caderno.
7. Lisetta colocou um pirulito na boca, mas não o chupou. Por quê?
8. A dona do urso é chamada de "menina rica".
   a) Escreva no caderno que outros elementos do texto comprovam essa afirmação.
   b) Escreva também o que você concluiu sobre Lisetta: ela era pobre ou rica? Como você chegou a essa conclusão?
9. Por que Lisetta apanhou de sua mãe quando chegou em casa? Ela merecia esse castigo? Registre sua opinião no caderno.
10. Lisetta acabou ganhando um urso de seu irmão Ugo; não um ursinho felpudo que se mexia, como o da menina rica do bonde, mas um urso pequeno, de lata. Comente, em seu caderno, a reação dela ao receber esse presente.
11. Observe os recursos de linguagem empregados na passagem, a seguir. Que efeito eles produzem?

"– Um pou... qui... nho só! Hã! E... hã! E... hã! Um pou... qui..."

algo a +

O poeta paulista Juó Bananère, pseudônimo de Alexandre Ribeiro Marcondes Machado, parodiou conhecidos poemas da literatura brasileira. O interessante na obra de Juó Bananère é que ele escreveu seus poemas numa linguagem bastante original, que mistura palavras portuguesas e italianas, na tentativa de reproduzir a maneira de falar dos imigrantes italianos que vieram para o Brasil. Leia a seguir alguns versos desse poeta, atentando para o seguinte: os grupos **gn**, **ch** e **gl** soam, respectivamente, como **nh**, **k** e **lh** (*Migna* = minha; *che* = ke; *ogliada* = olhada).

Vera Basile/Arquivo da editora

Migna Terra

Migna terra tê parmeras,
Che ganta inzima o sabiá.
As aves che stó aqui,
Tambê tuttos sabi gorgeá.

Versignos

Quando vejo uma menina,
Fico lógo paxonado!
Dô una ogliada p'ra ella,
I vô saino di lado.

Fui andáno pr'un gamigno,
Incontré un piga-pau,
Fui guspi nu passarigno
I guspi no Venceslau.

BANANÈRE, Juó. *La divina increnca*. São Paulo: Editor Folco Masucci, 1966. p. 14-15.

As palavras e seus sentidos

1. Utiliza-se o sufixo **-tor** para designar o agente. Por exemplo: **condutor** é aquele (ou aquilo) que conduz. Escreva em seu caderno frases empregando substantivos que designam aquele (ou aquilo) que:
   a) produz;
   b) compõe;
   c) constrói;
   d) detecta;
   e) expõe.

2. Leia o trecho:

   "Quando Lisetta subiu no bonde (o condutor ajudou)
   viu logo o urso. Felpudo, felpudo."

   Nesse trecho, o adjetivo **felpudo** aparece repetido. Comente, em seu caderno, a diferença de significado entre "**um urso felpudo**" e "**um urso felpudo, felpudo**".

• Gramática no texto

1. Releia:

"Dona Mariana sentou-se, colocou **a filha** em pé diante dela."

Vera Basile/Arquivo da editora

Responda no caderno:

a) O termo em destaque retoma uma palavra mencionada anteriormente no conto. Qual?

b) Copie essa frase, substituindo o termo destacado por um pronome substantivo.

2. Damos o nome de **onomatopeia** às palavras com que procuramos reproduzir, de modo aproximado, sons ou ruídos, como **tique-taque**, **zum-zum**, **fom-fom**, **bi-bi**.
No texto, as onomatopeias **Dem-dem!** e **Hã! Hã! Hã! Hã!** procuram reproduzir que ruídos? Escreva sua resposta no caderno.

3. Nesta frase:

"Mas o Ugo chegou da oficina."

Com qual palavra o termo "**da oficina**" se relaciona? O que ele indica? Escreva as respostas no caderno.

4. "A menina rica percebeu, encarou a coitada com raiva, fez uma careta horrível [...]."

a) Nesse trecho, com que palavras se relacionam os adjetivos **rica** e **horrível**?

b) Transcreva o trecho no caderno duas vezes, colocando no plural as palavras **menina** e **careta** uma de cada vez e fazendo as alterações necessárias.

Os adjuntos

Um dos sentidos da palavra **adjunto** é "aquilo que vem junto, que está próximo".

Adjuntos são termos da oração que se relacionam a nomes ou a verbos com a finalidade de modificá-los, determiná-los ou caracterizá-los. Ao contrário dos complementos, os adjuntos não são necessariamente exigidos pela palavra com que se relacionam.

Observe as frases:

A menina **rica** fez **uma** careta **horrível**.
Dona Mariana sentou-se no banco.

No primeiro exemplo, os substantivos **menina** e **careta** são, respectivamente, as palavras mais importantes do sujeito (a menina rica) e do complemento verbal (uma careta horrível). A essas palavras damos o nome de **núcleo**.

menina núcleo	fez	**careta** núcleo
A ↓ ↓ rica		uma ↓ ↓ horrível.

Núcleo é a palavra que funciona como base do significado de um termo da oração.

Nessa frase, o núcleo vem acompanhado por outros termos, que a ele se juntam para determiná-lo (no caso dos artigos **a** e **uma**), ou para caracterizá-lo (no caso dos adjetivos **rica** e **horrível**). Como a informação central está contida no núcleo, esses termos que se juntam a ele são acessórios.

No segundo exemplo, a informação básica é:

Dona Mariana sentou-se.

Ao verbo **sentar-se** acrescentou-se um termo acessório, para indicar lugar.

Dona Mariana sentou-se
↓
no banco.

Chama-se **adjunto** o termo acessório da oração que se junta:

- ao nome para determiná-lo ou caracterizá-lo;
- ao verbo para indicar tempo, modo, lugar etc.

O adjunto relacionado a um nome (no caso, um substantivo) é o **adjunto adnominal**; o adjunto relacionado a um verbo é o **adjunto adverbial**.

Adjunto adnominal

Lisetta queria **um** ursinho **felpudo**.

Nessa frase, o artigo **um** e o adjetivo **felpudo** juntam-se ao núcleo do complemento (o substantivo **ursinho**), determinando-o e caracterizando-o, respectivamente. São, portanto, **adjuntos adnominais**.

Adjunto adnominal é o termo da oração que se refere a um substantivo, com a função de determiná-lo ou caracterizá-lo.

Os adjuntos adnominais podem ser representados por:

- **artigos: O** bonde deu **um** solavanco.
- **numerais:** Dona Mariana pagou só **uma** passagem.
- **pronomes adjetivos: Essas** crianças são muito levadas.
- **adjetivos:** Lisetta sentia um desejo **louco** de tocar no ursinho.
- **locuções adjetivas:** Seus olhinhos **de vidro** não diziam absolutamente nada.

Locução adjetiva é a expressão formada de preposição + substantivo (ou advérbio), com valor de adjetivo: dia **de chuva** (chuvoso); atitudes **de anjo** (angelicais); menino **do Brasil** (brasileiro); pneu **de trás** (traseiro).

Adjunto adverbial

A menina rica encarou Lisetta **com raiva.**

Nessa frase, o termo **com raiva** relaciona-se ao verbo **encarar**, acrescentando-lhe uma informação (o modo como a menina rica encarou Lisetta). Trata-se, portanto, de um **adjunto adverbial.**

Adjunto adverbial é o termo da oração que se relaciona a um verbo, a fim de indicar uma circunstância qualquer (tempo, modo, lugar etc.).

O adjunto adverbial pode também estar relacionado a adjetivos ou advérbios, intensificando-lhes o sentido ou indicando modo.

Observe:

Lisetta ficou triste.
Lisetta ficou **bem** triste.
(**bem** se relaciona ao adjetivo **triste**, indicando intensidade)
Tomou uma atitude correta.
Tomou uma atitude **ecologicamente** correta.
(**ecologicamente** se relaciona ao adjetivo **correta**, indicando modo)
Ugo chegou tarde.
Ugo chegou **muito** tarde.
(**muito** se relaciona ao advérbio **tarde**, indicando intensidade)

Atividades

1. Leia esta frase do texto e responda no caderno:

"Lisetta sentia um desejo louco de tocar no ursinho."

a) **Um** e **louco** relacionam-se a que palavra da frase?
b) O termo "no ursinho" está relacionado a que palavra da frase? Que função ele exerce em relação a essa palavra?

2. Observe a palavra em destaque na frase:

"**Jeitosamente** procurou alcançá-lo."

a) Em seu caderno, escreva que ideia essa palavra acrescenta ao verbo e que função exerce na oração.
b) Copie essa frase, substituindo o termo em destaque por outro de sentido equivalente.

3. Escreva em seu caderno uma frase para cada ilustração ao lado, usando adjuntos adverbiais, de acordo com a situação:

Ilustrações: Camila de Godoy/Arquivo da editora

4. Copie estas frases no caderno, eliminando os adjuntos adverbiais.

Camila de Godoy/Arquivo da editora

a) A senhora sabe, essas crianças são muito levadas.
b) Dona Mariana opôs-se com energia.
c) No dia seguinte, Lisetta ainda se lembrava do ursinho felpudo.

5. Normalmente, o adjunto adverbial é colocado depois do verbo ou do complemento, quando ele existe. Nada impede, porém, que ele ocupe posições diferentes na frase. Quando deslocado de sua posição normal, o adjunto deve ser separado por vírgula(s).

Reescreva a frase abaixo no caderno, colocando o adjunto adverbial em todas as posições possíveis. Não se esqueça de marcar o deslocamento com vírgula(s).

6 "A menina rica [...] encarou a coitada com raiva [...]."

6. Amplie as frases seguintes, acrescentando um adjunto adnominal para a palavra em destaque. O adjunto adnominal que você irá utilizar deverá pertencer à classe gramatical indicada entre parênteses.

a) Além do ursinho, Lisetta tinha também uma **boneca**. (locução adjetiva)
b) **Passageiros** olhavam para Lisetta. (pronome adjetivo)
c) Lisetta tinha **irmãos**. (numeral)
d) A menina morava num **palacete**. (adjetivo)

Para além do texto

Ivania Sant Anna/Kino.com.br

Lili Martins/Folhapress

Ao lado, Edifício Itália, localizado no centro de São Paulo (SP), foto de 2011; abaixo, a tradicional *pizza*, tão apreciada entre os brasileiros.

Segundo a Embaixada da Itália no Brasil, existem em nosso país cerca de 25 milhões de descendentes de italianos, ou seja, aproximadamente 13% da população brasileira tem sangue italiano. Não é à toa, portanto, que podemos notar influências italianas em diversos setores. A palavra **tchau** (em italiano se escreve *ciao*), que usamos para nos despedir de alguém, o antigo nome dos clubes Palmeiras e Cruzeiro, que se chamavam Palestra Itália, e a tradicional *pizza*, tão popular, são apenas alguns exemplos da influência italiana entre nós.

Reúna-se com alguns colegas e, em grupo, pesquisem em livros, em enciclopédias e na internet dados sobre a imigração italiana no Brasil. Quando chegaram os primeiros imigrantes? Por que vieram para o Brasil? Que tipo de atividade desenvolviam? Em que lugares se fixaram? Que contribuições deram à nossa cultura?

King Features Syndicate, Inc./Intercontinental Press

BROWNE, Dik. Hagar. *Folha de S.Paulo*, São Paulo, 30 ago. 2004. p. E-7.

• Hora do texto

Arquivo Histórico Municipal de Bento Gonçalves-RS/Assunta De Paris

Este panfleto, conclamando italianos a emigrar para o Brasil, está redigido em italiano. A seguir, apresentamos a tradução para o português.

Disponível em: <www.bentogoncalves.rs.gov.br/005/00502001.asp?ttCD_CHAVE=32588>. Acesso em: 2 dez. 2011.

... na América
Terras no Brasil para os italianos.
Navios partindo todas as semanas do porto de Gênova.
Venha construir seus sonhos com a família.
Um país de oportunidade. Clima tropical, comida em abundância.
Riquezas minerais. No Brasil, você pode ter seu castelo.
O governo dá terra e utensílios a todos.

Gênero textual PANFLETO

Panfleto é um texto impresso geralmente em uma única folha, com ou sem ilustração, com a finalidade de divulgar uma ideia ou um produto. É bastante usado como veículo de propaganda, devido a seu baixo custo. Normalmente, os panfletos são distribuídos de mão em mão em lugares públicos. Pelo seu tamanho limitado, caracterizam-se por apresentar linguagem objetiva, com poucas frases, normalmente curtas. As informações principais são apresentadas em letras maiores (em geral maiúsculas) a fim de chamar a atenção e facilitar a leitura. Podem ser empregadas, também, imagens como recurso persuasivo.

Expressão escrita

1. Com que intenção esse panfleto foi produzido?

2. Panfletos têm função persuasiva, isto é, visam convencer alguém a fazer algo. Que elementos são usados para persuadir os leitores do panfleto?

3. A quem esse panfleto é destinado?

4. Em sua opinião este panfleto conseguiria atingir a finalidade a que se propõe?

5. No nosso dia a dia, deparamo-nos com uma variedade de textos cuja função é fazer propaganda de algo. Em sua opinião, esse panfleto pode ser considerado uma forma de propaganda?

6. Você acha que os países devem estimular a emigração? Registre sua opinião no caderno.

algo a +

Muitos imigrantes italianos ou descendentes deles tiveram significativa participação em diversos setores da vida cultural brasileira. Entre tantos outros, podemos destacar: Alfredo Volpi e Candido Portinari (pintura); Menotti Del Picchia e Zélia Gattai (literatura); Victor Brecheret (escultura); Lina Bo Bardi (arquitetura); Adolfo Celi, Lélia Abramo, Cacilda Becker, Gianfrancesco Guarnieri e Franco Zampari (teatro e cinema); Adoniran Barbosa (música popular).

Fernando Vivas/Arquivo da editora

▲ Zélia Gattai.

Fundação Projeto Portinari

▲ **Moleques pulando cela**, de Candido Portinari, 1958.

Geraldo Guimarães/Arquivo da editora

▲ Cacilda Becker.

Pinacoteca do Estado de São Paulo

◀ **Pierrot tocando guitarra**, de Victor Brecheret, década de 1920.

Juan Esteves/Folhapress

▲ Lina Bo Bardi.

• A linguagem dos textos

A concisão

Quando nos expressamos por escrito, devemos expor nossas ideias com precisão, indo direto ao assunto, isto é, devemos ser concisos.

> **Concisão** significa objetividade; é ater-se ao essencial, evitando rodeios ou palavras que servem apenas para prolongar o discurso. Ser conciso, em síntese, significa utilizar apenas o número necessário de palavras para exprimir uma ideia.

Releia o conto de abertura deste capítulo e observe como o autor nos relata a história de Lisetta numa linguagem direta, econômica, com frases curtas, limitando-se ao necessário, o que também confere ritmo à linguagem.

Atente para estas passagens do texto:

"Lisetta começou a namorar o bicho. Pôs o pirulito de abacaxi na boca. Pôs mas não chupou. Olhava o urso. O urso não ligava."

"Lisetta como compensação quis sentar-se no banco. Dona Mariana (havia pago uma passagem só) opôs-se com energia e outro beliscão."

No primeiro exemplo, a concisão é decorrente do uso de frases curtas, diretas, que informam ao leitor tão somente aquilo que é essencial. Já no segundo, a informação entre parênteses "(havia pago uma passagem só)" permite ao leitor concluir que quem não paga passagem (no caso, Lisetta) não pode ocupar o assento.

Observe esta outra maneira de dizer o mesmo: Lisetta como compensação quis sentar-se no banco. Como crianças que não pagam passagem não podem sentar-se, tendo de viajar em pé ou no colo da mãe e, como Dona Mariana havia pago somente a sua própria passagem, ela se opôs com energia e deu-lhe outro beliscão.

A informação pode ser a mesma, mas o efeito não é!

A concisão é uma qualidade que deve estar presente em todos os gêneros de textos. No entanto, em alguns casos, a concisão é essencial, como em panfletos, resumos, sinopses, resenhas. Se esses textos não forem caracterizados pela concisão, deixarão de cumprir sua função essencial.

A prolixidade

O contrário da concisão é a prolixidade. Um texto é prolixo quando se usam mais palavras do que o necessário para exprimir uma ideia. Ser prolixo é não ir direto ao assunto, é prolongar o discurso. Enquanto a concisão é uma qualidade dos textos, a prolixidade é um defeito, por isso deve ser evitada.

Atividades

1. Leia a tirinha e responda.

O personagem principal dessa tirinha é conciso? Por quê?

Níquel Náusea, de Fernando Gonsales. *Folha de S.Paulo*, São Paulo, 11 abr. 2002. p. E7.

2. Reescreva este texto no caderno, de modo a torná-lo conciso. Elimine palavras desnecessárias e justifique por que você as eliminou.

"A árvore, oca por dentro, era muito elevada, tinha 20 metros de altura total, do chão ao topo: estava, por essa razão, prestes a cair, daí a instantes, para baixo."

3. Torne o texto abaixo mais conciso.

Quando terminou a palestra, o orador, ou seja, aquele que estava falando, comentou que tinha respondido com clareza, isto é, de modo claro, a todas as perguntas e indagações que os ouvintes presentes na palestra tinham feito a ele, orador, porque ele tinha se preparado extremamente muito bem para o evento que todos os presentes na palestra estavam aguardando.

4. Outra forma de obter concisão é trocar uma oração por uma única palavra que expresse a mesma ideia.

Torne os períodos a seguir mais concisos, substituindo a oração em destaque por uma única palavra.

a) Formavam-se gotículas **que não se podiam perceber**.

b) O saber é um bem **que não se pode destruir**.

c) Tem uma letra **que não se consegue ler**.

d) Foi uma cena **que não se podia imaginar**.

e) É uma atitude **que não pode ser compreendida**.

5. Leia os períodos abaixo. Quais deles são concisos? Quais são prolixos?

a) É preciso considerar criteriosamente as possíveis causas que impeliram os trabalhadores italianos a atravessar o oceano e a mudar de país, enfrentando as dificuldades advindas de uma outra realidade, relacionando-se com pessoas que falavam uma língua desconhecida para eles.

b) Os italianos deixaram seu país marcado pelas guerras em busca de oportunidades em outro continente e não se deixaram intimidar pelas adversidades.

c) Os grandes centros urbanos atraíam os imigrantes italianos, que se engajavam em associações operárias nas fábricas ou tentavam a vida como artesãos ou comerciantes e se concentravam em bairros (como o Brás e o Bexiga), onde podiam contar com a solidariedade de seus pares.

d) Os imigrantes que não iam para as zonas rurais trabalhar no campo como colonos e ficavam nas cidades grandes também enfrentavam dificuldades, pois alimentavam com seu sacrifício as grandes indústrias, cumprindo longas e cansativas jornadas de trabalho, recebendo baixos salários, sem nenhuma proteção, morando em cortiços sem nenhum conforto e sem nenhuma privacidade.

Produzindo texto

Relato em primeira pessoa

Lisetta chorou, suportou a raiva da menina rica, apanhou. Tudo por causa de um ursinho de pelúcia.

Na vida, muitas vezes sofremos e chegamos a chorar por não conseguir algo que desejávamos muito. E a lembrança disso fica marcada em nós por muito tempo.

Sua tarefa consistirá no seguinte: relate em 1.ª pessoa, a seu melhor amigo, um fato que lhe tenha causado algum tipo de tristeza ou sofrimento. Fale de suas emoções, de como você reagiu, se ainda sente tristeza quando se lembra daquele dia etc. Se quiser, dê o texto para ele ler.

Lembre-se de que, ao relatar um fato, você estará produzindo um texto em que predominam sequências narrativas.

Use uma linguagem adequada em função de seu interlocutor.

Lembre-se de que, para a produção de um texto, devemos obedecer a três etapas:

- planejar o texto;
- elaborar o texto;
- revisar e refazer o texto após a revisão.

Exercitando a crítica

Como a proposta de produção de texto foi o relato de uma experiência pessoal, certifique-se de que ele seja predominantemente narrativo.

Faça uma revisão do texto observando, além dos aspectos gramaticais, se:

- há indicações de **quando**, **onde** e **por que** o fato narrado ocorreu;
- o texto apresenta encadeamento de ações;
- é narrado em 1.ª pessoa;
- associa aos fatos relatados sentimentos e sensações do narrador;
- a linguagem está adequada ao interlocutor.

Heranças de um povo

Litografia colorida à mão. 33 x 39 cm. Coleção particular.

Negros no porão do navio, de Johann Moritz Rugendas, 1835.

PARA COMEÇO DE conversa

- O quadro acima, do pintor alemão Johann Moritz Rugendas, denomina-se *Negros no porão do navio*. Como o próprio título diz, ele mostra como as populações negras africanas eram trazidas ao Brasil para serem escravizadas. Observe-o atentamente e troque ideias com os colegas sobre as impressões que o quadro lhe causou.

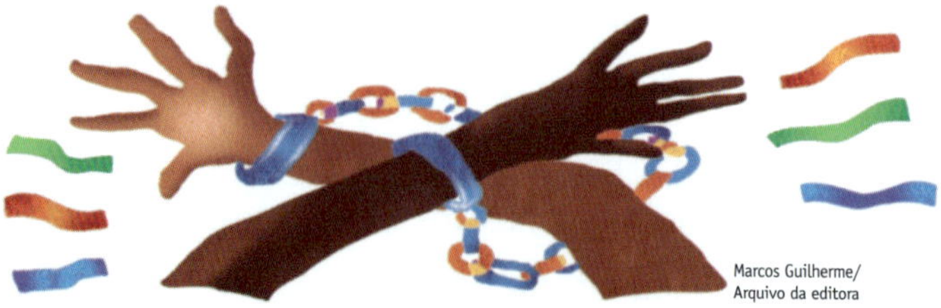

Marcos Guilherme/ Arquivo da editora

• Hora do texto

– Olodumaré

Vou-me embora dessa terra...
– Olodumaré...
Para outra terra eu vou...
– Olodumaré...
Sei que aqui eu sou querido...
– Olodumaré...
Mas não sei se lá eu sou...
– Olodumaré...
O que eu tenho pra levar...
– Olodumaré...
É a saudade desse chão...
– Olodumaré...
Minha força, meu batuque...
– Olodumaré...
Heranças da minha nação...

Ainda me lembro
do terror, da agonia,
como um louco eu corria
para poder escapar.
E num porão
de um navio, dia e noite,
fome e sede e o açoite
conheci, posso contar.
Que o destino
quase sempre foi a morte,
muitos só tiveram a sorte
de a mortalha ser o mar.

Na nova terra
novos povos, novas línguas,
pelourinho, dor, à míngua,
nunca mais pude voltar.
E mesmo escravo
nas caldeiras das usinas,
nas senzalas e nas minas
nova raça fiz brotar.
Hoje essa terra
tem meu cheiro, minha cor,
o meu sangue, meu tambor,
minha saga pra lembrar.

Marcos Guilherme/Arquivo da editora

NÓBREGA, Antônio; FREIRE, Wilson.
– Olodumaré. In: *Pernambuco falando para o mundo*. Eldorado, 1998. 1 CD. Faixa 4.

Olodumaré: deus supremo entre os iorubás (povo negro do grupo sudanês da África ocidental, que vive no sudoeste da Nigéria, em Benim e em Togo, trazido em grandes levas para o Brasil).

açoite: qualquer objeto que pode servir para castigar alguém; chicote.

mortalha: pano ou vestimenta com que se envolve o cadáver; sepultura, cova.

pelourinho: coluna de pedra ou de madeira colocada em praça ou lugar central e público, onde eram exibidos e castigados os criminosos.

à míngua: num estado de extrema pobreza; na miséria, na penúria.

caldeira: recipiente metálico destinado a aquecer água e outros líquidos, a produzir vapor.

usina: local onde se produz açúcar, engenho.

senzala: alojamento que abrigava os escravos.

mina: local onde se encontram minérios preciosos, jazida.

saga: história rica em aventuras.

Expressão oral

Gênero textual LETRA DE CANÇÃO

A canção resulta da união entre a linguagem verbal e a musical. As letras das canções são escritas em versos, em geral rimados, com o apoio de uma música, sem que isso as caracterize como poemas. É possível dizer que há belíssimas canções com letras apenas razoáveis, valorizadas pela qualidade da música na qual se apoiam. Há exemplos na música popular brasileira em que as letras apresentam um trabalho tão elaborado que constituem verdadeiros poemas. De uma forma ou de outra, quando lemos a letra de uma canção conhecida, logo a melodia nos vem à mente, pois elas acabam por formar uma unidade indissociável, isto é, que não se separa.

– Olodumaré é a letra de uma canção. São características do texto que você acabou de ler: o ritmo, conseguido por meio de recursos como a rima, o tamanho dos versos, o jogo de palavras, a repetição da palavra *Olodumaré*, a pontuação, entre outros.

Se algum aluno ou o professor conseguir a gravação dessa canção, seria interessante ouvi-la a fim de perceber como os recursos da letra se encaixam na música.

Sua tarefa agora consistirá no seguinte: faça uma leitura silenciosa da letra da canção, atentando para o ritmo dos versos em cada estrofe (a primeira tem um ritmo um pouco diferente do ritmo das duas últimas). Atente também ao fato de que há duas vozes que falam no texto: um eu que relata os fatos e uma segunda voz que, na primeira estrofe, diz um verso que se repete ("– Olodumaré...").

Depois de se familiarizar com o texto, junte-se a alguns colegas para fazer uma leitura em voz alta, sob a orientação do professor. Um de vocês deve fazer a leitura "pulando" os versos "– Olodumaré" que se repetem na primeira estrofe. Esses versos devem ser ditos pela turma inteira, que fará o coro. Assim:

"Vou me embora dessa terra... [aluno]
– Olodumaré... [a turma inteira]
Para outra terra eu vou... [aluno]
– Olodumaré... [a turma inteira]
Sei que aqui eu sou querido... [aluno]
– Olodumaré..." [a turma inteira]

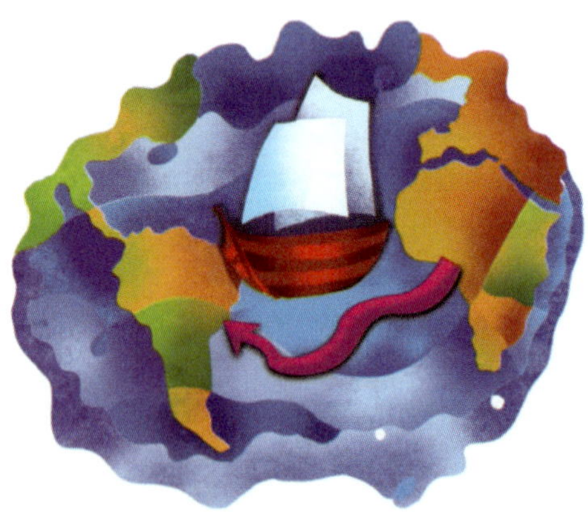

Marcos Guilherme/Arquivo da editora

Expressão escrita

1. **– Olodumaré** é um texto predominantemente narrativo que conta, em primeira pessoa, a história de alguém que deixa sua terra para viver em outra. Esse abandono se dá por vontade própria? Justifique sua resposta.

2. No caderno, responda: o que o eu poético da canção leva ao deixar sua terra?

3. Como ele foi trazido para a nova terra?

4. O que aconteceu quando chegou à nova terra?

5. O fato relatado aplica-se somente àquele que relata os fatos? Dê a resposta no caderno e justifique-a.

6. Observe estes versos:

   "E mesmo escravo
   nas caldeiras das usinas,
   nas senzalas e nas minas
   nova raça fiz brotar."

   Levando-se em conta o sentido das palavras **usina** e **mina** no texto, em que tipo de atividades eram empregados os negros escravizados?

7. Mesmo escravizado, esse povo que veio para o Brasil deixou várias marcas na nova terra. Quais? Liste-as em seu caderno.

8. Responda no caderno: que conhecimentos novos a leitura desse texto lhe trouxe?

Para além do texto

O texto – **Olodumaré** faz referência à vinda para o Brasil de pessoas na condição de escravas.

Pesquise sobre a escravidão no Brasil em livros de História, enciclopédias ou na internet. Reúna-se com alguns colegas, compare as informações que você encontrou com as deles e respondam às seguintes questões:

- Que povos foram trazidos ao Brasil para serem escravizados?
- Por quê?
- Em que época isso ocorreu?
- Que aspectos das culturas destes povos incorporamos à nossa?

Registre suas conclusões no caderno.

Para a realização desta atividade, sugerimos que você consulte seu professor de História, solicitando-lhe orientações para desenvolver um bom trabalho.

Terminada a pesquisa, o grupo deverá apresentar os resultados aos demais colegas. Como outros grupos também realizaram a pesquisa, é importante que vocês anotem as conclusões dos demais grupos, particularmente as diferentes daquelas às que vocês chegaram, para a realização de uma exposição, sob a orientação do professor, dos resultados finais.

• Gramática no texto

1. Você já aprendeu que certas palavras e expressões são empregadas para indicar lugar. Nos versos a seguir, que lugares estão sendo representados pelos advérbios **aqui** e **lá**?

"Sei que **aqui** eu sou querido...
[...]
Mas não sei se **lá** eu sou..."

Marcos Guilherme/Arquivo da editora

2. Leia:

"Ainda me lembro
do terror, da agonia,"

Sem alterar o sentido, copie esse trecho no caderno, substituindo o verbo **lembrar-se** por um substantivo. Faça as modificações que julgar necessárias.

3. Leia os versos em voz alta:

"Na nova terra
novos povos, novas línguas,"

a) Transcreva esses versos no caderno, passando os substantivos **povos** e **línguas** para o singular. Faça as modificações que julgar necessárias.
b) Leia o trecho modificado em voz alta e, a seguir, escreva no caderno o que você percebeu a respeito da flexão de número do substantivo **povo** e do adjetivo **novo**.

4. Agora leia este outro verso:

"Para outra terra eu vou..."

a) Escreva esse verso no caderno, colocando seus termos em ordem direta.
b) **Outra** é um pronome. De que tipo? Por que o autor do texto o empregou?

5. Nos textos, muitas vezes as palavras podem ficar implícitas. Considerando o contexto, que palavra ficou subentendida em:

"Mas não sei se lá eu sou..."

6. Com os verbos que exprimem ações, o sujeito pode estar praticando ou recebendo a ação expressa pelo verbo. Levando isso em conta, escreva no caderno se os sujeitos das orações a seguir estão praticando ou recebendo a ação.
a) O escravo conheceu novas terras.
b) A história foi contada pelos escravos.
c) Eles cantavam uma canção.
d) O silêncio foi rompido por um grito de dor.

As palavras e seus sentidos

Observe os seguintes significados da palavra **só** e responda às questões no caderno:

1. *adj.* desacompanhado, solitário.
2. *adv.* apenas, somente.

a) Nos versos "muitos só tiveram a sorte / de a mortalha ser o mar", em que sentido foi empregada a palavra **só**?

b) Escreva uma frase empregando a palavra **só** com sentido diferente do utilizado no texto.

Vozes verbais

Você já viu que existe uma relação entre verbo e sujeito e também que os verbos podem exprimir ações.

Além das flexões de modo, tempo, número e pessoa, os verbos podem apresentar flexão de voz. Dependendo do tipo de relação que ocorre entre o verbo e seu sujeito, o verbo pode apresentar-se na voz ativa, na voz passiva ou na voz reflexiva.

- **Voz ativa**

O verbo está na voz ativa quando o fato expresso por ele é praticado pelo sujeito. Nesse caso, dizemos que o sujeito é **agente**.

Sujeito agente é aquele que pratica a ação expressa pelo verbo.

O escravo (sujeito) trabalhava (verbo) nas usinas.

Nesse exemplo, o verbo da oração está na voz ativa, já que o sujeito (o escravo) é o agente da ação verbal.

- **Voz passiva**

O verbo está na voz passiva quando o sujeito é o receptor da ação expressa pelo verbo. Nesse caso, dizemos que o sujeito é **paciente**.

Sujeito paciente é aquele que recebe a ação expressa pelo verbo.

Na nova terra, **o negro** (sujeito) **foi escravizado.** (verbo na passiva)

Nesse exemplo, o verbo da oração está na voz passiva, já que o sujeito (o negro) recebe a ação expressa pelo verbo.

- **Voz reflexiva**

O verbo está na voz reflexiva quando o fato expresso por ele é, ao mesmo tempo, praticado e sofrido pelo sujeito. O sujeito é, portanto, **agente** e **paciente** ao mesmo tempo.

Na voz reflexiva, o verbo é acompanhado de um pronome oblíquo, que funciona como complemento. Esse verbo é chamado de **verbo reflexivo** e é sempre transitivo, estando seu complemento na mesma pessoa que o sujeito.

Tentando escapar, **o escravo** (sujeito) **feriu-** (verbo) **se.** (pronome reflexivo)

Tipos de voz passiva

Há duas maneiras de se expressar a voz passiva:

Abril Cultural. *Grandes personagens de nossa história.* São Paulo: Abril, 1972. p. 7./Arquivo da editora

Lei Áurea.

a) **voz passiva analítica:** é formada por um verbo auxiliar (geralmente o verbo **ser**), seguido do particípio do verbo que exprime o fato.

O fim da escravidão no Brasil **foi decretado** em 13 de maio de 1888.
No Brasil, inicialmente, **foram escravizados** os nativos indígenas.

b) **voz passiva sintética:** forma-se com o verbo que exprime o fato na terceira pessoa (singular ou plural, dependendo do número do sujeito) mais o pronome apassivador **se**.

Estabeleceu-**se** o comércio de escravos.

Não **se** garantiram condições para a incorporação do escravo na sociedade brasileira.

Como vimos, o conceito de voz verbal implica uma relação entre o verbo e o sujeito, se este pratica ou recebe a ação, por isso só apresentam flexão de voz os verbos que têm sujeito e exprimem ação.

Vozes verbais e intencionalidade

Nossa fala é sempre carregada de intencionalidade, ou seja, quando falamos ou nos expressamos pela língua escrita, sempre temos alguma intenção: mostrar nosso espanto com alguma coisa, ironizar, desculpar-nos, interferir no comportamento de nosso interlocutor, valorizar um fato e não outro, por exemplo.

Ao escolher usar a voz ativa ou a voz passiva, destacamos um elemento ou outro de nossa mensagem. Veja:

O escravo **conheceu** novas terras.

Novas terras **foram conhecidas** pelo escravo.

A primeira frase está na voz ativa e a segunda, na passiva. O significado das duas é praticamente o mesmo; apenas a ordem dos termos foi alterada para efeito de mudança de voz verbal. Entretanto, na primeira, destacou-se **o escravo**; na segunda, **novas terras**.

Quando a forma verbal vem abrindo a frase, o destaque não é dado nem ao agente nem ao paciente, mas à própria ação verbal:

Conheceram-se, assim, novas terras. (voz passiva sintética)
Foram conhecidas, assim, novas terras. (voz passiva analítica)

Além do destaque que se pode dar ao termo com o qual se inicia a frase, a opção pela voz ativa ou passiva provoca os efeitos de sentido que se pretendem produzir no discurso, como a identificação (ou não) dos autores da ação, além da atitude ativa ou passiva deles diante do fato a ser revelado.

Atividades

1. Você vai ler alguns trechos do livro *Negras imagens*. Localize os verbos, observe as vozes verbais e justifique a opção das autoras pela voz ativa ou passiva.
   a) "Nunca saberemos ao certo quantos africanos foram arrancados de sua terra natal."
   b) "Exaustos e confusos, os cativos eram jogados em galpões, a fim de serem tratados e "maquiados" para a venda em leilão público."
   c) "Era chegada a hora da engorda, de tratar e cuidar dos escravos: aplicava-se óleo de palma a fim de esconder as doenças e dar brilho à pele; lustravam-se os dentes; impunham-se exercícios físicos para aumentar a flexibilidade."
   d) "Afinal, o preço do escravo era definido pelo sexo, pela idade e especialização, mas dependia sobretudo da condição física."

SCHWARCZ, Lilia Moritz; REIS, Letícia Vidor de Souza (Orgs.). *Negras imagens: ensaios sobre cultura e escravidão no Brasil.* São Paulo: Edusp, 1996. p. 13-14.

7

Texto para as questões de 2 a 4.

Não é o paciente quem opera

Qualquer intervenção cirúrgica que ocupe o noticiário dos jornais, revistas e emissoras de rádio e televisão serve como importante alerta para o uso inadequado de certas palavras e expressões.

Você com certeza leu ou ouviu (mais de uma vez até) frases como: Presidente opera o coração. / Papa retira o apêndice. / Artista faz operação plástica. / Jogador opera o joelho.

Alguma delas lhe causa estranheza? Repare que todas elas apresentam um grave erro de sentido: não é o presidente quem opera nem o papa quem retira o apêndice. O artista também não faz operação plástica nem o jogador de futebol opera o joelho. Todas essas são tarefas do cirurgião.

Claro que são formas populares de exprimir esse tipo de situação. Você pode até usá-las em conversas com os amigos. Mas, na linguagem formal, escrita, elas devem ser evitadas. Assim, diga, por exemplo, que o papa foi operado de apendicite ou que o presidente sofreu uma operação no coração. Ou ainda que o artista se submeteu a uma cirurgia plástica.

MARTINS, Eduardo. *Com todas as letras: o português simplificado.* São Paulo: Moderna, 2000. p. 123.

2. A palavra **paciente** tem diversos sentidos. Em qual deles ela foi empregada no texto?
3. Segundo o autor, por que frases como "Presidente opera o coração" e "Papa retira o apêndice" apresentam problemas de sentido?
4. Segundo o autor, construções como "Presidente opera o coração", "Papa retira o apêndice", "Artista faz operação plástica" e "Jogador opera o joelho" não devem ser utilizadas em hipótese alguma. Essa informação é verdadeira ou falsa? Justifique.

algo a +

Embora procedentes de diversas regiões da África, na população negra que veio para o Brasil somente duas línguas africanas eram predominantes: a **iorubá**, ou nagô (como é chamada na cultura afro-brasilera), originária da região africana onde hoje se situam países como Nigéria, Togo e Benin; e a **quimbundo**, proveniente da área central da região que hoje corresponde a Angola (ver mapa abaixo). *Berimbau*, *dendê*, *moleque*, *quiabo* e *caçula* (originárias do quimbundo), assim como *orixá*, *acarajé*, *abadá*, *jabá* e *bobó* (origem iorubá) são alguns exemplos de vocábulos que passaram a fazer parte do português brasileiro.

O continente africano

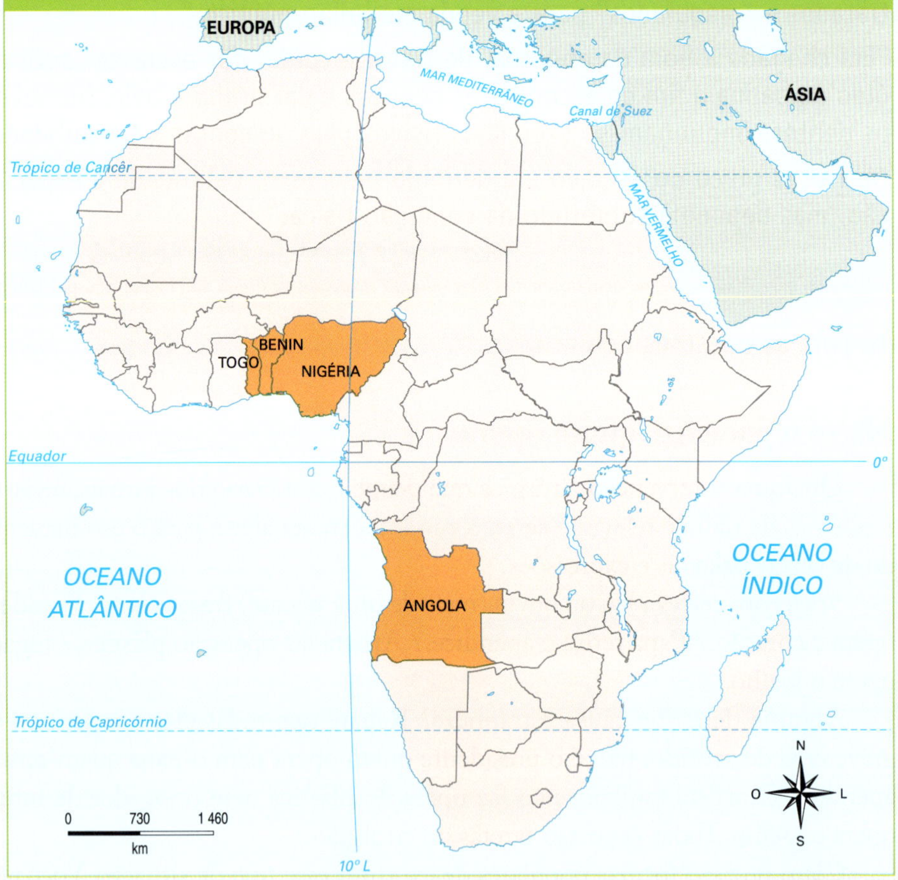

Adaptado de: ATLAS geográfico escolar. Rio de Janeiro, IBGE, 2009.

8 JEITOS de mudar o mundo

No Brasil, parte da população ainda sofre com o preconceito de cor e com o preconceito de gênero. Nesse contexto, as mulheres negras são as mais prejudicadas, pois sofrem um preconceito duplo. Vá à página 224, item 1, procure dados que comprovem essa afirmação e comente-os.

• Hora do texto

Enfim, livre. Mas e aí?

A Lei Áurea, que decretou o fim da escravidão no Brasil, em 13 de maio de 1888, foi um documento que representou a libertação formal do escravo, mas não garantiu a sua incorporação como cidadão pleno à sociedade brasileira.

O ex-escravo, abandonado à sua própria sorte, engrossou as camadas de marginalizados, que constituíam a maioria da população. Não possuíam qualificação profissional, o preconceito continuava e não houve um projeto de reintegração do negro à sociedade que acompanhasse a abolição da escravatura. Expulsos das fazendas e após vagarem pelas estradas foram acabando na periferia das cidades, criando nossas primeiras favelas e vivendo de pequenos e esporádicos trabalhos, normalmente braçais.

A escravidão deixou marcas na sociedade brasileira: a concentração de índios, negros e mestiços nas camadas mais pobres da população; a persistência da situação de marginalização em que vive a maioria dos indivíduos dessas etnias; a sobrevivência do racismo e de outras formas de discriminação racial e social; as dificuldades de integração e de inclusão dessas etnias à sociedade nacional e os baixos níveis de renda, de escolaridade e de saúde ainda predominantes entre a maioria da população.

A escravidão, portanto, fornece uma chave fundamental para a compreensão dos problemas sociais, econômicos, demográficos e culturais ainda existentes na atualidade.

Disponível em: <http://www.ibge.gov.br/ibgeteen/datas/abolicao/enfimlivre.html>. Acesso em: 20 fev. 2012.

Expressão escrita

1. Como você já viu, os textos são produzidos com uma determinada intenção. Em decorrência disso, do ponto de vista linguístico, há predominância de uma sequência sobre outras. Com base nessas informações, responda: Com que finalidade esse texto foi produzido? Que sequência textual predomina?

2. Os textos em prosa normalmente são estruturados em parágrafos. Isso facilita a leitura, uma vez que, em geral, cada parágrafo apresenta uma ideia. Comente a ideia principal desenvolvida em cada um dos parágrafos do texto.

3. Certas palavras, em particular as conjunções, têm papel importante na estruturação dos textos, na medida em que, ao vincularem orações, estabelecem entre elas relações de sentido. Levando em conta o texto como um todo, qual é a função da conjunção **mas**, que inicia a última oração do primeiro parágrafo?

4. Outras palavras têm a função de retomar elementos do texto anteriormente expressos, amarrando ideias, estabelecendo coesão entre partes do texto. No trecho, "O ex-escravo, abandonado à sua própria sorte, engrossou as camadas de marginalizados, que constituíam a maioria da população", a palavra **que** retoma uma expressão já mencionada. Qual?

5. O texto afirma que a Lei Áurea representou a "libertação formal do escravo". Em que sentido empregou-se o adjetivo **formal**? Por que a libertação é considerada formal?

6. A publicidade, gênero textual em que se busca o convencimento, a adesão, também contribuiu durante certo tempo para reforçar a persistência do preconceito racista contra negros e mestiços. Ao lado, vemos um exemplo de propaganda de sabonete que circulou em fins do século XIX nos Estados Unidos:

Lê-se no rodapé do cartaz o que teria dito o menino branco: "Por que sua mãe não lava você com o sabonete das fadas?". O que exatamente o discurso publicitário dessa propaganda de sabonete sugere? Em sua opinião, é possível que uma propaganda como essa seja veiculada nos dias de hoje? Por quê?

N.K. sabonetes Fairbank Co/Arquivo da editora

Para além do texto

O trabalho escravo no Brasil é proibido por lei. O Código Penal brasileiro é explícito em seu artigo 149 ao definir o crime de escravidão como

> "reduzir alguém a condição análoga à de escravo, quer submetendo-o a trabalhos forçados ou a jornada exaustiva, quer sujeitando-o a condições degradantes de trabalho, quer restringindo, por qualquer meio, sua locomoção em razão de dívida contraída com o empregador ou preposto".

Embora a legislação proíba, ainda hoje no Brasil há pessoas submetidas a trabalho escravo. Reúna-se com mais alguns colegas para fazer uma pesquisa que visa a responder à seguinte questão:

Quais as diferenças entre o trabalho escravo na época colonial/imperial e nos dias de hoje?

Caso tenha alguma dificuldade, peça ajuda a seu professor de História. Você também pode encontrar material para sua pesquisa consultando as páginas da internet abaixo (acessos em 18 abr. 2012):

<http://www.reporterbrasil.org.br/conteudo.php?id=4>
<http://www.pime.org.br/mundoemissao/justicasocialbrasil.htm>
<http://www.observatoriosocial.org.br/download/er6alt.pdf>
<http://educacao.uol.com.br/historia-brasil/ult1702u64.jhtm>
<http://www.oit.org.br/sites/default/files/topic/forced_labour/pub/cartilha%20trabalho%20escravo_637.pdf>

algo a +

▲ O líder escravo alagoano Zumbi dos Palmares, pintado por Manuel Victor no século XVII.

Por que, no Brasil, se comemora o Dia Nacional da Consciência Negra em 20 de novembro?

A escolha dessa data não foi por acaso: em 20 de novembro de 1695, Zumbi – líder do Quilombo dos Palmares – foi morto em uma emboscada na Serra Dois Irmãos, em Pernambuco, após liderar uma resistência que culminou com o início da destruição do quilombo Palmares.

Então, comemorar o Dia Nacional da Consciência Negra nessa data é uma forma de homenagear e manter viva em nossa memória essa fuga histórica. Não somente a imagem do líder, como também sua importância na luta pela libertação dos escravos, concretizada em 1888.

Porém, hoje as estatísticas sobre os brasileiros ainda espelham desigualdades entre a população de brancos e a de pretos e pardos. Por isso, é importante conhecermos algumas informações sobre o assunto.

Disponível em: <http://www.ibge.gov.br/ibgeteen/datas/consciencianegra/home.html>. Acesso em: 16 fev. 2012.

Você poderá ler mais sobre o assunto, consultando os *sites* abaixo (acessos em: 22 fev. 2012):

<http://www.ibge.gov.br/ibgeteen/datas/consciencianegra/zumbi.html>
<http://www.ibge.gov.br/ibgeteen/datas/consciencianegra/quilombos.html>

• A linguagem dos textos

A ordem dos termos na frase

Você já viu que a ordem normal dos termos na frase é:

sujeito → verbo → complemento(s) do verbo → adjunto adverbial

Quando a frase se dispõe nessa ordem, dizemos que ela está em **ordem direta**. Nem sempre, no entanto, essa ordem é seguida; por uma questão de ênfase ou de estilo, pode-se alterar a ordem normal dos termos na frase. Quando isso ocorre, dizemos que a frase está em **ordem inversa**.

Observe, no texto de abertura deste capítulo, passagens em que o autor preferiu utilizar a ordem inversa:

ordem inversa	"**Para outra terra** eu vou..."
ordem direta	Eu vou **para outra terra** ...

ordem inversa	"**nova raça** fiz brotar."
ordem direta	... fiz brotar **nova raça**.

Se a ordem natural dos termos de uma frase é a ordem direta, por que razão empregamos a ordem inversa?

A ordem dos termos em uma frase não obedece apenas a razões objetivas, mas também a critérios subjetivos. Normalmente, a ênfase recai sobre o termo que inicia a frase. Caso queiramos enfatizar não o sujeito, mas outro termo, como o adjunto adverbial ou o complemento, iniciamos a frase por esse termo. Observe outros exemplos:

Os primeiros escravos chegaram ao Brasil no século XVI.
Chegaram ao Brasil, no século XVI, os primeiros escravos.
No século XVI, os primeiros escravos chegaram ao Brasil.
Ao Brasil, os primeiros escravos chegaram no século XVI.

Essas frases trazem a mesma informação; porém, dependendo da colocação dos termos, damos mais ênfase a um em relação aos demais.

Na primeira, enfatiza-se o sujeito "os primeiros escravos"; na segunda, a ação de chegar; na terceira, a época em que os escravos chegaram; na quarta, o lugar a que chegaram.

Atividades

- Dê nova redação às frases a seguir, atendendo ao que se pede.
  a) "Vou-me embora dessa terra..." (ênfase em **dessa terra**)
  b) "Os navios (...) traziam da Europa mercadorias manufaturadas [...]" (ênfase em **da Europa**)
  c) "Os navios (...) traziam da Europa mercadorias manufaturadas [...]" (ênfase em **mercadorias manufaturadas**, utilizando a voz passiva analítica)
  d) "Estabeleceu-se uma hierarquia na qual certos trabalhos eram destinados aos escravos [...]" (ênfase em **uma hierarquia**, utilizando a voz passiva analítica)

Produzindo texto

Texto argumentativo

Os **textos expositivos** nos trazem informações necessárias para a produção de outros tipos de textos. Quando você vai produzir um texto argumentativo, por exemplo, você precisa ter conhecimentos sobre o tema para poder argumentar com eficiência. Esses conhecimentos, normalmente, são obtidos por meio da leitura de **textos expositivos.** Mas, evidentemente, os textos expositivos não são a única forma de se obterem conhecimentos. A letra da canção – **Olodumaré**, por exemplo, também deve lhe ter trazido um saber que até então você não tinha.

Neste capítulo, você aprendeu um pouco a respeito da contribuição dos povos negros vindos da África para nossa cultura e para nossa formação étnica. Depois de ter lido e discutido os textos e feitas as pesquisas propostas, você deverá produzir um texto em prosa em que predomine a argumentação. Nele, você vai expor sua opinião sobre **a importância dos povos negros na formação de nossa nacionalidade.** Mas lembre-se: não basta apenas opinar, dizendo "eu acho que...", ou "em minha opinião...". É preciso que sua opinião venha fundamentada por meio de argumentos que levem seu(s) interlocutor(es) a aderir à sua opinião.

Defina inicialmente quem será(ão) seu(s) interlocutor(es), escolhendo-o(s) entre as pessoas que você conhece e com as quais costuma trocar ideias, e exponha a ele(s) sua opinião por meio de argumentos convincentes.

Em geral, os textos argumentativos costumam ser estruturados em três partes: a **introdução**, na qual você apresenta o tema, podendo delimitá-lo, caso seja muito amplo; o **desenvolvimento**, no qual você sustenta por meio de argumentos convincentes seu ponto de vista; e uma **conclusão**, em que você, retomando o ponto de vista apresentado na introdução, conclui pela sua veracidade ou pertinência, com base nos argumentos que apresentou.

LEMBRE-SE

de que, nos textos argumentativos, a principal intenção de quem produz é convencer o interlocutor.

Sugerimos que, antes de redigir seu texto, você elabore um esquema no qual colocará, de maneira resumida, a opinião que vai expor, os argumentos (opiniões, exemplos, fatos, dados etc.) que usará para fundamentá-la e a conclusão a que pretende chegar.

Depois de redigido o texto, faça uma revisão criteriosa, observando se nele não ocorrem desvios gramaticais e, em seguida, passe-o a limpo. Dê um título a seu texto.

Marcos Guilherme/Arquivo da editora

Exercitando a crítica

Como você viu, os textos argumentativos normalmente apresentam **introdução**, em que se expressa o ponto de vista do autor do texto; **desenvolvimento**, que contém a argumentação propriamente dita; e uma **conclusão**. Seu texto está estruturado dessa maneira?

- As opiniões apresentadas estão bem fundamentadas?
- Elas estão apresentadas de forma clara e objetiva?
- Os argumentos utilizados são convincentes?
- A linguagem está adequada ao leitor a que se destina?
- O texto está estruturado em parágrafos?
- Foi dado um título ao texto? Ele ficou adequado?

Gente do outro lado do mundo

Mauricio de Sousa/Mauricio de Sousa Produções Ltda.

Disponível em: <http://www.turmadamonica.com.br/mural/KeikaeTikara/Tikara_e_Keika_1.jpg>. Acesso em: 12 abr. 2012.

PARA COMEÇO DE conversa

Estes são Tikara e Keika, mascotes criadas por Mauricio de Sousa, para comemorar o Centenário da Imigração Japonesa no Brasil, em 2008.

1. Pelo desenho criado por Mauricio de Sousa, podemos afirmar que pessoas de origem japonesa conseguiram se integrar à nossa cultura?
2. Tikara, em japonês, significa força e coragem. Keika, na mesma língua, significa aquele que acrescenta bravura, pureza, integridade e honestidade. Com que intenção as mascotes foram "batizadas"com esses nomes?
3. Você viu, nesta unidade, que para o Brasil vieram povos de diversas origens, e que adotaram nosso país como sua nova pátria.

   No lugar em que você mora, há estrangeiros? Em caso afirmativo, eles estão bem-adaptados à nossa cultura?
4. Decorridos mais de cem anos da imigração japonesa para o Brasil, é possível encontrar algumas contribuições de japoneses em nossa cultura ou modo de viver. Cite algumas.

• Hora do texto

Japoneses montaram colônias e difundiram sua cultura

A imigração japonesa no Brasil teve início em 18 de junho de 1908, com a vinda de 733 pessoas, que compunham 165 famílias de agricultores, e mais 48, que vieram sem os seus familiares. Eram, no total, 781 pessoas a bordo do vapor Kasato-Maru, que aportou às 9h30min no cais nº 14 (atual armazém 16), no Porto de Santos. Esse grupo permaneceu alojado por alguns dias na Hospedaria dos Imigrantes, hoje Museu do Imigrante, na capital, antes de seguir viagem para as fazendas de café no interior do estado de São Paulo e também de outros estados.

A emigração japonesa para o Brasil estancou depois da eclosão da II Guerra Mundial em 1941, quando já haviam chegado ao país 188 986 japoneses. Quando a guerra terminou, o processo foi retomado, em 1952, estendendo-se por dez anos, período em que vieram cerca de 50 mil imigrantes agricultores. A maior leva foi registrada no ano de 1959, com 7 041 imigrantes.

No início da década de 1960, o Japão entrou numa fase de grande prosperidade e de rápido crescimento econômico e, como a economia brasileira também estava em ascensão, o Brasil não mais necessitou de trabalhadores agrícolas estrangeiros. Essa época marcou uma transformação significativa nas relações nipo-brasileiras: da etapa de predomínio da imigração, passou-se a uma outra, calcada no intercâmbio econômico. O comércio entre os dois países cresceu, aumentando o número de investimentos e intensificando-se as cooperações econômica e técnica entre eles.

No período que se seguiu a esse, o Brasil adotou a política de receber somente imigrantes que dispunham de capacidade financeira e que aplicassem em empreendimentos agrícolas, ou profissionais qualificados para o setor industrial. Nessas condições aportaram em terras brasileiras alguns outros milhares de japoneses. Por volta de 1977, o número de descendentes japoneses já era de 765 710 pessoas, com posição social cada vez mais elevada.

No caminho percorrido pelos japoneses que escolheram se radicar no Brasil, houve inúmeras dificuldades e dramas. Os imigrantes trabalharam arduamente, enfrentando clima, idioma e costumes diferentes, e não poucos faleceram vitimados por doenças. Com um único objetivo – o de dar uma boa formação escolar aos seus filhos –, os imigrantes japoneses dedicaram-se com afinco a trabalhar na agricultura.

Embora atualmente a comunidade japonesa continue emprestando inestimável colaboração ao setor agrícola, seus descendentes já atuam nos mais diversos setores da vida brasileira: política, medicina, meio empresarial, judicial, acadêmico etc. A população de japoneses e seus descendentes na cidade de São Paulo está estimada em mais de 326 mil pessoas.

vapor: navio movido por máquina a vapor.
alojado: acomodado, hospedado.
capital: no texto, a cidade de São Paulo, capital do estado de São Paulo.
estancou: cessou, parou.
eclosão: surgimento.
calcada: que toma como modelo, baseada.
radicar-se: fixar residência.

Coleção João Emílio Gerodetti e Carlos Cornejo/Arquivo da editora

O vapor Kasato--Maru atracado no Porto de Santos (SP), em junho de 1908.

Alexandre Tokitaka/Pulsar Imagens

Festa realizada na rua Galvão Bueno, um dos locais mais conhecidos do tradicional bairro da Liberdade, reduto da comunidade japonesa em São Paulo (SP). Foto de 2011.

Podemos afirmar que a luta dos imigrantes japoneses não foi em vão. A presença da cultura japonesa no Brasil é cada vez mais nítida em suas variadas formas, da mais avançada tecnologia até os sofisticados sabores de sua culinária.

O bom nível das relações entre os dois países é fruto dos esforços desses imigrantes e seus descendentes brasileiros que prosseguem trabalhando para o estreitamento da amizade que os une e que é, hoje, a verdadeira ponte de ligação entre o Japão e o Brasil.

JICA – Japan International Cooperation Agency. Disponível em: <http://www.sp.br.emb-japan.go.jp/pt/comunidade/historico.htm>. Acesso em: 15 fev. 2012. (Texto adaptado).

Expressão oral

O texto afirma que "No caminho percorrido pelos japoneses que escolheram se radicar no Brasil, houve inúmeras dificuldades e dramas". O texto que você vai ler a seguir é o depoimento da imigrante japonesa Mitsuko Kawai.

"A primeira viagem longa de navio do Japão para o Brasil levou 62 dias no mar, sem ver a terra... Para vir trabalhar na roça era preciso formar uma família, e para isso muitas pessoas arranjavam casamentos sem considerar o gosto da moça. Tinha uma moça que não conseguiu gostar do seu noivo, acabou se suicidando. Isso foi uma grande tragédia na viagem. A outra foi o sarampo que assolou os passageiros. Mil e duzentas pessoas num navio... Quando dá sarampo não há criança que escape."

Disponível em:<http://www2.tvcultura.com.br/aloescola/estudosbrasileiros/entredoismundos/entredoismundos3.htm/>. Acesso em: 15 fev. 2012.

Gênero textual Depoimento

Depoimento é a declaração de uma testemunha ou de um participante de um acontecimento marcante. Um depoimento pode ser público ou particular, dependendo da situação em que ocorre e dos interlocutores. Sempre envolve uma pequena narrativa, na qual o depoente conta os fatos vividos e tece comentários relativos ao valor daquela experiência. A intenção de quem depõe é alertar, ensinar, partilhar experiências únicas e significativas, transmitir uma lição de vida. A narrativa é feita em primeira pessoa.

Nos depoimentos, há inicialmente a identificação do depoente (nome, idade, profissão...), em seguida deverá ser dito o assunto do depoimento (estou aqui para contar...). Os depoimentos devem se caracterizar pela objetividade, e sua linguagem deverá estar adequada em função do interlocutor, do assunto e do local em que será publicado.

Sua tarefa consistirá no seguinte: obter o depoimento de alguém que tenha imigrado para o Brasil e que relate, sobretudo, as tradições culturais que ainda mantém. Caso você não conheça nenhum imigrante que possa lhe dar o depoimento, sugerimos que ele seja dado por algum descendente de imigrante.

Prepare-se com antecedência para colher o depoimento, conhecendo um pouco sobre o depoente e orientando-o a prestá-lo objetivamente. Anote ou grave o depoimento. Depois de lê-lo (ou ouvi-lo) algumas vezes, transmita seu conteúdo a seus colegas de classe, destacando apenas os aspectos essenciais.

Expressão escrita

1. Com que finalidade o texto **Japoneses montaram colônias e difundiram sua cultura** foi produzido? Levando em conta as diversas sequências textuais (descritivas, narrativas, argumentativas, expositivas, dialogais), qual predomina no texto?

2. O texto está estruturado em parágrafos. No primeiro, são fornecidas informações bastante precisas a respeito da chegada dos primeiros imigrantes japoneses ao Brasil: o número exato (781 pessoas), a data e a hora em que chegaram (18/6/1908, às 9h30min), em que local aportaram (porto de Santos), o nome do navio em que vieram (Kasato-Maru), onde se hospedaram (Hospedaria dos Imigrantes).
Com base nessas informações, responda no caderno: Quem foram os primeiros imigrantes japoneses a chegar ao Brasil? Para onde eles foram encaminhados?

3. Iniciada em 1908, a imigração japonesa para o Brasil foi interrompida em um determinado período. Qual? Utilize o caderno.

4. Segundo o texto, as relações entre Brasil e Japão apresentam dois momentos bastante distintos: o primeiro vai até 1960; o segundo começa nesse ano. Comente as relações entre os dois países nesses dois períodos. Seu comentário deverá ser escrito de forma objetiva no caderno.

5. Num país com clima, idioma e costumes diferentes, os imigrantes japoneses que aqui permaneceram trabalhavam arduamente com um objetivo. Com base exclusivamente no texto **Japoneses montaram colônias e difundiram sua cultura**, qual era esse objetivo?

dsy88/Shutterstock/Glow Images

O *sushi* é um prato típico da culinária japonesa.

algo a +

Enriquecer e voltar

A maioria dos imigrantes japoneses tinha a pretensão de enriquecer no Brasil e voltar ao Japão em, no máximo, três anos. O enriquecimento rápido em terras brasileiras, porém, mostrou-se um sonho quase impossível. Além dos baixos salários, os imigrantes ainda tinham descontado do pagamento a passagem e precisavam comprar tudo o que consumiam do fazendeiro para quem trabalhavam. Em pouco tempo estavam endividados.

A geração nascida no Japão foi a que teve mais dificuldade de adaptação ao Brasil em razão do idioma, hábitos alimentares, vestuário, modo de vida e diferenças climáticas encontradas.

Como pretendiam voltar ao Japão, os imigrantes não se preocupavam em se integrar ao Brasil. Por isso, uma parcela considerável nunca aprendeu a falar o português.

Em seguida, graças a um sistema de parceria com o fazendeiro, muitos japoneses conseguiram comprar seus primeiros pedaços de terra. Após algum tempo de plantação, o imigrante tinha o direito de receber uma parcela da terra. Isso resultou na permanência definitiva de muitos imigrantes no Brasil.

Disponível em: <http://www.saopaulo.sp.gov.br/imigracaojaponesa/historia.php>. Acesso em: 17 fev. 2012.

Se você mora em São Paulo, poderá encontrar mais informações sobre imigração e cultura japonesa nos seguintes locais:

Fundação Japão
Av. Paulista, 37 – 2º andar – São Paulo – SP.
Para agendar visitas: de segunda a sexta-feira, das 10h às 17h.
Site oficial: <http://fjsp.org.br/>.

Editora Ática/Arquivo da editora

Pavilhão Japonês
Av. Pedro Álvares Cabral (Parque do Ibirapuera) – São Paulo – SP.
Para agendar visitas: sábados, domingos e feriados, das 12h às 18h.

Museu Histórico da Imigração Japonesa
R. São Joaquim, 381 – 7º/8º andar – Liberdade – São Paulo – SP.
Para agendar visitas: de terça a domingo, das 13h30min às 17h30min.

Na internet, você encontra informações sobre o Pavilhão Japonês e sobre o Museu Histórico da Imigração Japonesa no *site* da Sociedade Brasileira de Cultura Japonesa e de Assistência Social (Bunkyo, abreviatura em japonês): <http://www.bunkyo.bunkyonet.org.br/index.php>.

Casa da Cultura Japonesa
R. Prof. Lineu Prestes, 159 (Cidade Universitária) – São Paulo – SP.
Para agendar visitas: de segunda a sexta-feira, das 13h às 17h.

Léo Burgos/Acervo do fotógrafo

Pavilhão Japonês, no Parque do Ibirapuera (São Paulo, SP).

Monica Zarattini/Agência Estado

Sala do Museu Histórico da Imigração Japonesa (São Paulo, SP).

Gramática no texto

1. Releia o trecho:

> "A imigração japonesa no Brasil teve início em 18 de junho de 1908, com a vinda de 733 pessoas, que compunham 165 famílias de agricultores [...]."

A expressão **"de 733 pessoas"** refere-se a que palavra do texto? Que função ela exerce em relação àquela palavra? Escreva sua resposta no caderno.

2. Releia outro trecho:

> "Eram, no total, 781 pessoas a bordo do vapor Kasato-Maru, que aportou às 9h30min no cais nº 14 (atual armazém 16), no Porto de Santos."

Com que finalidade foi acrescentada a informação entre parênteses?

3. Leia a frase e responda a que época se está fazendo referência:

> "Essa época marcou uma transformação significativa nas relações nipo-brasileiras: da etapa de predomínio da imigração, passou-se a uma outra, calcada no intercâmbio econômico."

4. Releia o trecho:

> "O bom nível das relações entre os dois países é fruto dos esforços desses imigrantes e seus descendentes brasileiros que prosseguem trabalhando para o estreitamento da amizade que **os** une e que é, hoje, a verdadeira ponte de ligação entre o Japão e o Brasil."

Responda no caderno: nessa frase, **os** (em destaque) é um pronome substantivo que retoma um termo anteriormente expresso. Qual?

5. Observe esta passagem do texto:

> "Quando a guerra terminou, o processo foi retomado, em 1952, estendendo-se por dez anos, período em que vieram cerca de 50 mil imigrantes agricultores."

Um dos sentidos de retomar é 'dar continuidade a'. Com base nessa informação e atendo-se ao sentido do texto, responda: que processo foi retomado?

6. Comente, em seu caderno, o uso dos dois-pontos e das vírgulas neste período:

> "[...] seus descendentes [de japoneses] já atuam nos mais diversos setores da vida brasileira: política, medicina, meio empresarial, judicial, acadêmico etc."

7. Copie as frases a seguir no caderno, substituindo os termos em destaque por um adjetivo composto. Faça as modificações que julgar necessárias.

a) Um convênio **entre Portugal e França** despertou o interesse da comunidade.

b) Os acordos **entre África e Brasil** continuam vigorando.

DICA!

"Essa época marcou uma transformação significativa nas relações **nipo-brasileiras** [...]."

Nipo é a forma reduzida do adjetivo **nipônico**, que significa **japonês**.

Nos **adjetivos pátrios** compostos, que são aqueles formados por mais de um elemento, utiliza-se a forma reduzida dos adjetivos (se houver), com exceção do último, que se apresenta em sua forma normal. Portanto, **relações nipo-brasileiras** são **relações entre Japão e Brasil**.

c) O comércio **entre Inglaterra e Itália** continua intenso.

d) Uma aliança **entre China e Paquistão** foi assinada em Genebra.

Aposto

Observe esta frase:

Os descendentes dos imigrantes japoneses já atuam nos mais diversos setores da vida brasileira.

Você tem aí um enunciado, capaz de estabelecer comunicação; uma frase, portanto. Se quiséssemos, poderíamos informar ao nosso interlocutor quais são esses setores. Diríamos, então:

Os descendentes dos imigrantes japoneses já atuam nos mais diversos setores da vida brasileira: política, medicina, meio empresarial, judicial, acadêmico etc.

Os termos acrescentados têm a função de esclarecer o termo anterior (no caso, discriminam os setores da vida brasileira em que imigrantes japoneses atuam).

Observe agora mais duas frases:

O navio aportou às 9h30min no cais nº 14 (atual armazém 16).
"Esse grupo permaneceu alojado por alguns dias na Hospedaria dos Imigrantes, hoje Museu do Imigrante [...]."

Nelas, os termos "**atual armazém 16**" e "**hoje Museu do Imigrante**" referem-se a um nome que os antecede, acrescentando-lhes informações, identificando-os.

Damos o nome de **aposto** ao termo da oração que tem a função de esclarecer, explicar, identificar, discriminar um substantivo ou palavra equivalente a um substantivo.

Vera Basile Foto: Memorial do Imigrante, São Paulo (SP)/Arquivo da editora

Chegada de imigrantes japoneses na estação ferroviária da Hospedaria dos Imigrantes (São Paulo, SP), na década de 1930.

Como você pôde observar nos exemplos apresentados, entre o aposto e o nome a que ele se refere há uma pausa, marcada na escrita por um sinal de pontuação.

Aposto é o termo da oração que sempre se relaciona a um nome (um substantivo ou uma palavra equivalente) que o antecede com a função de explicar, esclarecer, identificar ou discriminar esse nome.

Existe um tipo de aposto que normalmente não vem separado por sinais de pontuação. Isso ocorre quando se refere a um substantivo empregado em sentido genérico, especificando-o, como nos exemplos que seguem:

"Eram, no total, 781 pessoas a bordo do vapor **Kasato-Maru** [...]."
aposto

"Esse grupo permaneceu alojado por alguns dias na Hospedaria **dos Imigrantes** [...]."
aposto

Nesses exemplos, **Kasato-Maru** e **dos Imigrantes** referem-se, respectivamente, aos substantivos **vapor** e **hospedaria**, especificando-os. Exercem, portanto, a função de aposto.

Vocativo

Observe as frases a seguir:

"**Xará**, um rio pode ser o riso líquido das crianças
ou as lágrimas secas dos velhos." (Lourenço Diaféria)

"Como é agradável e espantosa sua história,
maninha." (*Livro das mil e uma noites*)

Nelas, os termos **xará** e **maninha** têm a função de chamar ou interpelar o interlocutor. A esse termo da oração damos o nome de **vocativo**.

Vocativo é um termo independente dentro da oração. Não faz parte nem do sujeito nem do predicado. Sua função é chamar ou interpelar o interlocutor. Na escrita, deve vir sempre separado por sinal de pontuação (vírgula ou ponto de exclamação); quando se quer enfatizá-lo, costuma-se precedê-lo por uma interjeição de chamamento. Quanto à posição, o vocativo pode vir no começo, no meio ou no fim da frase.

Atividades

Atualmente, a colônia japonesa no Brasil está dividida em:
Isseis (japoneses de primeira geração, nascidos no Japão): 13%;
Nisseis (filhos de japoneses): 31%;
Sanseis (netos de japoneses): 41%;
Yonseis (bisnetos de japoneses): 13%.

Disponível em: <http://www.saopaulo.sp.gov.br/imigracaojaponesa/historia.php>. Acesso em: 17 fev. 2012.

1. No texto acima, qual a função das informações entre parênteses?

2. Fora de contexto, a frase abaixo é ambígua, isto é, apresenta mais de um sentido.

   Lavínia, mulher de Eneias, teve um filho, Sílvio.

   Comente a razão da ambiguidade, explicando os dois possíveis sentidos da frase.

3. Reescreva os trechos a seguir no caderno, eliminando os apostos e os vocativos, se houver.
   a) Meus senhores, a enorme expansão demográfica surge a mim, etnólogo, como um fenômeno capital.
   b) A palestra, meus colegas, será proferida amanhã, sábado, pelo professor, um especialista no assunto.

c) O barbeiro disse que esse era O Cavaleiro da Triste Figura, vingador das ofensas, amparo das donzelas, assombro dos gigantes, que vinha acompanhado de seu fiel escudeiro, Sancho Pança.

d) Guimarães Rosa, autor de *Sagarana*, um livro de contos, nasceu em Cordisburgo, uma cidade de Minas Gerais.

e) Segundo a lenda, o Minotauro, um ente mitológico com corpo de homem e cabeça de touro, vivia em Creta, uma ilha grega.

4. Amplie as frases, acrescentando um aposto para a palavra em destaque. Use o seu caderno.

a) Irei passar as férias em **Recife**.
b) **Renato** solicitou que lhe entregassem a autorização.
c) Descobri a grande razão da minha **vida**.
d) O **rio** transbordou com as chuvas.
e) **Brasília** é uma cidade planejada.

5. Leia esta tirinha:

BROWNE, Dik e Chris. *O melhor de Hagar, o Horrível*. Porto Alegre: L&PM, 2007. p. 117. v. 5.

No primeiro quadrinho, um termo exerce a função sintática de vocativo e outro de aposto. Quais são esses termos?

algo a +

Desde 1990, o fluxo de imigrantes mudou de direção. O *boom* econômico e a falta de mão de obra fizeram com que o Japão mudasse sua legislação, permitindo que os descendentes de japoneses recebessem visto de longa estadia e pudessem trabalhar livremente no país. Foi a partir de então que se popularizou o termo *dekassegui*, que, na língua japonesa, designa quem sai de sua terra para trabalhar temporariamente em outro lugar. Em 2007, o Ministério das Relações Exteriores do Japão declarou haver 317 mil brasileiros vivendo no país. Uma pesquisa realizada pela ABD [Associação Brasileira de *Dekasseguis*] traçou o perfil desses imigrantes. A maior parte, 73,3%, estudou até o Ensino Fundamental ou Médio; 22,9% trabalhavam como operários no Brasil e 17,5% declararam estudar no Ensino Médio antes de emigrar. Ou seja, o *dekassegui* médio é descendente de japoneses, com pouca escolaridade e com um emprego de baixa remuneração no Brasil. No Japão, 90% dos *dekasseguis* trabalhavam no setor de produção, ou seja, como operários em indústrias.

Disponível em: <http://revistaescola.abril.com.br/geografia/fundamentos/como-crise-economica-afetou-brasileiros-moram-japao-477617.shtml>. Acesso em: 14 dez. 2011.

Divulgação/Arquivo da editora

Dekassegui, curta-metragem de Roberto Maxwell, mostra um pouco da vida desses trabalhadores que se sentem japoneses no Brasil e brasileiros no Japão. Com Marcos Takeda. Disponível em: <http://blip.tv/roberto-maxwell/dekassegui-vers%C3%A3o-em-portugu%C3%AAs-20441>. Acesso em: 27 fev. 2012.

• Hora do texto

O ábaco do vô Felipe

Três vezes por ano meus pais me levavam até a casa do vô Felipe e da vó Póli para comemorar as festas judaicas. Meus pais nunca ligaram muito para a tradição. Minha irmã e eu também não. Mas a gente sempre ia a essas festas, porque meus avós ligavam; e também era uma chance de a família inteira se reunir.

O vô Felipe e a vó Póli eram os pais do meu pai. Eles nasceram na Ucrânia, que naquela época fazia parte da Rússia. Para escapar de lá, onde muitos judeus foram perseguidos – só porque eram judeus! –, eles rastejaram, escondidos, através de uma plantação de milho. Cruzaram a fronteira e pegaram um navio para o Brasil. Acabaram indo morar em Porto Alegre.

O que você faria se tivesse de se mudar sozinho para a Rússia? Ia ficar apavorado, não ia? Pois muita gente veio da Rússia e de outros países para o Brasil no fim do século passado ou no início deste. Lá na Europa não havia trabalho para todo mundo e as pessoas estavam passando fome; ou eram perseguidas, como meus avós, por seguirem outra religião. Precisava ter muita coragem para sair de lá e se mudar para tão longe, como o Brasil ou os Estados Unidos. Devia ser tão estranho para eles como seria para nós ir morar na Rússia.

Quando o vô Felipe e a vó Póli chegaram ao Brasil, só falavam russo e ídiche. Tiveram de se virar para aprender português e conseguir ganhar a vida. No começo, o vô Felipe vendia tecidos de porta em porta. Acabou juntando dinheiro e abriu uma loja no centro da cidade.

ídiche: língua germânica falada por judeus, especialmente na Europa Central e Oriental.

Vera Basile/Arquivo da editora

Nas tardes em que minha mãe me levava ao centro para fazer compras, passava sempre comigo na loja. Era uma sala comprida, um pouco escura, com rolos grandes de tecido nas prateleiras. Meu avô pegava os rolos para mostrar aos clientes, e eles faziam um barulho gostoso quando caíam pesados no balcão.

Eu adorava ver aqueles metros e metros de tecido colorido; mas o que eu mais gostava, mesmo, era da máquina de calcular do vô Felipe. Naquela época, ainda não existiam calculadoras como as de hoje, muito menos computador. No canto do balcão, fica-

Vera Basile/Arquivo da editora

va uma máquina registradora, dessas que a gente ainda vê de vez em quando em lojinhas antigas.

Tinha muitas teclas de números e uma manivela grande do lado, que fazia *triiimm* quando alguém acabava a conta. Mas não é dessa máquina que eu estou falando. Os funcionários faziam contas na registradora, mas o meu avô usava outra coisa, muito mais simples: uma armação de madeira com fileira de arames onde corriam umas bolinhas. Era o que se chamava *ábaco*, uma das máquinas de calcular mais antigas que existem. Até hoje se usam esses ábacos na China, na Rússia e em alguns outros países.

Nunca entendi bem como fazer contas no ábaco. O que eu sei é que cada bolinha movida de um lado para outro da fileira representa uma unidade, uma dezena, uma centena, e assim por diante. As contas são feitas movendo e contando as bolinhas.

O mais impressionante era o seguinte: meu avô fazia conta no ábaco mais rápido do que os funcionários na registradora. E a registradora, claro, fazia a conta sozinha, mas o ábaco não. O ábaco só ajudava; quem fazia as contas mesmo era o vô Felipe.

Na certa ele ia perder agora de qualquer calculadora. Mas tenho certeza de que não trocaria o ábaco por nada. Porque não servia só para ajudar nas contas. Era um mundo inteiro que meu avô tinha trazido da Rússia. A cada conta, era como se estivesse de novo naquele mundo, que ele deixara para trás mas que de certa forma nunca deixou.

NESTROVSKI, Arthur. *Histórias de avô e avó*. São Paulo: Companhia das Letrinhas, 1999. p. 21-23.

máquina registradora: máquina empregada para registrar o montante a ser pago pelo cliente, calcular o troco, guardar o dinheiro e emitir o comprovante de pagamento.

Caio Guatelli/Folhapress

Arthur Nestrovski nasceu em Porto Alegre em 1959. É escritor, jornalista e doutor em música e literatura. *Histórias de avô e avó* é uma obra de caráter autobiográfico em que Nestrovski reconta histórias que ouviu de seus avós, imigrantes russos de origem judaica. Para mais informações sobre Arthur Nestrovski, visite seu *site* oficial <www.arthurnestrovski.com>.

Gênero textual RELATO

O relato tem seu foco em acontecimento vivido por determinada pessoa, cuja intenção é dividir com outras sua experiência, por ser marcante e única. Contém uma pequena narração, mas sem as características e a organização do conto, que gira em torno do imaginado. O relato costuma apresentar marcas de autoria claras (verbos e pronomes na primeira pessoa; expressões como "lembro-me", "naquela época eu costumava...") e expressão de sentimentos ("aquilo deixava-me ansioso(a)/ emocionado(a)"). Por ser o registro de experiências vividas situadas no tempo, traz à luz os fatos do passado em diálogo com o presente ("naquela época" / "naquele tempo" / "hoje" / "atualmente"/"agora").

Expressão escrita

1. *O ábaco do vô Felipe* é um relato em que se pode observar uma mescla de pontos de vista: o do menino e o do adulto. No caderno, coloque os trechos a seguir em duas colunas. Na primeira, os que são contados do ponto de vista do adulto; na segunda, os contados do ponto de vista da criança.

a) "Eles nasceram na Ucrânia, que naquela época fazia parte da Rússia. Para escapar de lá, onde muitos judeus foram perseguidos – só porque eram judeus! –, eles rastejaram, escondidos, através de uma plantação de milho. Cruzaram a fronteira e pegaram um navio para o Brasil. Acabaram indo morar em Porto Alegre."

b) "O mais impressionante era o seguinte: meu avô fazia conta no ábaco mais rápido do que os funcionários na registradora. E a registradora, claro, fazia a conta sozinha, mas o ábaco não. O ábaco só ajudava; quem fazia as contas mesmo era o vô Felipe."

c) "Pois muita gente veio da Rússia e de outros países para o Brasil no fim do século passado ou no início deste. Lá na Europa não havia trabalho para todo mundo e as pessoas estavam passando fome; ou eram perseguidas, como meus avós, por seguirem outra religião."

d) "Era uma sala comprida, um pouco escura, com rolos grandes de tecido nas prateleiras. Meu avô pegava os rolos para mostrar aos clientes, e eles faziam um barulho gostoso quando caíam pesados no balcão."

e) "No canto do balcão, ficava uma máquina registradora, dessas que a gente ainda vê de vez em quando em lojinhas antigas".

2. Por se tratar de um relato de acontecimentos vividos, o texto apresenta o predomínio de um tipo de sequência. Qual?

3. Responda no caderno: de onde vieram vô Felipe e vó Póli? Em que época? Como vieram para cá? Em que cidade se estabeleceram?

4. Observe esta passagem do texto:

> "Meus pais nunca ligaram muito para a tradição.
> Minha irmã e eu também não."

A que tradição o autor se refere? Escreva sua resposta no caderno.

5. Escreva no caderno os motivos que levaram vô Felipe e vó Póli a deixarem a Ucrânia e a emigrarem para o Brasil.

6. No caderno, responda: que tipo de trabalho vô Felipe exercia no Brasil?

7. Embora atualmente haja instrumentos mais rápidos para se fazerem contas (calculadoras e computadores), o neto afirma que, mesmo assim, vô Felipe continuaria a usar o ábaco. Por que ele tem tanta certeza disso? Registre sua opinião no caderno.

8. Escreva em seu caderno o que você faria se tivesse de se mudar sozinho para a Rússia.

Para além do texto

Faça uma enquete com seus colegas a fim de descobrir que povos estão representados em sua sala de aula. Para tanto, pergunte a eles de que nacionalidade eles descendem. Obtidas as respostas, transforme-as em números e elabore um *ranking* das origens de seus colegas. Você poderá, se julgar interessante, apresentar o *ranking* em forma de gráfico.

• A linguagem dos textos

Fatos e argumentos

Você viu que, em textos em que predomina a argumentação, apresentamos opiniões que refletem nosso modo de pensar, de julgar as coisas; por isso opiniões têm caráter pessoal. Veja que dizemos: *em minha opinião*; *a opinião de meu pai*; *a opinião do jornalista*. Precisamos, contudo, estar cientes de que nem sempre nossos interlocutores concordarão com as opiniões que expomos em nossos textos. Eles podem discordar de nosso modo de pensar, argumentando em contrário, defendendo pontos de vista diferentes dos nossos, principalmente em relação a temas polêmicos. Assim, pode haver argumentos bem fundamentados que revelem visões antagônicas sobre um mesmo tema, porque as opiniões são fruto da vivência, assim como da formação cultural, religiosa, ética e política de um indivíduo.

Se opiniões podem ser discutidas, o mesmo, porém, não ocorre com os fatos. Você certamente já ouviu o ditado "contra fatos não há argumentos". Mas o que é um fato?

Veja a seguir algumas definições de fato, extraídas de dicionários:

"algo cuja existência pode ser constatada de modo indiscutível". (*Houaiss*)

"aquilo que é verdadeiro, real." (*Dicionário escolar da língua portuguesa ABL*)

"o que tem sua veracidade reconhecida." (*Minidicionário Luft*)

"o que é real ou verdadeiro." (*Dicionário Aulete*)

Podemos, em outras palavras, dizer que fato é a coisa ou a ação feita, fruto de uma observação cuidadosa e relevante que, em consequência, leva-nos a uma certeza, já que pode ser comprovado.

Podemos ter diferentes opiniões sobre a qualidade técnica da atual Seleção Brasileira de futebol, por exemplo – afinal, como dissemos, opiniões se discutem –, mas não podemos negar que o Brasil foi campeão mundial de futebol, pois isso já foi observado, registrado e pode, portanto, ser comprovado, ou seja, é um dado concreto, um fato.

Distribuição da população japonesa no Brasil após 1930

Evolução da imigração japonesa no Brasil entre 1910 e 1939

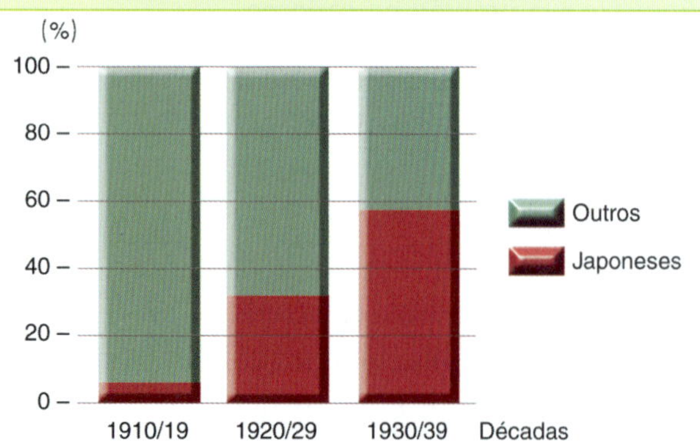

Fonte para o mapa e o gráfico: CAMPOS, Flávio de; DOLHNIKOFF, Miriam. *Atlas*: História do Brasil. São Paulo: Scipione, 2000. p. 45.

◀ O gráfico ao lado e o mapa acima também trazem informações sobre a imigração japonesa no Brasil, tema tratado no texto de abertura deste capítulo.

O texto que abre este capítulo nos apresenta fatos que podem ser comprovados por documentos históricos ou até por depoimentos de pessoas que participaram diretamente deles. Você poderá encontrar as mesmas informações em outros textos (na internet, em enciclopédias, em livros de História, em arquivos de museus etc.). Esses fatos, quando documentados ou medidos, vão se constituir em dados.

Releia o primeiro parágrafo do texto:

"A imigração japonesa no Brasil teve início em 18 de junho de 1908, com a vinda de 733 pessoas, que compunham 165 famílias de agricultores, e mais 48, que vieram sem os seus familiares. Eram, no total, 781 pessoas a bordo do vapor Kasato-Maru, que aportou às 9h30min no cais nº 14 (atual armazém 16), no Porto de Santos. Esse grupo permaneceu alojado por alguns dias na Hospedaria dos Imigrantes, hoje Museu do Imigrante, na capital, antes de seguir viagem para as fazendas de café no interior do estado de São Paulo e também de outros estados."

Coleção particular/Arquivo da editora

Observe que, ao citar a primeira leva de imigrantes japoneses no Brasil, o autor nos informa o dia exato (18 de junho de 1908), a hora exata (9h30min) e o local exato (cais nº 14 do Porto de Santos), assim como o nome do navio (Kasato-Maru) e o número de imigrantes que chegaram (781, sendo 733 pessoas pertencentes a 165 famílias de agricultores e mais 48 que vieram sem seus familiares).

A preocupação com a exatidão dos fatos leva o autor, inclusive, a atualizar certos dados para o leitor: o cais nº 14 é o atual armazém 16, e a Hospedaria dos Imigrantes é o atual Museu do Imigrante.

Os fatos, no entanto, não são usados apenas em textos expositivos. Por expressarem verdades que podem ser comprovadas, são também usados como argumentos, já que, por meio deles, podemos formar a convicção do interlocutor. Quando dizemos, por exemplo, "a prosperidade de um país depende de investimentos do governo em Educação", estamos lançando mão de um argumento factual que ao mesmo tempo expressa nossa opinião e procura convencer nosso interlocutor.

Produzindo texto

Apresentação de texto expositivo

Nesta unidade você leu textos e fez pesquisas para saber um pouco mais sobre povos que imigraram para o Brasil. Evidentemente, há no Brasil imigrantes de outras nacionalidades além daquelas citadas nos capítulos trabalhados. Provavelmente, onde você mora deve haver alguns.

Para encerrar esta unidade sugerimos que você produza um texto expositivo sobre estrangeiros (ou descendentes de estrangeiros) que vivem no Brasil.

A produção de um texto desse tipo exige inicialmente coleta de dados, e isso se dá basicamente por meio de pesquisa. Observe essa proposta de roteiro de pesquisa:

- Retome os textos e atividades já feitas.
- Busque mais dados em outras fontes (jornais, revistas, enciclopédias, internet).
- Delimite o tema, por exemplo, imigrantes (ou descendentes de) japoneses (ou alemães, ou italianos, ou espanhóis, ou bolivianos...) que vivem no Brasil.
- O importante é que seu texto não se atenha apenas à reprodução dos dados colhidos. Procure interpretá-los, dando uma explicação a eles.

Redigido o texto, sugerimos que você faça para seus colegas de classe uma apresentação, que é uma exposição oral a um público sobre algum assunto. Se você dispuser de um programa de computador para realizar apresentações, poderá usá-lo. Caso não possua, não há problema algum, pois os dados da apresentação poderão ser colocados em folhas de cartolina.

Para realizar a apresentação, você deverá dominar muito bem o assunto. A utilização de recursos como eslaides ou ilustrações em folhas de cartolina é um acessório, ou seja, sua função é complementar a apresentação, além de servir de roteiro para a exposição. Siga as recomendações a seguir:

- Não se alongue. Atenha-se ao essencial, que deverá ser colocado em forma de itens nos eslaides ou nas folhas de cartolina.
- Antes de iniciar a apresentação, identifique-se e diga que tema será exposto.
- Ao encerrá-la, não se esqueça de se despedir, agradecendo a atenção.
- Ao final da apresentação, você poderá entregar cópias do texto escrito que você redigiu para que seus ouvintes tenham material para ler e consultar depois.

Will & Deni McIntyre/Photoresearchers/Latinstock

Sigrid Olsson/Glow Images

Eric Audra/Glow Images

algo a +

O erro primordial no uso de recursos audiovisuais em apresentações é fazer deles a atração principal. É fácil cair na tentação de criar eslaides fantásticos, com filmes, animações, gráficos e fotos, e se esquecer do mais importante: o que o apresentador vai falar. Recursos audiovisuais devem ser apenas *suporte* para uma boa apresentação; muitas vezes, no entanto, o apresentador faz exatamente o contrário: vira um coadjuvante, um mero "leitor" de eslaides. [...]

Recomendações e sugestões para o uso de recursos audiovisuais:

- reserve tempo para interação, perguntas inesperadas e problemas técnicos;
- planeje de 2 a 3 minutos por eslaide;
- use imagens originais;
- use poucas palavras: seja conciso (escreva nos eslaides apenas as palavras-chaves e complete o restante oralmente);
- revise: use o corretor ortográfico para auxiliar na revisão de erros de grafia.

BLIKSTEIN, Izidoro. *Como falar em público:* técnicas de comunicação para apresentações. São Paulo: Ática, 2006.

Exercitando a crítica

Sobre o texto escrito

- Ele apresenta os dados de maneira clara e objetiva?
- Foram indicadas as fontes de onde os dados foram obtidos?
- Foi dado um título ao texto?

Sobre a apresentação

- Antes de iniciá-la, você se identificou e disse qual o assunto da apresentação?
- As imagens apresentadas (gráficos e tabelas) ajudaram a entender o texto?
- Nos eslaides ou cartolinas, as informações foram apresentadas em forma de itens?
- Ela foi feita com objetividade?
- Manteve o interesse dos colegas enquanto durou?

José Luís Juhas/Arquivo da editora

Grupo de criação

Nestes últimos quatro capítulos você viu que, em razão de fatores econômicos e até mesmo religiosos, muitas pessoas abandonaram seus países de origem para se estabelecer no Brasil, por vontade própria ou não. Sírios, libaneses, italianos, japoneses, ucranianos, africanos, coreanos, bolivianos, paraguaios, argentinos e outros tantos povos deixaram seus descendentes em nosso país. Você viu também que há brasileiros que deixam nosso país para se estabelecer em outro.

A tarefa a ser realizada será uma exposição cujo tema é **Gente de todo o mundo**. Reúna-se com quatro ou cinco colegas para, juntos, realizarem este trabalho, que deverá ser apresentado aos demais colegas da escola e a seus familiares.

Você viu que, para realizar uma exposição, precisamos inicialmente coletar dados. Essa primeira tarefa poderá consistir em entrevistas e depoimentos. Você e seus colegas deverão "descobrir" pessoas – de preferência, de origens diferentes (imigrantes ou descendentes) – que possam fornecer dados relevantes a respeito do tema. Comuniquem às pessoas escolhidas, com antecedência, o dia e a hora da entrevista ou depoimento e peçam que, se possível, forneçam material para enriquecer a exposição: fotos, roupas típicas, histórias, receitas culinárias, instrumentos musicais, objetos religiosos, brinquedos...

Wael Hamzeh/Corbis/Latinstock

Mulher vestida com roupa típica libanesa.

Dilmar Cavalher/Arquivo da editora

Bonecos africanos feitos de ferro.

L. C. Leite/Agência Estado

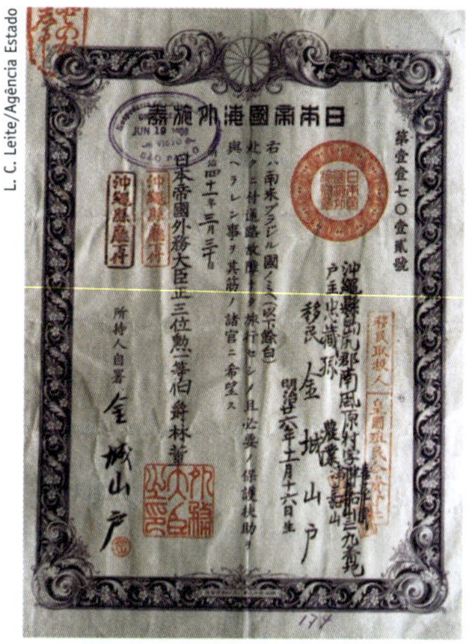

Documento de imigrante japonês com visto de entrada no Brasil carimbado com data de 19 de junho de 1908.

Léo Burgos/Arquivo da editora

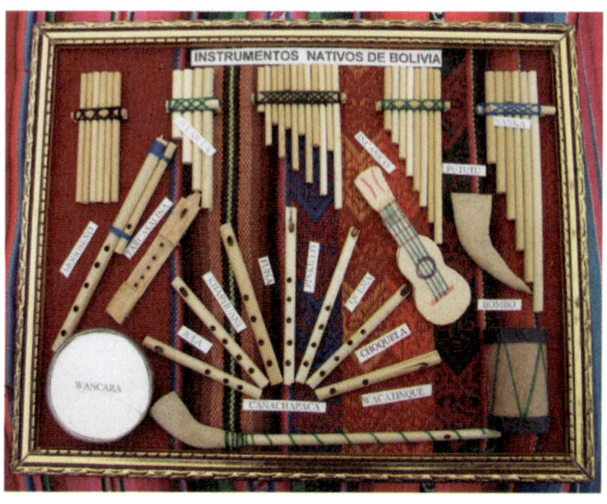

Painel com instrumentos musicais típicos da Bolívia.

El Nariz/Shutterstock/Glow Images

Pizza, iguaria típica italiana.

O objetivo das entrevistas e dos depoimentos é descobrir as razões pelas quais essas pessoas deixaram seu país de origem para viver no Brasil, bem como conhecer um pouco mais sobre a cultura e as tradições de outros povos.

Para as entrevistas, elabore, com seu grupo, um questionário, procurando obter os seguintes dados sobre os entrevistados:

a) país de origem;
b) por que deixaram o país;
c) época da emigração;
d) caminho da emigração:
   - como vieram?
   - vieram diretamente para o Brasil ou passaram antes por outro país?
e) como foi o processo de adaptação;
f) atividades que desenvolveram no Brasil;
g) costumes e tradições do país de origem (se são mantidos ou foram abandonados).

Para os depoentes, esclareça os motivos pelos quais você está colhendo o depoimento e peça-lhes autorização para transcrever textos das declarações.

Terminadas as entrevistas e os depoimentos, realizem uma pesquisa sobre o país de origem dos entrevistados: localização, sistema de governo, população atual, religião predominante, língua, clima, moeda, principais atividades econômicas etc. A pesquisa pode ser feita em livros, enciclopédias, atlas e na internet. Se necessário, peçam ajuda ao professor de Geografia.

O grupo pode também elaborar cartazes com mapas que ilustrem a rota da emigração e que contenham dados como o número de imigrantes e de famílias, os aspectos da cultura do povo que para cá imigrou e sua influência no Brasil. Além dos cartazes, também podem ser expostos trajes ou objetos típicos desses povos ou pode ser realizada a apresentação de músicas e danças típicas e a degustação de um prato típico.

Pode-se pedir a algum imigrante (ou descendente) que compareça à exposição para contar uma história ou lenda de seu país de origem e falar sobre as brincadeiras de seu tempo de infância.

A exposição deve ser realizada em local adequado e precisa ser divulgada. Espalhem cartazes, elaborem convites, avisem os familiares e amigos, informando-os sobre o local e o horário da exposição. Bom trabalho!

Avaliação

Considere os seguintes itens na hora da avaliação:

- Todos os elementos do grupo se empenharam no trabalho?
- As pessoas que visitaram a exposição gostaram dela?
- Ela foi bem divulgada?
- Os cartazes apresentados eram interessantes?
- O que poderia ser feito para melhorar o trabalho?
- Se você gostou de ter feito esse trabalho, avalie a possibilidade de fazer uma nova exposição no próximo ano.

O que é o amor?

BROWNE, Dik. *Hagar, o Horrível*. Porto Alegre: L&PM, 1997. p. 60.

Vera Basile/Arquivo da editora

PARA COMEÇO DE conversa

1. Qual é a graça dessa tirinha?

2. O que é o amor para você?

3. Na canção "Monte Castelo", Renato Russo toma emprestados os versos do poeta português Luís de Camões e diz:

   "O amor é fogo que arde sem se ver
   É ferida que dói e não se sente
   É um contentamento descontente
   É dor que desatina sem doer".

   Comente esses versos e compare-os com a definição dada na tirinha.

• Hora do texto

José Luís Juhas/Arquivo da editora

As sem-razões do amor

Eu te amo porque te amo.
Não precisas ser amante,
E nem sempre sabes sê-lo.
Eu te amo porque te amo.
Amor é estado de graça
E com amor não se paga.

Amor é dado de graça
É semeado no vento,
Na cachoeira, no eclipse.
Amor foge a dicionários
E a regulamentos vários.

Eu te amo porque não amo
Bastante ou demais a mim.
Porque amor não se troca,
Não se conjuga nem se ama.
Porque amor é amor a nada,
Feliz e forte em si mesmo.

Amor é primo da morte,
E da morte vencedor,
Por mais que o matem (e matam)
A cada instante de amor.

ANDRADE, Carlos Drummond de. *A palavra mágica*. Seleção de Luzia de Maria. 4. ed. Rio de Janeiro: Record, 1998. p. 55.

Rogério Reis/ Arquivo da editora

Carlos Drummond de Andrade nasceu em Itabira, no estado de Minas Gerais, em 1902. Grande questionador dos dilemas de seu tempo, ele é considerado um dos maiores poetas brasileiros. Entre seus poemas mais conhecidos estão: "José", "No meio do caminho", "Congresso internacional do medo" e "Cidadezinha qualquer". Também publicou muitas crônicas, em jornais variados. Faleceu no Rio de Janeiro em 1987.

Expressão oral

Uma das condições para se fazer uma boa leitura em voz alta é a compreensão do que se lê. Ela determinará as pausas, as ênfases, o ritmo da leitura.

Leia o poema **As sem-razões do amor** silenciosamente, atentando para o seu sentido e procurando determinar onde as pausas devem ser feitas. Depois, faça a leitura em voz alta, respeitando o ritmo que o poeta imprimiu em seu texto. Observe, por exemplo, o que ocorre nos quatro versos a seguir:

"Eu te amo porque não amo
Bastante ou demais a mim.
Porque amor não se troca,
Não se conjuga nem se ama."

José Luís Juhas/Arquivo da editora

As pausas mais fortes deverão ser feitas ao final do segundo e do quarto versos. Do primeiro para o segundo, há uma continuidade; se for feita uma pausa no final do primeiro verso, seu sentido estará prejudicado. Entre o terceiro e o quarto, há uma pausa leve – a pausa da vírgula.

Observe esses aspectos no poema inteiro e leia-o com as pausas adequadas e muita expressividade.

Expressão escrita

1. O poema inicia-se com uma afirmação: "Eu te amo porque te amo.".

a) Duas pessoas são mencionadas nesse verso. No caderno, indique quem são e as palavras utilizadas para mencioná-las.

b) Tendo em vista o fato de que a conjunção **porque** é utilizada para dar a causa, a explicação, a justificativa de alguma coisa, comente, em seu caderno, a segunda parte desse verso.

2. Procure no dicionário o significado da palavra **amante**. Com que sentido ela é usada no segundo verso? Depois de ler o segundo e o terceiro versos, você diria que o eu poético é amado?

3. Releia os versos do quadro e responda às questões:

"Amor é estado de graça / E com amor não se paga."

a) Esses versos fazem referência a um famoso dito popular. Você sabe qual? Escreva em seu caderno esse dito.

b) Entre esses dois versos, há uma relação de concordância ou de oposição de ideias? Explique.

4. Leia:

"Amor é dado de graça / É semeado no vento, / Na cachoeira, no eclipse."

Para você, o que significa "semear no vento, na cachoeira, no eclipse"?

5. O que significa a expressão "foge a dicionários" nos versos abaixo?

"Amor foge a dicionários / E a regulamentos vários."

6. Regulamentos são normas, regras. Você concorda com o eu poético sobre o fato de que o amor foge a "regulamentos vários"? Explique em seu caderno.

7. Mário de Andrade, um dos maiores nomes de nossa literatura, escreveu um livro cujo título é *Amar, verbo intransitivo*. Você já sabe que o verbo **amar** é transitivo: quem ama ama **alguém** ou **alguma coisa**. Em sua opinião, qual é o significado desse título? Que versos do poema podem ser associados a ele?

Editora Villa Rica/Arquivo da editora

8. No poema, o eu poético explora a ideia de que o ato de amar não depende de uma possível retribuição ou recompensa. Na última estrofe, ele acrescenta a ideia de que o amor é passageiro. Responda no caderno:
   a) Em sua opinião, quando ele diz que o "Amor é primo da morte", a que amor estaria se referindo? (Pense nos dois últimos versos.)
   b) E quando ele diz que o amor é "da morte vencedor", de que amor estaria falando? Afinal, que amor vence a morte?

9. Agora que você já discutiu alguns sentidos do poema, justifique, no caderno, a escolha do título **As sem-razões do amor**.

10. Se pensássemos apenas no som desse título, poderíamos interpretá-lo como "As cem razões do amor", o que seria bem diferente. É possível fazer uma lista de cem razões para amar? Cite algumas em seu caderno.

Para além do texto

Em sentido horário, os poetas Manuel Bandeira, Ferreira Gullar, Cecília Meireles e Carlos Drummond de Andrade.

Sarau

Leia outros poemas de Carlos Drummond de Andrade, especialmente aqueles em que o poeta fala do amor. Aproveite para ler também outros poetas, como Manuel Bandeira, Cecília Meireles, Vinicius de Moraes e Ferreira Gullar.

Depois, organize um sarau com seus colegas de classe. Como você já está finalizando o 8.º ano e já tem experiência de leitura, capriche na expressividade. Se você ou um colega souber tocar algum instrumento, essa leitura pode ser incrementada com um fundo musical.

Canções que falem de amor também podem compor a sessão.

Boa leitura!

• Gramática no texto

- Releia os versos:

"Não precisas ser amante, / E nem sempre sabes sê-**lo**."

a) A forma **lo** (em **sê-lo**) é uma variação do pronome demonstrativo **o** (= isso) que se refere, nesses versos, a um termo mencionado anteriormente. Escreva em seu caderno que termo é esse.

- Releia estes versos:

"Amor é primo da morte, / E da morte vencedor, / Por mais que o matem (e matam) / A cada instante de amor."

b) Transcreva-os no caderno, colocando os termos do segundo verso na ordem direta. Depois, compare o resultado com a forma original. O que se enfatiza nos versos?

c) O verbo **matar** foi usado duas vezes no terceiro verso, primeiramente no presente do subjuntivo, depois, entre parênteses, no presente do indicativo. Explique, no caderno, o que a forma entre parênteses exprime.

- Releia o verso:

"Porque amor é amor a nada"

d) Reescreva esse verso no caderno, substituindo **nada** por **ela**, **nós**, **Maria**, **João** e **pessoa alguma**.

e) O que acontece com a palavra **a**? A que classe gramatical ela pertence? Ela é exigida por qual outra palavra do verso?

- Releia o título do poema:

As sem-razões do amor

José Luis Juhas/Arquivo da editora

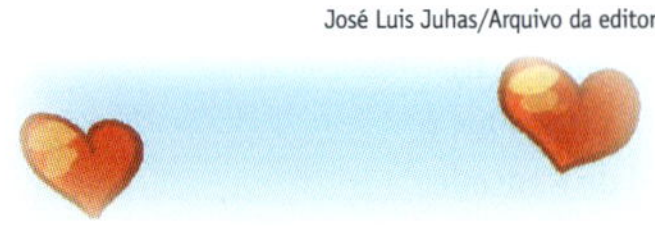

f) Substitua **sem-razões** por **motivos**, e depois por **causa**. O que ocorre com o artigo **as**?

g) Que função o artigo desempenha?

A preposição a

Nem sempre é fácil identificar a preposição **a**. Ela pode ser confundida com o artigo, com o pronome pessoal ou com o pronome demonstrativo **a**. Observe:

Você percebeu **a** graça desses versos?
↓
artigo (determina o substantivo feminino graça**)**

De todas as formas de literatura, **a** que me agrada mais é a poesia.
↓
pronome demonstrativo (= aquela)

Você conhece a poesia de Drummond? Quanto mais **a** leio, mais me encanta.

↓ **pronome pessoal (substitui o substantivo** poesia**)**

A poesia resiste **a** guerras e **a** tormentas.

↓ **preposição** ↓ **preposição (exigidas pelo verbo** resistir: resistir **a alguma** coisa**)**

Você sabe que o artigo, o pronome demonstrativo e o pronome pessoal sofrem alterações em sua forma, de acordo com as palavras a que se referem. Veja:

- Artigo

Você percebeu **o**(**s**) valor(es) desses versos?

Você percebeu **a**(**s**) beleza(s) desses versos?

- Pronome demonstrativo

De todas as formas de texto, o poema é **a** (= aquela forma) que mais aprecio.

De todas as formas de texto, os poemas são **as** (= aquelas formas) que mais aprecio.

- Pronome pessoal

Você conhece o(s) **poema**(**s**) de Drummond? Quanto mais **o**(**s**) leio, mais o admiro.

Você conhece a(s) **obra**(**s**) de Drummond? Quanto mais **a**(**s**) leio, mais o admiro.

Isso não ocorre com a preposição. Veja:

"Amor foge **a** dicionários"	"Porque amor é amor **a** nada"
Amor foge **a** dicionário.	Porque amor é amor **a** ela.
Amor foge **a** definições.	Porque amor é amor **a** João.
Amor foge **a** qualquer definição.	Porque amor é amor **a** qualquer pessoa.

A preposição permanece inalterada porque seu papel, nesses casos, é o de relacionar um verbo (**foge**) ou um nome (**amor**) a um termo exigido por eles:

- quem (ou o que) foge foge **a** *alguma coisa*;
- quem tem amor tem amor **a** *alguma coisa* ou **a** *alguém*.

Expressões e locuções

A preposição **a** também entra na composição de um grande número de expressões e locuções: pouco **a** pouco, gota **a** gota, **a** propósito, **a** respeito, **a** seguir, começar **a** chorar, daqui **a** pouco etc.

Atividade

- Leia os trechos a seguir. Depois, copie em seu caderno os termos em destaque e classifique-os como **artigo**, **pronome pessoal**, **pronome demonstrativo** ou **preposição**.

Rancho das namoradas

Já vem raiando **a** madrugada
Acorda, que lindo!
Mesmo **a** tristeza está sorrindo
Entre as flores da manhã [...]
Se abrindo nas cores do céu
O véu das nuvens que esvoaçam
Que passam pela estrela **a** morrer
Parecem nos dizer
Que não existe beleza maior
Do que o amanhecer
E no entanto maior
Bem maior que **a** do céu
Bem maior que **a** do mar
Maior que toda **a** natureza
É **a** beleza que tem **a** mulher namorada
[...]

José Luís Juhas/Arquivo da editora

MORAES, Vinicius de. *Poesia completa e prosa*. Rio de Janeiro: Nova Aguilar, 1998. p. 803.

"E por que desejava ser curandeira? Para ser respeitada? Para ganhar dinheiro? Para ter poder sobre os outros? Talvez. Mas principalmente para se aproximar da imagem da mãe, para compartilhar dos segredos da mulher que **a** amamentara com fartas tetas, que **a** embalara salmodiando cantigas de ninar num estranho idioma. Tornar-se curandeira não lhe seria difícil, porém. Sabia algumas rezas, conhecia algo de plantas medicinais; mas **a** mãe nunca lhe ensinara nada. Em vez disto, entregara-**a** **a** uma estranha, dizendo, vai, Rosa, vai para **a** cidade grande, será bom para ti. E ali estava ela, tentando recuperar, à distância, conhecimentos que nunca tivera, habilidades que nunca dominara; tentando encontrar seu próprio caminho, lutando contra o desânimo que muitas vezes **a** invadia e que **a** fazia chorar horas **a** fio."

SCLIAR, Moacyr. *Introdução à prática amorosa*. São Paulo: Scipione, 1997. p. 26-7.

A crase

Em determinados enunciados, a preposição **a** se funde com o artigo **a**, com o pronome demonstrativo **a**, com o **a** dos pronomes demonstrativos **aquele**(**s**), **aquela**(**s**), **aquilo**, ou do pronome relativo **a**(**s**) **qual**(**is**), para formar **à**(**s**), **àquele**(**s**), **àquela**(**s**), **àquilo**, **à**(**s**) **qual**(**is**).

O sinal que representa essa fusão – a **crase** – é o acento grave (`).

Ocorre que a pronúncia do **à** em nada se diferencia da pronúncia do artigo **a**, da preposição **a** ou dos pronomes pessoal e demonstrativo **a**. Portanto, o maior problema que se apresenta em relação à crase é o da escrita. Afinal, como saber quando se deve registrar o acento que indica a crase?

- Você já sabe que determinados verbos e nomes exigem a preposição **a**. No enunciado "Amor foge a dicionários", o **a** é a preposição exigida pelo verbo **fugir**: quem foge foge **a** alguma coisa. Em "[...] amor é amor a nada", o nome **amor** também exige a preposição **a**: quem tem amor tem amor **a** alguma coisa.
- Você sabe também que, em geral, os nomes femininos admitem o artigo **a(s)**. No título **As sem-razões do amor**, o **as** é o artigo que determina o nome **sem-razões**.
- Quando essas duas condições se reúnem, ocorre a crase. Veja:

O amor foge **a** **as** mais variadas definições.

↓ ↓

preposição (exigida pelo verbo fugir) — **artigo** (determinante do substantivo feminino definições)

O amor foge **às** mais variadas definições.

Declaramos nosso amor **a** **a** poesia.

↓ ↓

preposição (exigida pelo substantivo amor) — **artigo** (determinante do substantivo feminino poesia)

↓

Declaramos nosso amor **à** poesia.

Esse é o princípio básico que norteia o uso do acento indicativo da crase, que você vai usar nas atividades para fixá-lo.

Saiba, também, que em muitas locuções adverbiais formadas com palavras femininas e expressões indicadoras de horas ocorre acento grave: às pressas, à direita, à esquerda, à noite, à tarde, às avessas, à mão, às escuras, à meia-noite, às duas horas etc.

Lembrete

As preposições **a**, **de**, **em** e **por** costumam associar-se a outras classes de palavras. Veja:

a + artigo:	**ao(s), à(s)**
a + pronome demonstrativo:	**àquele(s), àquela(s), àquilo**
a + pronome relativo:	**ao(s) qual(is), à(s) qual(is)**
de + artigo:	**do(s), da(s), dum(ns), duma(s)**
de + pronome demonstrativo:	**deste(s), desta(s), disto, desse(s), dessa(s), disso, daquele(s), daquela(s), daquilo**
de + pronome indefinido:	**doutro(s), doutra(s)**
de + pronome relativo:	**do(s) qual(is), da(s) qual(is)**
de + pronome pessoal:	**dele(s), dela(s)**
de + advérbio:	**daqui, dali**
em + artigo:	**no(s), na(s), num(ns), num(a)**
em + pronome demonstrativo:	**neste(s), nesta(s), nisto etc.**
em + pronome indefinido:	**noutro(s), noutra(s)**
em + pronome pessoal:	**nele(s), nela(s)**
em + pronome relativo:	**no(s) qual(is), na(s) qual(is)**
por + artigo:	**pelo(s), pela(s)**

Atividades

1. Reescreva as frases a seguir, completando-as com as preposições que faltam no lugar do ▲. Associe essas preposições às palavras em destaque.

a) Procuramos ser agradáveis ▲ **as** pessoas de quem mais gostamos.

b) Sabe que gostar ▲ **ele** é pura perda de tempo.

c) Como saber se está realmente apaixonado ▲ **a** outra pessoa?

d) Quem pode sentir-se superior ▲ **o** amor?

e) Quem pode sentir-se superior ▲ **as** outras pessoas?

f) No final das contas, acabamos obedecendo ▲ **os** nossos sentimentos.

g) Como não querer bem ▲ **aqueles** que nos amam?

h) Podemos nos rever ▲ **este** mesmo lugar?

José Luís Juhas/Arquivo da editora

2. Verifique se ocorre crase em cada **a** destacado nas frases a seguir. Para isso, você precisa descobrir se há fusão da preposição **a** com o artigo feminino **a**. Siga os passos dos exemplos:

Frase: Fomos **a** Salvador.
Verificar se o verbo ***ir*** *exige preposição* ***a***: ir **a** algum lugar → exige preposição **a**.
Verificar se ***Salvador*** *admite artigo*: Salvador é uma bela cidade. Gosto de Salvador. → não admite artigo.
O **a** é apenas preposição. Não há crase.

Frase: Depois de muito tempo, voltei **a** cidade onde nasci.
Verificar se o verbo ***voltar*** *exige preposição* ***a***: voltar **a** algum lugar → exige preposição **a**.
Verificar se ***cidade*** *admite artigo:* A cidade fica longe daqui. → admite artigo **a**.
Ocorre crase: Depois de muito tempo, voltei **à** cidade onde nasci.

---

a) Agradeço **a** todos.

b) Devo obedecer **a** ela?

c) Fomos **a** Curitiba naquelas férias.

d) Fomos **a** Bahia naquelas férias.

e) Queremos chegar **a** escola bem antes de o sinal tocar.

f) A referência **a** ela e **as** amigas agradou Carina.

3. Observe as palavras que vêm após o **a** e responda em seu caderno: são masculinas ou femininas? Admitem o artigo **a**? Ocorre acento grave?

a) A maior parte das telas da exposição foi pintada com tinta **a** óleo.

b) Prestações **a** partir de R$ 50,00.

c) **As** vezes, a gente se sente só...

d) Chegamos **a** praça logo que começou **a** chover.

• Hora do texto

TEXTO 1

O sempre amor

José Luís Juhas/Arquivo da editora

Amor é a coisa mais alegre
amor é a coisa mais triste
amor é coisa que mais quero.
Por causa dele falo palavras como lanças.
Amor é a coisa mais alegre
amor é a coisa mais triste
amor é coisa que mais quero.
Por causa dele podem entalhar-me,
Sou de pedra-sabão.
Alegre ou triste,
amor é coisa que mais quero.

PRADO, Adélia. *Bagagem*. Rio de Janeiro: Record, 2009. p. 86.

Carlos Vieira/Esp. CB/D.A Press

A poeta mineira Adélia Prado nasceu em 1935, na cidade de Divinópolis. Sua poética se caracteriza por ser delicada e contundente na medida exata. A precisão vocabular é outro ponto forte. Entre seus principais livros de poesia estão *Bagagem*, *O coração disparado* (que lhe rendeu o prêmio Jabuti), *Terra de Santa Cruz*, *O pelicano*, *A faca no peito* e *Oráculos de maio*. Em prosa, publicou *O homem da mão seca*, *Manuscritos de Felipa*, *Filandras*, entre outros.

TEXTO 2

Amor

Outro dia liguei o rádio e ouvi que faziam um concurso entre os ouvintes procurando uma definição para amor. As respostas eram muito ruins, até dava para se pensar que nem ouvintes nem locutores entendiam nada de amor realmente; o lugar-comum é mesmo o refúgio universal, que livra de pensar e dá, a quem o usa, a impressão de que mergulha a colher na gamela da sabedoria coletiva e comunga das verdades eternas. O que aliás pode ser verdade.

Mas a ideia de definição me ficou na cabeça e resolvi perguntar por minha conta. Tive muitas respostas. A impressão geral que me ficou do inquérito é que de amor entendem mais os velhos do que os moços, ao contrário do que seria de imaginar. E menos os profissionais que os amadores – digo os amadores da arte de viver, propriamente, e os profissionais do ensino da vida.

Vamos ver:

Dona Alda, que já fez bodas de ouro, diz que o amor é principalmente paciência. Indaguei: e tolerância? Ela disse que tolerância é apenas paciência com um pouco de antipatia. E diz que amor é também companhia e amizade. E saudade? Não, saudade não: saudade se tem das pessoas, das alegrias das coisas da mocidade, da infância dos filhos. Mas do amor? Não. Afinal, o amor não vai embora. Apenas envelhece, como a gente.

A jovem recém-casada me diz que o amor é principalmente materialismo. Todos os sonhos das meninas estão errados. Aquelas coisas que se leem nos livros da Coleção das Moças, aqueles devaneios e idealismos e renúncias e purezas, está tudo errado. Quando a gente casa é que vê que o amor não passa de materialismo.

Teresinha de Jesus, às vésperas de botar no mundo o seu filho de mãe solteira, responde: "Amor? É iludimento. No começo é dançar, tomar Coca-Cola com pinga, ganhar corte de pano e caixa de pó de arroz. Depois é a barriga e todo mundo apontando, e o camarada sumido". Semana que vem vai para a maternidade. Quem quiser lhe falar de amor venha, que ela tem uma resposta. Mas impublicável.

Um senhor quarentão, bem-casado, pai de filhos: "Amor, como se entende em geral, é coisa da juventude. Depois de uma certa idade, amor é mais costume. É verdade que tem a paixão com seus perigos. Mas você falou em amor e não em paixão, não foi?"

José Luis Juhas/Arquivo da editora

– E de paixão, que me diz? – Aí ele se fecha em copas. "Deixo isso para os jovens. Velhote apaixonado é fogo. E eu não passo de um pai de família."

A mãe da família desse senhor: "Amor? Bem, tem amor de noiva, que é quase só castelos e tolice. Tem o de jovem casada, que é também muita tolice – mas sem castelos. Complicado com ciúme etc., mas já inclui algum elemento mais sério. E tem o amor do casamento, que é a realidade da vida puxada a dois. Agora, o amor de mãe... Você perguntou também o amor de mãe?"

Respondi energicamente que não; amor de mãe, não. Quero saber só de amor de homem com mulher, amor propriamente dito.

Diz o solteiro, quase solteirão, que se imagina irresistível e incasável: "Amor é perigo. Só é bom com mulher sem compromissos. Com moça donzela dá em noivado, com mulher casada dá em tragédia. O melhor é amor forte e curto, que embriaga enquanto dura e não tem tempo para se complicar. Aquela história de marinheiro com um amor em cada porto tem o seu brilho, tem o seu brilho".

O pastor protestante diz que o amor é sublimar a atração entre os dois seres, é atingir a mais alta e pura das emoções. Não confundir amor com sexo! E perguntado – sendo assim, por que casam os pastores? Ele responde citando São Paulo: "Porque é melhor casar do que arder".

Já o padre católico não elimina o sexo do amor. Explica que, pelo contrário, o sexo, no amor, é tão importante como os seus demais componentes – o altruísmo, a fidelidade, a capacidade de sacrifício, a ausência do egoísmo. E é tão importante que, para santificar o amor sexual – o amor conjugal –, a Igreja o põe sob a guarda de um sacramento, o santo matrimônio. E ante a pergunta: se tudo é assim tão santo, por que os padres não casam? O padre velho não se importa com a impertinência, sorri: "Nós nos demos a um amor mais alto. Casamento, para nós, seria pior que bigamia...".

E por último tem a matrona sossegada que explica: "Amor? Amor é uma coisa que dói dentro do peito. Dói devagarinho, quentinho, confortável. É a mão que vem da cama vizinha, de noite, e segura na sua, adormecida. E você prefere ficar com o braço gelado e dormente a puxar a sua mão e cortar aquele contato. Tão precioso ele é. Amor é ter medo – medo de quase tudo – da morte, da doença, do desencontro, da fadiga, do costume, das novidades. Amor pode ser uma rosa e pode ser um bife, um beijo, uma colher de xarope. Mas o que o amor é, principalmente, são duas pessoas neste mundo".

QUEIROZ, Rachel de. *Cenas brasileiras*. São Paulo: Ática, 2008. p. 37-9.

lugar-comum: frase repetida abusivamente e que perde o valor expressivo.
bodas de ouro: o 50º aniversário de casamento.
pó de arroz: pó muito fino para passar no rosto e dar um aspecto mais bonito a ele.

Paulo Jares/Arquivo da editora

Rachel de Queiroz nasceu em Fortaleza (CE), em 1910, e faleceu no Rio de Janeiro em 2003. Foi tradutora, escritora, jornalista e dramaturga. Primeira mulher a ocupar uma cadeira na Academia Brasileira de Letras, ganhou inúmeros prêmios, entre os quais o Prêmio Luís de Camões, o maior da língua portuguesa, em 1993. Seus principais romances: *O quinze* (que publicou com 20 anos de idade), *As três Marias* e *Memorial de Maria Moura*. Suas mais de duas mil crônicas estão reunidas em livros como *A donzela e a moura torta*, *Crônicas escolhidas*, *O brasileiro perplexo* e *O caçador de tatu*.

Expressão escrita

TEXTO 1

1. O amor é o assunto do poema **O sempre amor**.

a) Como é definido o amor?

b) Que desejo o eu poético expressa?

2. Releia este verso:

"Por causa dele falo palavras como lanças."

a) O que se compara nele?

b) Como você interpreta essa comparação?

3. Releia, ainda, estes versos:

"Por causa dele podem entalhar-me,
Sou de pedra-sabão."

a) Que termos são usados no sentido figurado?

b) Como você os interpreta?

4. Leia o poema em voz alta.

a) Que repetições você percebe nele?

b) Que efeitos elas provocam? Pense no sentido geral do poema e em sua sonoridade.

5. Os dois últimos versos soam como conclusão de uma ideia:

> "Alegre ou triste,
> Amor é coisa que mais quero."

- Que conclusão é essa?

TEXTO 2

1. Você classifica o texto **Amor** como crônica ou conto? Justifique.
2. Por que as definições de **amor** ouvidas no rádio são classificadas como ruins?
3. Que passagem do texto nos dá uma pista sobre o significado de **lugar-comum**?
4. Releia:

> "A impressão geral que me ficou do inquérito é que de amor entendem mais os velhos do que os moços, ao contrário do que seria de imaginar."

a) Por que os jovens deveriam entender mais de amor do que os velhos?
b) Tendo em vista essa afirmação, que definições teriam recebido melhor avaliação? Por quê?

5. Uma das pessoas entrevistadas nega a existência do amor. Quem? Em que você se baseou para responder?
6. Releia esta passagem:

> "Amor pode ser uma rosa e pode ser um bife, um beijo, uma colher de xarope. Mas o que o amor é, principalmente, são duas pessoas neste mundo."

Você diria que ela apresenta uma definição propriamente dita? Explique.

7. O que você notou nas perguntas feitas ao pastor e ao padre?
8. De qual definição você mais gostou? Explique por que a escolheu e ouça também o que seus colegas têm a dizer.
9. Que semelhança você percebe entre os textos **O sempre amor** e **Amor**?

Para além do texto

Debate

No poema **As sem-razões do amor**, Carlos Drummond de Andrade exprime a ideia de que o amor é um sentimento que acontece sem explicação. Essa é uma ideia recorrente na literatura e pode ser encontrada também na música popular. Leia, por exemplo, os versos da canção **Aos pés da santa cruz** (Marino Pinto e Zé da Zilda): "O coração tem razões que a própria razão desconhece".

Podemos lançar a pergunta: existem razões para se amar ou deixar de amar alguém? A questão é polêmica; portanto, nossa proposta é que você organize um debate sobre o assunto. Para tentar chegar a algumas conclusões a respeito, reúna-se com seus colegas para promover o debate.

As normas são as seguintes:

- A classe deve dividir-se em dois grupos: cada um defenderá um ponto de vista, contrário ou favorável à questão.
- Cada grupo levantará o maior número possível de argumentos que sustentem o ponto de vista que deve defender.
- Terminado o tempo de preparo, cada grupo elege alguns alunos para representá-lo. Esses alunos defenderão o ponto de vista do grupo.
- Deverá ser estabelecido um tempo para cada aluno se manifestar, sem ser interrompido em sua exposição.
- O professor poderá ser o mediador (para controlar o tempo de fala de cada um, para conceder a palavra e para fazer intervenções quando for necessário).
- Ao final do debate, a turma deve avaliar os resultados: a diversidade de ideias apresentadas, a consistência dos argumentos, que grupo apresentou os argumentos mais convincentes e, finalmente, as conclusões a que os grupos chegaram.

algo a +

"O coração tem razões que a razão desconhece."

O surgimento desta frase é muito anterior aos compositores da canção **Aos pés da santa cruz**, foi o filósofo francês Blaise Pascal (século XVII) que a proferiu originalmente. Sobre esta frase e seus significados, veja a análise da filósofa Marilena Chaui:

"Nessa frase, as palavras **razões** e **razão** não têm o mesmo significado, indicando coisas diversas. 'Razões' são os motivos do coração, enquanto 'razão' é algo diferente de 'coração'; este é o nome que damos para as emoções e paixões, enquanto 'razão' é o nome que damos à consciência intelectual e moral. [...]

Assim, a frase de Pascal pode ser traduzida da seguinte maneira: nossa vida emocional possui causas e motivos (as 'razões do coração'), que são as paixões ou os sentimentos, e é diferente de nossa atividade consciente, de nossa razão, seja como atividade intelectual, seja como atividade moral".

CHAUI, Marilena. *Convite à filosofia*. São Paulo: Ática, 2010.

José Luís Juhas/Arquivo da editora

• A linguagem dos textos

Sentido figurado e metáfora

O amor sempre foi tema da poesia e da literatura em geral. É também preocupação de estudiosos do comportamento humano. Esse sentimento desempenha um papel importante na vida do ser humano, por isso ele se pergunta: o que é o amor?

As definições de amor vêm das mais variadas fontes, e podemos encontrá-las em diversos tipos de textos, escritos com diferentes intenções. Os estudiosos o definem com o rigor da ciência; os poetas, movidos por suas emoções e sentimentos. Entretanto, a linguagem usada por eles é diferente: os estudiosos usam preferencialmente as palavras em seu sentido próprio, já os poetas preferem o sentido figurado.

Você já viu que **sentido próprio** é o sentido primitivo, literal de uma palavra e que **sentido figurado** é aquele que uma palavra adquire num novo contexto, por extensão, por associação. Esse novo sentido, embora diferente, guarda semelhanças com o que lhe deu origem.

Para compreender melhor esses conceitos, você lerá trechos de alguns textos. Como exemplo de sentido próprio, um verbete de dicionário:

amor

(ô) [Do lat. amore.]

latim

Substantivo masculino

1. Sentimento que predispõe alguém a desejar o bem de outrem, ou de alguma coisa.

2. Sentimento de dedicação absoluta de um ser a outro ser ou a uma coisa; devoção, culto; adoração.

FERREIRA, Aurélio Buarque de Holanda. *Dicionário Eletrônico* – Versão 5.0. Ed. rev. e atual. Parte integrante do *Novo Dicionário Aurélio*: 3. ed. ver. e atual. Curitiba: Positivo/Positivo Informática, 2004.

A linguagem do dicionário é **objetiva**; as palavras usadas para fornecer as acepções do nome **amor** são empregadas no sentido próprio, sem marcas de subjetividade. A intenção do dicionarista é transmitir o significado das palavras de forma precisa, clara, sucinta, sem dar margem a diferentes interpretações.

Compare, agora, a linguagem desses textos com a destas definições de amor retiradas dos textos lidos neste capítulo:

"Amor é estado de graça"
"Amor é primo da morte"
"Amor de noiva [...] é quase só castelos e tolice."
"Amor do casamento [...] é a realidade da vida puxada a dois."
"Amor é a coisa mais alegre
Amor é a coisa mais triste"

Em nenhuma delas se define efetivamente o amor. Todas elas, sejam as elaboradas por poetas, sejam as saídas da boca do povo, caracterizam-se por transmitir definições pessoais, **subjetivas**, carregadas de significados e sujeitas a diferentes interpretações. Cada uma define o amor de modo particular, a partir de imagens concretas que transmitem percepções pessoais desse sentimento. Nelas foi usada a linguagem figurada, muito diferente da linguagem do dicionário ou da gramática.

Quando o sentido figurado baseia-se numa relação de semelhança, ocorre a metáfora.

A **metáfora** é um recurso de linguagem que consiste em transferir o significado de uma palavra a outra por haver entre elas uma relação de semelhança. Por exemplo: na expressão "coração de ouro", o que aproxima as palavras **ouro** e **coração** é uma semelhança existente entre elas: o alto valor que se atribui a eles. A palavra **ouro** foi usada no sentido figurado: o coração não é do metal "ouro", mas vale como o ouro. **Coração de ouro** é uma metáfora.

Examine as metáforas criadas por Djavan em sua canção "Faltando um pedaço":

"O amor é um grande laço
Um passo pr'uma armadilha
Um lobo correndo em círculo
Pra alimentar a matilha"

DJAVAN. Faltando um pedaço. In: *O talento de Djavan* (LP). EMI-Odeon.

José Luís Juhas/Arquivo da editora

Nela, as metáforas são usadas para definir o amor: "O amor é um grande laço / Um passo pr'uma armadilha / Um lobo correndo em círculo / Pra alimentar a matilha". A semelhança entre amor e laço e entre amor e armadilha está no fato de que ele prende (como o laço) e pode enganar (como a armadilha). Do lobo correndo em círculo para alimentar a matilha retira-se a ideia de cuidado, zelo, interesse.

Observe que, com a metáfora, o artista cria verdadeiras imagens visuais. Ele transmite seu conceito sobre o amor por meio de um recurso que torna concreta uma ideia abstrata.

Para finalizar, leia ainda o soneto de Camões que inspirou Renato Russo a compor a canção citada no começo do capítulo:

Amor é fogo que arde sem se ver;
é ferida que dói, e não se sente;
é um contentamento descontente;
é dor que desatina sem doer.

É um não querer mais que bem querer;
é solitário andar por entre a gente;
é nunca contentar-se de contente;
é cuidar que se ganha em se perder.

É querer estar preso por vontade;
é servir a quem vence, o vencedor;
é ter com quem nos mata a lealdade.

Mas como causar pode seu favor
nos corações humanos amizade,
se tão contrário a si é o mesmo Amor?

CAMÕES, Luís de. *Obra completa*. Rio de Janeiro: Aguilar, 1963. p. 270.

desatina: que enlouquece, faz perder o juízo.
cuidar: pensar.

Além das metáforas "[...] é **fogo**", "é **ferida**", o poeta acrescenta à ideia do amor o paradoxo: "é um fogo **que arde sem se ver**", "é ferida **que dói, e não se sente**".

O interessante é que aceitamos e assimilamos esse modo contraditório de definir o amor, porque também o percebemos como um sentimento repleto de contradições. A subjetividade do poeta encontra eco na nossa, já que o amor é um sentimento muito difícil de se definir.

Atividades

1. Crie duas frases para cada expressão dos itens a seguir: a primeira, em sentido próprio; a segunda, em sentido figurado.

a) atirar pedras

b) brincar com fogo

c) pegar fogo

d) cozinhar em banho-maria

e) pisar em ovos

2. As expressões usadas em sentido figurado na atividade anterior constituem metáforas? Explique.

3. Leia as quadras a seguir:

"Cantigas de portugueses
São como barcos no mar –
Vão de uma alma para outra
Com riscos de naufragar."

"Dás nós na linha que cose
Para que pare no fim.
Por muito que eu pense e ouse,
Nunca dás nó para mim."

"Olhos de veludo falso
E que fitam a entender,
Vós sois o meu cadafalso
A que subo com prazer."

"Dona Rosa, Dona Rosa,
De que roseira é que vem,
Que não tem senão espinhos,
Para quem só lhe quer bem?"

Vera Basile/Arquivo da editora

PESSOA, Fernando. *Obra poética*. Rio de Janeiro: Aguilar, 1969. p. 649, 652, 655, 656.

Centro de Estudos Pessoanos

Fernando Pessoa (1888-1935) foi um dos mais importantes poetas portugueses. Parte de sua obra assinou com outros nomes que, mais do que pseudônimos, representavam personagens completos, com biografia própria e diferentes estilos literários – seus heterônimos. Álvaro de Campos foi um deles.

a) Quais são os elementos comparados na primeira quadrinha? Explique a comparação.

b) O substantivo **nó** foi usado duas vezes na segunda quadrinha. Em qual delas seu sentido é figurado? Explique.

c) Explique a metáfora "Olhos de veludo falso". Pense: que atributos do veludo falso são transferidos aos olhos?

d) Explique o duplo sentido presente na última quadra. Em torno de que palavra gira esse duplo sentido?

Produzindo texto

Poema

Forme uma dupla com um colega para criar um poema sobre o amor.

Comecem fazendo uma lista de definições. Utilizem a construção convencional da definição (sujeito + verbo **ser** + predicativo), mas criem imagens subjetivas e originais. Lembrem-se dos textos lidos: "Amor é perigo."; "[...] é a realidade da vida puxada a dois."; "[...] pode ser uma rosa e pode ser um bife, um beijo, uma colher de xarope."; "[...] são duas pessoas neste mundo".

Em seguida, pensem: o que é o amor para vocês? Anotem todas as definições e, juntos, elaborem o poema.

Orientações

- Procurem criar imagens concretas em suas definições. Observem que as palavras usadas para definir o amor nas metáforas são preferencialmente substantivos concretos – perfeitos para construir tais imagens:

"Amor é um **fogo** que arde sem se ver;
É **ferida** que dói, e não se sente"

"O amor é um grande **laço**"
"Amor de noiva [...] é quase só **castelos**[...]"

Vera Basile/Arquivo da editora

- Criem imagens subjetivas e originais, que expressem **suas** ideias. Evitem chavões: as imagens batidas, repetidas, que não significam mais nada.
- Repitam versos de estrutura semelhante, como nos poemas lidos:

"Amor é a coisa mais alegre / Amor é a coisa mais triste / Amor é coisa que mais quero"
"É ferida que dói... / É um contentamento... / É dor que desatina..."

A repetição imprime ritmo ao poema.

- Caso vocês optem por essa estrutura, é importante quebrá-la em algum(ns) momento(s) para o poema não ficar monótono. Lembrem como estes versos do poema "O sempre amor" quebram o ritmo dos versos em que há repetições:

"Por causa dele falo palavras como lanças"
"Por causa dele podem entalhar-me
Sou de pedra-sabão"

- O uso de rimas é opcional. Concentrem-se no ritmo e na linguagem.
- Terminado o texto, e depois de avaliado por seus colegas e professor(a), transcrevam-no em uma folha grande de papel, com caneta hidrográfica, para ser exposto num mural onde todos possam lê-lo.

Exercitando a crítica

Assim que os textos estiverem prontos, façam uma roda de leitura e avaliação em que uns lerão os textos dos outros. Considerem os seguintes critérios:

- As imagens criadas são originais?
- A organização das imagens contribui para transmitir uma ideia coerente?
- Os sinais de pontuação contribuem para a transmissão dos significados desejados?

Se os textos apresentarem problemas ou se seus autores perceberem a possibilidade de melhorá-los, esta é a hora!

Histórias de amor

Photo 12.com/Collection Cinema/AFP
Paramount/The Kobal Collection/AFP
Archives Du 7Eme Art/Photo12/AFP

Cenas do famoso filme *Romeu e Julieta*, de 1968, uma adaptação para o cinema da obra de Shakespeare, de Franco Zeffirelli, que selecionou cuidadosamente os atores Leonard Whiting e Olivia Hussey para interpretar o casal romântico.

Romeu e Julieta é uma das mais conhecidas histórias de amor da literatura universal. Escrita por William Shakespeare, a trama se desenvolve na cidade italiana de Verona, no século XVI. Os jovens Romeu Montecchio e Julieta Capuleto experimentam um terrível drama: apaixonam-se perdidamente, mas a forte inimizade existente entre suas famílias impede que os dois vivam seu amor. O final trágico acaba mudando a longa tradição de ódio e rivalidade enraizada na cidade.

PARA COMEÇO DE conversa

1. Você leu algumas informações sobre *Romeu e Julieta*. O que mais você conhece sobre essa obra? Converse com seus colegas.

2. Qual é a sua história de amor preferida? Você a conheceu por meio da literatura, do teatro, do cinema ou da televisão?

• Hora do texto

À espera do amor

Aproximava-se da porteira do cinema.

— Ela chegou?

— Quem?

— Minha namorada.

— Como vou saber quem é?

— Verdade, você não a conhece. E devem entrar aqui centenas de pessoas.

— Por dia? Milhares, principalmente num filme como esse! Não sei o que viram nele.

— História de amor. Todo mundo gosta.

— Amor! Como se alguém ainda acreditasse no amor.

— Eu acredito. Por isso estou aqui, à espera de minha namorada.

— Há meses você vem todos os dias. Meses!

Ficou por ali, sempre com o rabo do olho na entrada do cinema. Terminou a primeira sessão, nada. A segunda, tudo igual. Antes da terceira - porque eram sessões corridas, normais, sempre que havia um filme de sucesso - houve uma troca de porteiros. Chegou o sujeito carrancudo que sempre desconfiava dele e, um dia, tinha chegado a chamar o segurança para expulsá-lo. Tudo tinha se resolvido. O porteiro acenou:

José Luís Juhas/Arquivo da editora

— Continua à espera?

— Sempre!

— Não entendo, juro que não entendo.

— Porque nunca amou.

— Quem disse?

— Veja a sua cara! Amarrada, amargurada, tem o olhar triste e fundo. Cadê a alegria de quem ama?

— Gosto muito.

— Gostar não é amar.

— Achei que era a mesma coisa.

— Amar é tudo.

— E gostar?

— Gostar é gostar. Amar é amar. Gostar quer dizer trinta por cento do sentimento. Amar é cem por cento.

— Você é estranho. Diz coisas complicadas.

— Amar é simples.

— Fico te olhando, você vem todos os dias, à espera dessa namorada que nunca aparece.

— Vai aparecer.

— Por que não liga para ela?

— Não tenho o número.

— Namora e não tem o número?

— Não namoro ainda. Vou namorar.

— O quê?

— Vou namorar. O dia em que ela chegar e entrar por essa porta, vou saber que é ela.

— Como? Como é que se sabe?

— Sabendo. É olhar e sentir. O coração acelera, a gente começa a suar, o estômago sobe para a garganta, a respiração fica ofegante, as pernas ficam bambas, as unhas tremem.

José Luís Juhas/Arquivo da editora

— As unhas tremem?

— É a melhor coisa. Tão bom viver assim... você se sente desaparecer.

— Desaparecer?

— Some. E quando percebe, você é o outro. Está naquele que ama. Inteiro dentro, uma coisa só. Daquele momento em diante, dois viram um.

— Sei, sei...

Nesse momento ele se afastou para deixar entrar uma jovem morena, de olhos miúdos e um riso que se esparramava pelo rosto. Ele começou a suar.

Os dois se olharam e ele percebeu que após meses e meses tinha acontecido. O coração acelerou.

A espera tinha terminado. As unhas tremeram.

Ela continuou olhando e também sentiu. O estômago subiu à garganta. E o porteiro ficou assombrado, quando em lugar de duas pessoas, viu entrar apenas uma no cinema.

Onde estava a outra? Quem entrou piscou maliciosamente para ele.

— "Entendeu?" - perguntou.

O porteiro fez que sim... Era o amor.

BRANDÃO, Ignácio de Loyola. In: *Olhar de descoberta*. Conto. Vários autores. São Paulo: Melhoramentos, 2003. p. 21-24. (Coleção Literatura em minha casa. v. 2).

Flavio Moraes/Fotoarena

Ignácio de Loyola Brandão, paulista nascido em Araraquara (1936), é jornalista, contista e romancista. Iniciou sua carreira em 1965, com o livro de contos *Depois do sol*. Em 1975, seu livro *Zero* foi proibido pela censura e editado inicialmente em tradução italiana. Em 2008, ganhou o Prêmio Jabuti de melhor ficção com o romance *O menino que vendia palavras*. Entre seus livros, podem ser citados ainda *O homem do furo na mão* e *O homem que odiava a segunda-feira* (contos), *Não verás país nenhum* (romance), *O menino que perguntava* (infantojuvenil).

Expressão oral

Forme uma dupla com um colega e entreviste uma pessoa que tenha uma história de amor para contar.

Algumas dicas:

- Procurem saber como o (a) entrevistado(a) conheceu a pessoa amada, se enfrentou dificuldades e obstáculos e como terminou sua história. Peçam-lhe que fale do processo de conquista e de seus sentimentos diante de problemas eventualmente encontrados: incerteza, dúvidas, confiança, determinação etc. Houve final feliz? Perguntem se algo marcou essa história: um lugar, uma música, um filme etc. Enfim, no momento da entrevista, fiquem atentos aos detalhes e procurem saber mais.

- Combinem com seus colegas a realização de entrevistas com tipos variados de pessoas: mais velhas (pais, avós, tios), jovens (irmãos, amigos), de culturas diferentes etc.
- Se possível, gravem a entrevista. Caso não seja possível, anotem tudo para depois transcrever a história cuidadosamente e contá-la para seus colegas na sala de aula.

Atenção: Para gravar uma entrevista e transmiti-la depois para outras pessoas, é preciso pedir autorização ao entrevistado!

Expressão escrita

1. O texto **À espera do amor** é um conto.
   a) Indique os personagens e o conflito existente entre eles.
   b) Onde se desenrolam os acontecimentos?
   c) O narrador é observador, personagem ou onisciente? Que nível de conhecimento ele tem sobre os fatos narrados? Dê exemplos.
2. Toda narrativa se desenvolve num determinado tempo.
   a) Que palavras, frases ou expressões marcam a passagem ou a duração do tempo nesse conto?
   b) Qual é a duração dos acontecimentos narrados?
3. Os trechos a seguir fazem parte de sequências narrativas do texto:

Ficou por ali / **terminou** a sessão / **houve** uma troca de porteiros / **chegou** o sujeito carrancudo / o porteiro **acenou** / ele se **afastou** / os dois se **olharam** / O coração **acelerou** / ela também **sentiu** / o porteiro **ficou** assombrado / **viu** entrar uma pessoa / **entrou** / **piscou** / **entendeu** / **fez** que sim

Em que tempo estão os verbos desses trechos? No conjunto, o que eles marcam?

4. Explique em que ordem se deram os acontecimentos do trecho abaixo, tendo em vista as formas verbais destacadas.

"**Chegou** o sujeito carrancudo que sempre desconfiava dele e, um dia, **tinha chegado** a chamar o segurança para expulsá-lo. Tudo **tinha** se **resolvido**. O porteiro acenou:

— Continua à espera?

— Sempre!"

José Luís Juhas/Arquivo da editora

5. Leia as frases a seguir. A primeira delas inicia o conto. Embora as duas formas estejam no pretérito, note que há uma diferença entre elas, marcada pelo uso do tempo verbal.

"**Aproximava**-se da porteira do cinema."
Aproximou-se da porteira do cinema.

a) Que diferença é essa?

b) Por que o narrador usou **aproximava**-se, e não **aproximou**-se?

6. Nesse conto predominam as sequências dialogais, caracterizadas por turnos de fala que constituem uma conversa.

a) Comente a forma como a conversa se desenvolve entre os personagens.

b) Na primeira parte, indique uma passagem em que um dos interlocutores expressa admiração e outra em que exprime discordância.

c) Na segunda parte, a conversa gira primeiramente em torno de quê?

d) Observe a sequência de perguntas do porteiro:

"— Como? Como é que se sabe?"
"— As unhas tremem?"
"— Desaparecer?"

O que ele pretende ao formulá-las? Que função essas perguntas têm no diálogo?

e) Que primeira surpresa tem o porteiro? E qual é a segunda?

7. Releia:

"O dia em que ela chegar e entrar por essa porta, vou saber que é ela."

José Luís Juhas/Arquivo da editora

Em sua opinião, é possível saber quando o amor chega? Responda, apresentando argumentos convincentes.

8. Leia esta passagem:

"O coração acelera, a gente começa a suar, o estômago sobe para a garganta, a respiração fica ofegante, as pernas ficam bambas, as unhas tremem."

Você acha que é assim mesmo? Ou será que cada um sente a chegada do amor de forma diferente? Justifique sua resposta.

9. Comente o desfecho do conto.

"E o porteiro ficou assombrado, quando em lugar de duas pessoas, viu entrar apenas uma no cinema.

Onde estava a outra? Quem entrou piscou maliciosamente para ele.

— 'Entendeu?'

O porteiro fez que sim... Era o amor."

Para além do texto

Agora que você já leu uma história de amor, sugerimos que leia outras.

Nossa proposta é que a turma se divida em dois grupos para ler duas obras do escritor romântico José de Alencar: *Cinco minutos* e *A viuvinha*. Indicamos a seguir os endereços da internet que disponibilizam esses textos integralmente (acessos em: 20 fev. 2012):

- *Cinco minutos*: <http://www.dominiopublico.gov.br/download/texto/bv000128.pdf>.
- *A viuvinha*: <http://www.dominiopublico.gov.br/download/texto/bn000077.pdf>.

São dois romances curtos e, de certa forma, surpreendentes para o leitor do século XXI, já que retratam uma época e os costumes de um tempo bem diferente do nosso. Assim, para conhecer um pouco mais, sugerimos também uma pesquisa sobre a vida e a obra do escritor e sobre os ideais do movimento literário ao qual pertencia – o Romantismo.

Quanto aos textos, cada leitor deve estar atento às histórias contadas, mas também deve observar aspectos da própria narrativa:

- como se caracteriza o narrador?
- como se constrói o enredo? Observar as peripécias dos personagens, os obstáculos pelos quais passam etc.
- a organização do tempo é linear? Há *flashbacks*?

Flashback

É a interrupção feita na ordem cronológica dos fatos, quando se conta uma história, para relatar eventos ocorridos anteriormente.

- em que lugar se passam os acontecimentos?
- como são caracterizados os personagens? Que valores determinam suas ações e seu comportamento?

Depois de ler os livros indicados, marquem um dia para fazer uma roda de discussão sobre a leitura.

Acervo da Academia Brasileira de Letras/Arquivo da editora

José de Alencar (1829-1877).

Editora Ática/Arquivo da editora

Capa de um livro em que foram publicadas as obras *Cinco minutos* e *A viuvinha*, de José de Alencar.

• Gramática no texto

1. Releia os trechos abaixo prestando atenção nos verbos em destaque.

José Luís Juhas/Arquivo da editora

"— Ela **chegou**?"
"— **Continua** à espera?"
"— Fico te **olhando**, você **vem** todos os dias [...]"
"[...] Tão bom **viver** assim..."

Dos verbos em destaque, indique aquele(s) que:

a) apresenta(m) em sua forma algum elemento que revele a pessoa a que se refere(m);
b) se refere(m) a um tempo claramente expresso;
c) não apresenta(m) em sua forma elemento que indique o tempo ou a pessoa a que se refere(m);
d) expressa(m) continuidade de ação.

2. Leia os trechos do quadro abaixo atentando para o tempo verbal destacado em cada um.

"**Terminou** a primeira sessão, nada."
"**Chegou** o sujeito carrancudo que sempre **desconfiava** dele [...]"
"Não **tenho** o número."
"'**Entendeu**?' — **perguntou**."
"**Fico** te olhando, você **vem** todos os dias, à espera dessa namorada que nunca aparece."
"O coração **acelera**, a gente começa a suar, o estômago **sobe** para a garganta, a respiração **fica** ofegante, as pernas **ficam** bambas, as unhas **tremem**."
"**Aproximava**-se da porteira."

Agora, faça no caderno uma tabela com três colunas, nas quais você deverá distribuir os verbos destacados do quadro, de acordo com a orientação abaixo:

Presente	Pretérito perfeito	Pretérito imperfeito
• fato atual • ação habitual • fatos tidos como verdadeiros	• fato perfeitamente encerrado no passado em relação ao presente	• fato habitual ou que se prolonga no passado

3. Releia os trechos abaixo prestando atenção nos tempos verbais em destaque.

"Não namoro ainda. **Vou namorar**."
"A espera tinha **terminado**."
"[...] **tinha chegado** a chamar o segurança [...]"
"O dia em que ela chegar e entrar por essa porta, **vou saber** que é ela."

Agora, separe esses verbos destacados em dois grupos:

a) um para o tempo composto com ideia de ação passada anterior a outra ação ocorrida também no passado;
b) outro para locução verbal que transmita ideia de futuro.

4. Releia as frases abaixo e indique a função sintática dos termos destacados.

"Gostar não é **amar**."
"**Amar** é tudo."
"Gostar é **gostar**."
"**Amar** é simples."

José Luis Juhas/Arquivo da editora

O que você observou em relação à função sintática desses termos?

As formas nominais do verbo

No conto **À espera do amor**, há algumas formas verbais que, embora expressem ações e fatos, não se referem a um tempo nem a um modo, nem apresentam em sua forma elementos que indiquem as pessoas do discurso. São as chamadas **formas nominais** do verbo:

- o **infinitivo**

"Tão bom **viver** assim... você se sente **desaparecer**."

- o **gerúndio**

"Ela continuou **olhando** e também sentiu."

- o **particípio**

"E o porteiro ficou **assombrado**"

algo a +

Caetano Veloso, em sua canção **O quereres**, usa o infinitivo substantivado. Veja:

[...]
O quereres e o estares sempre a fim
Do que em mim é de mim tão desigual
Faz-me querer-te bem, querer-te mal
Bem a ti, mal ao quereres assim
Infinitivamente pessoal
E eu querendo querer-te sem ter fim
E, querendo-te, aprender o total
Do querer que há e do que não há em mim

VELOSO, Caetano. Intérprete: Caetano Veloso. In: *Velô*. [S.l.]: Polygram, 1984. 1 CD. Faixa 7. Disponível em: <http://www.caetanoveloso.com.br/sec_busca_obra.php?language=pt_BR&id=78&sec_discogra_todas=1. Acesso em: 20 fev. 2012. © Editora Gapa

As formas nominais são assim chamadas porque, em muitas situações, exercem as funções dos nomes:

- O infinitivo expressa ação desvinculada do tempo, por isso, muitas vezes, tem valor de nome (É tão bom **viver** / é tão boa a **vida**; você se sente **desaparecer** / você sente o seu **desaparecimento**).

O infinitivo pode também ser substantivado: **o viver**, **o estar** (admitindo, nesse caso, flexões como os substantivos: **os viveres**, **os estares**).
A terminação que identifica o infinitivo é **-r**.

- O gerúndio, em geral, tem valor adverbial: em *Saiu **olhando** quem entrava*, o gerúndio indica o modo como alguém saiu. Em *Vi casais **namorando** na praça*, o gerúndio equivale a uma oração adjetiva (Vi casais **que namoravam** na praça). De qualquer forma, o gerúndio indica uma ação em processo, em continuidade.
A terminação que identifica o gerúndio é **-ndo**.
- O particípio, muitas vezes, é usado com a função de adjetivo. Na frase "**Terminada** a conversa, o homem entrou no cinema", o particípio é usado como adjetivo, concordando com o nome a que se refere (**conversa** terminada).
A terminação que identifica o particípio é **-do**.

O infinitivo e o gerúndio entram na composição de **locuções verbais**; o particípio, na formação dos **tempos compostos**. Exemplos:

"**Fico** te **olhando**, você vem todos os dias..."
Fico olhando: locução verbal

"Não namoro ainda. **Vou namorar**."
vou namorar: locução verbal

Se ele **tivesse sido** leal, ainda estariam juntos.
tivesse sido: pretérito mais-que-perfeito do subjuntivo

Até lá, eles **terão compreendido** o que aconteceu.
terão compreendido: futuro do presente composto do indicativo

Ficamos pensando na vida...
ficamos pensando: locução verbal

"A espera **tinha terminado**."
tinha terminado: pretérito mais-que-perfeito composto do indicativo

Atividades

1. Leia este parágrafo prestando atenção nos verbos para realizar a atividade a seguir.

Fábio Sgroi/Arquivo da editora

Talismã

"Eu não teria seguido o homem pelas ruas nem presenciado as coisas que fez acontecer à sua passagem se ele não levasse sua flor – uma só, de longo caule, três folhas viçosas, vermelha: cravo –, se não a levasse com extremo cuidado, como coisa mais preciosa do que flor. Logo percebi que a estranheza do próprio homem contaminava a cena toda."

ÂNGELO, Ivan.
O ladrão de sonhos e outras histórias.
São Paulo: Ática, 1994. p. 91.

Transcreva os verbos desse trecho separando-os em duas colunas: uma para as formas nominais, outra para as formas conjugadas.

2. Retome esta passagem:

"Eu não teria seguido o homem pelas ruas nem [teria] presenciado as coisas que fez acontecer à sua passagem se ele não levasse sua flor [...]"

teria seguido **teria presenciado**

formas compostas do futuro do pretérito do indicativo

a) Reescreva-a no caderno, substituindo as formas compostas por simples.

b) Explique a diferença de sentido entre a passagem original e a escrita por você.

c) Afinal, o narrador seguiu ou não o homem com a flor? Comprove sua resposta.

3. A forma verbal em destaque no trecho a seguir está no pretérito perfeito. Releia-o.

"Logo **percebi** que a estranheza do próprio homem contaminava a cena toda."

a) O que esse tempo verbal indica sobre a ação de **perceber**?

b) Troque-a por uma locução verbal a fim de dar à ação aspecto de continuidade.

4. Leia o parágrafo seguinte:

"Sem querer, fui sendo envolvido, fui-me entrosando num curso de vida que não era o meu, não era o das coisas que me diziam respeito. Coisa feita: estava espreitando um homem que surpreendera num momento de exceção, invadia um outro mundo. Se ele fizesse um gesto banal, se cheirasse a flor, por exemplo, eu me libertaria: ah, é um homem qualquer com uma flor qualquer. Mas não: ele se movimentava com um encanto calculado, como um ator, e era eu a sua plateia. Ninguém mais parecia interessado. Diabos e anjos sabem para quem aparecem."

Idem.

a) Transforme as ações contínuas expressas pelo gerúndio em ações totalmente acabadas.

"Sem querer, fui sendo envolvido, fui-me entrosando num curso de vida que não era o meu [...]."

b) Substitua a forma composta por uma simples e a simples por uma composta.

"Coisa feita: estava espreitando um homem que surpreendera num momento de exceção [...]."

c) Substitua as formas simples por compostas.

"Se ele fizesse um gesto banal, se cheirasse a flor, por exemplo, eu me libertaria [...]."

• Hora do texto

A vida em leilão

Ele queria livrar-se do seu passado e organizou a venda, que deu certo, mas doía-lhe deixar tudo para trás

Um britânico que decidiu recomeçar do zero após uma separação amorosa já atraiu lances de quase R$ 1,2 milhão depois de colocar "toda a vida" à venda no *site* de leilões eBay. Ian Usher, 44, que emigrou para a Austrália seis anos atrás, está vendendo sua casa, seu trabalho em uma loja e até seus amigos no país. O "estilo de vida" de Usher foi colocado à venda e atraiu uma centena de interessados dispostos a pagar até 1,8 milhão de dólares australianos. O vencedor levará a casa de três dormitórios de Usher e tudo o que ela contém: carro, moto, *jet-ski*, móveis. Além disso, terá direito a passar por um período de testes na loja de tapetes onde Usher trabalha. Usher também apresentará o vencedor aos seus amigos. "No dia em que tudo for vendido e resolvido, quero sair pela porta da frente com minha carteira em um bolso e meu passaporte no outro, nada mais", ele disse. "Minha ideia é ir para o aeroporto, perguntar para onde vai o próximo voo disponível, embarcar e ver para onde a vida me leva a partir daí."

Folha Online, 22 jun. 2008. Disponível em: <http://www1.folha.uol.com.br/folha/bbc/ult272u414972.shtml>. Acesso em: 21 fev. 2012.

O LEILÃO FOI UM SUCESSO, e rapidamente ele conseguiu vender aquilo que chamava de seu "estilo de vida" para um anônimo comprador, que pagou à vista, mediante depósito bancário, mas que surpreendentemente não se apresentou, nem para se candidatar ao emprego na loja de tapetes nem para conhecer os amigos. O que a ele não importava. Tudo o que queria era voltar para a Inglaterra e esquecer a Marilyn.

Marilyn. Quando a conhecera – logo após a sua chegada à Austrália – tivera a certeza de que havia encontrado o grande amor de sua vida. Para começar, a moça era linda, de uma beleza absolutamente deslumbrante. E era viva, inteligente, culta, esportiva: tudo aquilo que um homem como ele esperava de uma mulher. No começo era o paraíso: tudo era bom, a convivência, os passeios, o sexo.

Infelizmente, porém, começaram a surgir os problemas. De família rica e influente, Marilyn tinha algo de autoritário. Queria organizar o que chamava de "estilo de vida" dele, e que não lhe agradava: a casa onde morava, os móveis que havia escolhido, o carro que dirigia; e fazia restrições até ao *jet-ski* que ele pilotava. Era uma briga atrás da outra e por fim romperam. Desconsolado, ele decidiu partir; queria livrar-se por completo de seu passado, e daí o original leilão que fizera e que acabara dando certo, coisa que, para sua surpresa, não o deixara alegre, ao contrário, doía-lhe deixar a sua vida para trás.

Agora estava ali, no avião para Londres. Já estava na hora da decolagem e aparentemente todos os passageiros tinham embarcado – só restava um assento vazio, e ficava justamente ao lado do dele.

Foi então que ela entrou, a Marilyn. Linda como sempre, ou melhor, mais linda do que nunca. Sentou-se ao lado dele, abriu a bolsa, mostrou o documento que lhe dava direito a todas as coisas dele e ao emprego. Fora ela, claro, a anônima vencedora do leilão. Sorrindo, disse: – Sim, eu quero o seu estilo de vida. Mas também quero o dono do estilo de vida, concorda?

Foi só o tempo de desembarcarem correndo. A vida os esperava.

SCLIAR, Moacyr. A vida em leilão. *Folha de S.Paulo*, São Paulo, 30 jun. 2008.
Disponível em: <http://acervo.folha.com.br/fsp/2008/06/30/15>. Acesso em: 21 fev. 2012.

Carlos Stein/VivaFoto/ Folhapress

Moacyr Scliar nasceu em 1937, em Porto Alegre, onde faleceu em 2011. Foi médico sanitarista, professor universitário e escritor. Autor de romances, contos, crônicas e livros de literatura infantojuvenil, recebeu vários prêmios por sua obra e ocupou a cadeira 31 da Academia Brasileira de Letras. Foi colaborador do jornal *Folha de S.Paulo*, no qual desenvolvia um trabalho bastante interessante: criava pequenas peças de ficção baseadas em notícias do jornal. Entre seus livros, estão: *O carnaval dos animais*, *A balada do falso Messias*, *A guerra do Bom Fim*, *A majestade do Xingu* e *A mulher que escreveu a Bíblia*.

Expressão escrita

Gênero textual NOTÍCIA

Notícia é o relato de fatos importantes ou interessantes que acontecem numa determinada comunidade ou no mundo e são divulgados em jornais, revistas, boletins, rádio, televisão, internet. Para trazer ao leitor informações completas, a notícia deve conter basicamente os seguintes elementos: o quê? (o fato); quem? (pessoas envolvidas); como? (modo como o fato ocorreu); quando? (data da ocorrência); onde? (local); por quê? (razões que justificam o fato). Esses elementos costumam aparecer na parte inicial, chamada lide. Depois vêm os desdobramentos, depoimentos de especialistas, de testemunhas, de pessoas envolvidas com os fatos. Há também uma manchete (na primeira página) ou título na notícia, além de fotos, imagens. Ela deve ser imparcial, objetiva e, principalmente, baseada em fatos reais.

1. **A vida em leilão** é uma crônica que parte de uma notícia. O que distingue esses gêneros de texto?
2. Indique os elementos básicos que compõem o trecho da notícia que deu origem à crônica.
3. Que fato relatado da notícia serve de início para a crônica?
4. De que tipo é o narrador criado por Moacyr Scliar?
5. Por que foi usado o recurso do *flashback* no segundo e terceiro parágrafos?
6. Em que consiste o conflito da história de Ian e Marilyn?
7. Como se caracterizam os personagens?
8. Que papel tem a caracterização dos personagens no desenvolvimento da crônica?
9. Como se resolve o conflito?
10. O desfecho da história de Ian e Marilyn **realmente** aconteceu? Justifique sua resposta.

• A linguagem dos textos

A sequência dialogal

O conto **À espera do amor** compõe-se de breves sequências narrativas e de duas sequências mais extensas em que ocorrem diálogos entre os personagens. Trata-se, portanto, de um texto narrativo em que predomina a sequência **dialogal**.

José Luís Juhas/Arquivo da editora

Também chamado de conversacional, é o tipo de texto produzido nas conversas em geral (ao telefone, nas interações do dia a dia, no diálogo de um pai com o professor do filho ou com seu médico etc.), nas entrevistas, nos debates, nas reuniões de trabalho etc.

Suas principais características:

- é produzido em conjunto, por dois ou mais interlocutores, e gira em torno de um assunto de interesse comum;
- compõe-se de turnos de fala pelos quais se dá a interação verbal entre os interlocutores; o que um diz sempre está em estreita relação com o que o outro acabou de dizer.

Geralmente estrutura-se nas três partes que compõem os textos em geral: uma **introdução**, o **desenvolvimento** e a **conclusão**. A introdução inicia-se com fórmulas de abertura comum aos diálogos, e que diferem de acordo com a situação comunicativa e com os interlocutores: "— Olá!", "— Boa tarde!", "— Como vai?", "— Beleza?" "— Tudo bem?", "— Tudo bem, e você?" etc.

Nos textos literários que utilizam as sequências dialogais, muitas vezes essas fórmulas são suprimidas ou substituídas por outras que têm a mesma função: estabelecer contato para iniciar uma conversa. No conto **À espera do amor**, duas perguntas assumem essa função:

"— Ela chegou?" (na primeira parte)
"— Continua à espera?" (na segunda parte)

O **desenvolvimento** ou **corpo** do diálogo é a parte em que se entra no tópico da conversa propriamente dito, por meio de uma dinâmica comum aos diálogos, que inclui perguntas e respostas, manifestação de discordância ou concordância, exposição de motivos, exemplos, justificativas etc.

Veja alguns exemplos do texto:

- **pares de perguntas e respostas**:

"— Por que não liga para ela?" / "— Não tenho o número."
"— Como vou saber quem é?" / "— Verdade, você não a conhece."

- **manifestação de admiração com questionamento:**

"— Namora e não tem o número?" / "— As unhas tremem?"

- **explicações:**

"— Gostar é gostar. Amar é amar. Gostar quer dizer trinta por cento do sentimento. Amar é cem por cento."

- **retomada da fala do outro, sugerindo a necessidade de mais explicação:**

"— as unhas **tremem**." / "— **Tremem**?"
"— [...] você se sente **desaparecer**." / "— **Desaparecer**?"
"— O dia em que ela chegar e entrar por essa porta, **vou saber** que é ela." / "— **Como**? Como é que **se sabe**?"

O **fechamento** se faz por meio de fórmulas como "— Até amanhã!", "— Até a próxima.", "— Obrigado, até mais." etc.

No texto **À espera do amor**, o fechamento coincide com o desfecho do conto: a conversa se encerra quando o homem que esperava a namorada entra no cinema; antes, ele pisca para o porteiro maliciosamente, isto é, naquele olhar havia uma pergunta implícita ao porteiro para saber se ele havia entendido o que tinha se passado ali, e o porteiro sinaliza que sim. Essa conversa implícita é marcada pelo emprego das aspas na "fala" do homem para o porteiro: "— Entendeu?"

Atividades

- A reportagem transcrita a seguir trata da publicação do livro de Moacyr Scliar, *Histórias que os jornais não contam*. Leia-a atentamente prestando atenção nas informações dadas e em como elas poderiam ter sido obtidas para compor o texto.

Moacyr Scliar reúne crônicas ficcionais em coletânea

Crônicas ou contos? A dúvida perseguiu por algum tempo o escritor Moacyr Scliar, 72, mas nunca o incomodou muito. Ele afinal resolveu eliminar qualquer incerteza e definiu com clareza o gênero que pratica há 16 anos no caderno Cotidiano, da *Folha*: trata-se de crônicas ficcionais.

"Não são contos no sentido comum, nem crônicas. São ficções desencadeadas por notícias do cotidiano", diz. Uma seleção de 54 textos desse gênero agora é reunida em *Histórias que os jornais não contam* (Agir), que está chegando às livrarias. São artigos publicados entre 2004 e 2009.

Suas colunas semanais são publicadas desde 1993 e "não falharam nenhuma vez", salienta. No início, o escritor,

coletânea: neste caso, coleção de textos.
prolífico: produtivo.

que é membro da Academia Brasileira de Letras, selecionava os temas a partir de casos policiais.

Depois, pediu para ampliar as referências a outras áreas. Mais tarde, incorporou as notícias veiculadas também na *Folha Online*, um terreno fértil para os assuntos curiosos e inusitados que abastecem seus artigos.

Por exemplo: "Pesquisadores da Universidade da Califórnia tornaram possível a invisibilidade". História: depois de resistir ao papel de cobaia, um servente baixinho e humilde de um laboratório de pesquisa, apelidado de Anãozinho, se vinga dos colegas roubando a fórmula da invisibilidade e partindo para as melhores aventuras ao usufruir a invenção.

Editora Agir/Arquivo da editora

[...]

Processo de criação

Scliar diz que o processo de criação das crônicas é exatamente o mesmo que utiliza para seus romances ou contos. "É frequente eu começar a escrever sem esperança. Então, no processo de elaboração, acaba surgindo uma história."

Ele lembra que as notícias de jornal são matéria-prima de vários autores. Um dos mais notórios é Dalton Trevisan, que coleciona recortes para transformar em contos. "Atrás de cada notícia existe uma história esperando para se contada", afirma Scliar.

Ele diz que se surpreende especialmente com a forma como seus textos são utilizados nas escolas. "Existe esse aspecto educacional. Acabei de ser abordado por um professor no Piauí. Disse que pedia a seus alunos que fizessem as próprias versões baseadas nas notícias que eu utilizava para minhas histórias."

Produzir com tamanha regularidade não é problema para Scliar, que não gosta de ser chamado de prolífico. Este é o 88º livro da sua carreira.

STRECKER, Marcos. *Folha de S.Paulo*, São Paulo, 15 ago. 2009. Ilustrada. Disponível em: <http://www1.folha.uol.com.br/folha/ilustrada/ult90u610058.shtml>. Acesso em: 6 mar. 2012.

Você deve ter percebido que, em alguns momentos do texto, são citadas as falas do escritor, que certamente foram respostas dadas a perguntas do jornalista.

Caberá a você imaginar que todas as informações dessa reportagem foram obtidas numa entrevista e, com base nelas, "reconstituir" essa entrevista, formulando no caderno as perguntas que teriam sido feitas pelo jornalista e intercalando-as às respostas correspondentes dadas pelo entrevistado.

Se lhe parecer oportuno, procure empregar o que foi estudado sobre sequência dialogal nesta seção.

José Luís Juhas/Arquivo da editora

Produzindo texto

Crônica

Forme uma dupla com um colega para escrever uma crônica cujo assunto seja uma história de amor fictícia partindo de uma história real. Para isso, escolham uma das histórias ouvidas na seção *Expressão oral*, obtida por meio das entrevistas ou contem uma que vocês conheçam. Seu público leitor será formado pelos colegas de classe.

Antes de começarem a escrever, lembrem-se do trabalho feito por Moacyr Scliar no texto **A vida em leilão** e planejem:

- escolham um ponto interessante da história a partir do qual possam iniciar a narrativa;
- definam o conflito;
- pensem na caracterização dos personagens, a fim de justificar um determinado comportamento que tenha gerado o conflito que vocês vão narrar;
- caracterizem o lugar e o tempo em que os acontecimentos se desenrolaram;
- organizem a progressão dos fatos geradores do conflito de forma que se compliquem e levem ao desfecho;
- usem sequências dialogais (não esqueçam de que nos diálogos pode-se utilizar também a modalidade coloquial da linguagem).

Terminado o texto, submetam-no à apreciação dos colegas, de acordo com os critérios elencados abaixo. Reescrevam-no para melhorá-lo ou para corrigir eventuais problemas de coesão ou coerência. Um texto sempre pode ser melhorado!

Exercitando a crítica

Dois aspectos devem ser considerados nessa avaliação:

1. Quanto à caracterização do texto como crônica

- O foco narrativo (1ª ou 3ª pessoa) foi mantido do início ao fim?
- Os personagens estão bem caracterizados?
- Há indicações de lugar e tempo coerentes com a história?
- Há um conflito?
- A progressão dos acontecimentos leva à resolução do conflito de forma coerente?
- O desfecho representa a solução do problema configurado?

2. A expressão

Ilustrações: Camila de Godoy/Arquivo da editora

- O texto está organizado em parágrafos?
- Há repetições desnecessárias?
- As frases estão logicamente construídas?
- Há problemas de pontuação, ortografia, concordância?
- As sequências dialogais foram adequadamente registradas?
- Foram usados recursos de linguagem que concorressem para a expressividade do texto?

Não se esqueçam de que esse momento deve ser aproveitado para apresentar sugestões/contribuições aos colegas a fim de que melhorem seus textos.

Sugerimos leituras em voz alta para avaliação dos aspectos relativos à narração. A troca de textos pode ser feita em seguida, para que se observem os aspectos expressivos. Os comentários dos colegas podem ser feitos a lápis, como sugestões.

Após as leituras, é interessante reservar um tempo para refazer os textos.

Acima de qualquer suspeita

Acervo do Museu Lasar Segall/Ministério da Cultura

Lasar Segall. *Maternidade*.
Bronze 56 x 40,5 x 44 cm. 1935.

De todas as linguagens utilizadas por Segall, a escultura foi a que permitiu a melhor exploração formal do tema maternidade. A ampla base desta peça parece fazer dela uma extensão natural da terra, da terra-mãe. As mãos da mulher protegem a cabeça e o corpo da criança, mantendo-a junto de seu corpo. Sobre esta escultura, o crítico Geraldo Ferraz escreveu: "todo esse conjunto sintetiza a ideia de que o filho, ainda depois de nascido, permanece dentro do corpo onde foi gerado. Nas suas entranhas. No seu sangue. É toda uma obra poderosamente simbólica e realista na profunda verdade dela, empolgante na sua alta sonoridade de poema humano".

A obra contém a assinatura "LS" na região posterior inferior esquerda.

Disponível em: <http://www.museusegall.org.br/mlsObra.asp?sSume=21&sObra=33>. Acesso em: 22 fev. 2012.

Janela sobre herança

Pola Bonilla modelava barros e crianças. Ela era ceramista de mão-cheia e mestre-escola nos campos de Maldonado; e nos verões oferecia aos turistas suas esculturas e chocolate com churros.

Pola adotou um negrinho nascido na pobreza, dos muitos que chegam ao mundo sem ter com que, e criou-o como se fosse um filho.

Quando ela morreu, ele já era homem crescido e com ofício. Então os parentes de Pola disseram a ele:

– Entre na casa e pode levar o que quiser.

E ele saiu com uma fotografia dela debaixo do braço e se perdeu nos caminhos.

GALEANO, Eduardo. *As palavras andantes*. Porto Alegre: L&PM, 1994. p. 170.

PARA COMEÇO DE conversa

1. No primeiro texto, comenta-se a obra **Maternidade**, de Lasar Segall. Que gesto da mãe chama a atenção na escultura? Como o crítico citado a interpreta?
2. O segundo texto, **Janela sobre herança**, conta uma pequena história sobre uma mulher que adotou um "negrinho nascido na pobreza".
   a) Que herança Pola Bonilla deixou ao filho adotivo?
   b) O fato de o rapaz ter levado apenas a fotografia de Pola revela o quê?
3. Discuta com seus colegas: quais são as ideias mais significativas presentes nesses textos?

• Hora do texto

Idolatria

Eu olhava para a estrada e tinha a impressão de que jamais na vida chegaríamos a Nhuporã. Que pedaço brabo. O camaleão se esfregava no chassi e o pai praguejava:

– Caminho do diabo!

Nosso Chevrolet era um trinta e oito de carroceria verde-oliva e cabina da mesma cor, só um nadinha mais escura. No para-choque havia uma frase sobre amor de mãe e em cima da cabina uma placa onde o pai anunciava que fazia carreto na cidade, fora dela e ele garantia, de boca, que até fora do estado, pois o Chevrolet não se acanhava nas estradas desse mundo de Deus.

Mas o caminho era do diabo, ele mesmo tinha dito. A pouco mais de légua de Nhuporã o caminhão derrapou, deu um solavanco e tombou de ré na valeta. O pai acelerou, a cabina estremeceu. Ouvíamos os estalos da lataria e o gemido das correntes no barro e na água, mas o caminhão não saiu do lugar. Ele deu um murro no guidom.

[...]

Quis abrir a porta, ela trancou no barranco.

– Abre a tua.

A minha também trancava e ele se arreliou:

– Como é, ô Moleza!

Empurrou-a com violência.

– Me traz aquelas pedras. E vê se arranca um feixe de alecrim, anda.

Agachou-se junto às rodas e começou a fuçar, jogando grandes porções de barro para os lados. Mal ele tirava, novas porções vinham abaixo, afogando as rodas. Com a testa molhada, escavava sem parar, suspirando, praguejando, [...] e de vez em quando, com raiva, mostrava o punho para o caminhão.

O pai era alto, forte, tinha o cabelo preto e o bigode espesso. Não era raro ele ficar mais de mês em viagem e nem assim a gente se esquecia da cara dele, por causa do nariz, chato como de um lutador. Bastava lembrar o nariz e o resto se desenhava no pensamento.

– Vamos com essas pedras!

Por que falava assim comigo, tão danado? As pedras, eu as sentia dentro do peito, inamovíveis.

– Não posso, estão enterradas.

– Ah, Moleza.

Meteu as mãos na terra e as arrancou uma a uma. Carreguei-as até o caminhão, enquanto ele se embrenhava no capinzal para pegar o alecrim.

– Pai, pai, o caminhão tá afundando!

A cabeça dele apareceu entre as ervas.

– Não vê que é a água que tá subindo, ô pedaço de mula?

Marcos Guilherme/Arquivo da editora

E riu. Ficava bonito quando ria, os dentes bem parelhos e branquinhos.
– Tá com fome?
– Não.
– Vem cá.
Tirou do bolso uma fatia de pão.
– Toma.
– Não quero.
– Toma logo, anda.
– E tu?
– Eu o quê? Come isso.
Trinquei o pão endurecido. Estava bom e minha boca se encheu de saliva.

Marcos Guilherme/Arquivo da editora

– Acho que não vamos conseguir nada por hoje. De manhãzinha passa a patrola do Daer, eles puxam a gente.

Atirou a erva longe e entrou na cabina.

– Ô Moleza, vamos tomar um chimarrão?

Fiz que sim. Ao me aproximar, ele me jogou sua japona.

– Veste isso, vai esfriar.

A japona me dava nos joelhos e ele riu de novo, mostrando os dentes.

– Que bela figura.

A cara dele era tão boa e tão amiga que eu tinha uma vontade enorme de me atirar nos seus braços, de lhe dar um beijo. Mas receava que dissesse: como é, Moleza, tá ficando dengoso? Então aguentei firme ali no barro, com as abas da japona me batendo nas pernas, até que ele me chamou outra vez:

– Como é, vens ou não?

Aí eu fui.

FARACO, Sergio. *Dançar tango em Porto Alegre e outros contos escolhidos*. Porto Alegre: L&PM, 1999. p. 77-80.

camaleão [variante de *camalhão*]: Brasileirismo. Elevação deixada entre os sulcos feitos, em terreno molhado, pelas rodas dos veículos ou pelas patas dos animais.
chassi: estrutura de aço sobre a qual se monta toda a carroceria de veículo motorizado.
arreliou-se: impacientou-se, zangou-se.
inamovível: que não pode ser movido.
embrenhar: meter-se.
patrola: niveladora, aplanadora.
Daer: Departamento Autônomo de Estradas de Rodagem.

Liane Neves/Arquivo da editora

Gaúcho de Alegrete, **Sergio Faraco** (1940), além de contista, é advogado e tradutor. Seus livros, publicados em muitos países, renderam-lhe vários prêmios. A temática de seus contos trata, principalmente, da vida rural, das memórias de infância e adolescência e da amargura.

Expressão oral

O texto **Idolatria** trata da dificuldade de comunicação entre pai e filho, embora se amem muito. Em sua opinião, essa é uma relação fácil ou difícil? É fácil enxergar o amor de quem está mais próximo de nós no dia a dia? Por que nossa relação com pais e irmãos algumas vezes é tão complicada?

Forme um grupo com alguns colegas para discutir essas questões. Anote os aspectos que considerar relevantes e transmita-os a eles. Ouça também o que seus colegas têm a dizer. Terminada a discussão, é hora de transmitir suas conclusões aos demais grupos.

Depois de todos terem exposto suas opiniões, procure elaborar uma conclusão: o amor é tão claro quanto queremos que seja? É fácil enxergá-lo no dia a dia?

Expressão escrita

1. No conto **Idolatria**, alternam-se sequências narrativas e descritivas. Justifique essa afirmação retirando do texto um exemplo de cada tipo.

2. Faça no caderno um quadro-resumo com os elementos que constituem o conto. Procure explicar o que é relevante em cada item e você terá uma visão geral de como a trama se constrói. Tome como exemplo o quadro apresentado abaixo.

Narrador	Lugar	Conflito
Personagens	Tempo	Desfecho

3. Observe esta passagem:

"Por que falava assim comigo, tão danado?
As pedras, eu as sentia dentro do peito, inamovíveis."

a) O que é possível concluir sobre o narrador: ele ainda é garoto ou já é adulto? Que pistas esse trecho nos oferece?

b) A palavra **pedras** tem sentido próprio ou figurado nesse trecho? Explique.

4. Você sabe que o narrador não se confunde com o autor de uma história. Quem cria um conto dá vida aos personagens, escolhe o destino de cada um e quem será o narrador da história. O autor do conto **Idolatria** é Sergio Faraco. Cada autor tem seu estilo – sua forma de narrar. Tendo isso em vista, responda:

a) O que você observou em relação à forma como o autor organiza a transição dos trechos narrativos e descritivos para os diálogos?

b) Comente esse modo de narrar e organizar os diálogos.

Marcos Guilherme/Arquivo da editora

5. No conto, o narrador descreve o pai apenas fisicamente, mas é possível perceber seu "modo de ser" por suas ações. Como lhe parece ser esse homem? Escreva a resposta no caderno. Depois, leia para seus colegas e ouça o que eles têm a dizer.

6. O narrador não fala de si, mas observa as atitudes do pai e mostra suas reações diante delas. Em seu caderno, comente algumas dessas reações e o que elas demonstram.

7. Na relação entre esse pai e esse filho certamente haveria muitas outras histórias interessantes para contar. Por que o narrador teria escolhido justamente essa?

8. O desfecho do conto se resume a uma frase curta:

"Aí eu fui."

Discuta com seus colegas: essa frase indica apenas a ação de ir ou algo mais? Em sua opinião, ela exprime o quê?

Camila de Godoy/Arquivo da editora

9. Por trás de uma história e da movimentação dos personagens num determinado tempo e lugar, existe uma ideia, que pode ser resumida com um substantivo abstrato. Por exemplo, na história de desencontros de duas pessoas, podemos perceber a ideia da **solidão** – a solidão é o tema da história. No conto **Idolatria**, que ideia está presente o tempo todo? Explique no caderno.

As palavras e seus sentidos

1. Escreva em seu caderno que outra(s) palavra(s) poderia(m) ser usada(s) no lugar do termo destacado na frase:

"Ele deu um murro no **guidom**."

2. Com que sentido foi usado o verbo **trancar** nesta frase?

"Quis abrir a porta, ela trancou no barranco."

3. Reescreva a segunda frase deste trecho no caderno, substituindo a palavra **mal** sem que haja alteração do sentido:

"Agachou-se junto às rodas e começou a fuçar, jogando grandes porções de barro para os lados. Mal ele tirava, novas porções vinham abaixo, afogando as rodas."

4. O verbo **embrenhar** formou-se a partir da palavra **brenha** (mata espessa e emaranhada, matagal) com o acréscimo do prefixo **em-** e do sufixo **-ar**: em + brenha + ar. Da mesma forma, que verbos podem ser formados a partir de **noite**, **terra**, **magro**, **louco**, **dia** e **mole**?

5. Mesmo se não soubéssemos que Nhuporã fica no Rio Grande do Sul, seria possível deduzir que os fatos narrados ocorreram num estado da região Sul? Por quê?

• Gramática no texto

1. Observe como estas orações se organizam no período:

"Ouvíamos os estalos da lataria **e** o gemido das correntes no barro e na água, **mas** o caminhão não saiu do lugar."

Transcrevemos a seguir alguns períodos compostos em que as orações estão separadas por vírgula. Sua tarefa é reescrevê-los no caderno, usando uma conjunção que indique a relação entre as orações que os compõem. Exemplos de conjunções: **mas**, **como**, **pois**, **por isso**, **e**, **porque**, **quando**, **no entanto**, **portanto**.

a) "Mas o caminho era o diabo, ele mesmo tinha dito."

b) "O pai acelerou, a cabina estremeceu."

c) "Quis abrir a porta, ela trancou no barranco."

d) "Não posso, estão enterradas."

2. Reescreva a oração em destaque, utilizando uma forma conjugada do verbo **aproximar**, sem que se altere seu significado:

"**Ao me aproximar**, ele me jogou sua japona."

3. Releia:

"As pedras, eu as sentia dentro do peito, inamovíveis."

a) Responda no caderno: a que palavra se refere o pronome pessoal **as**?

b) Reescreva essa frase em seu caderno de outra forma, sem alterar substancialmente seu significado.

Mas...

A palavra **mas** é uma conjunção coordenativa usada para ligar orações independentes que apresentam ideias opostas. Ela é utilizada também para estabelecer relação de oposição entre segmentos textuais maiores que as orações, como períodos ou até mesmo parágrafos. Cuidado para não confundir com o advérbio de intensidade "mais", que é escrito com a letra "i" e expressa ideia de maior quantidade em relação a determinado termo na frase.

4. Com estas frases, o pai dá ordens ao filho:

"Abre a tua."; "Me traz aquelas pedras."

Marcos Guilherme/Arquivo da editora

a) Que modo verbal é usado para dar uma ordem, um conselho ou para fazer um pedido? Escreva a resposta no caderno.

b) Os dois se tratam pela 2ª pessoa do singular: **tu**. Como ficariam essas frases se a forma de tratamento fosse **você**?

O modo imperativo

"– Me traz aquelas pedras."
"– Veste isso, vai esfriar."

Nessas passagens, o pai ordena ao filho que o ajude a tirar o caminhão do atoleiro e que vista a japona ofertada por ele. Para isso, emprega o modo imperativo, o modo usado para dar ordens, conselhos ou fazer pedidos, influenciar, interferir na vontade do interlocutor para levá-lo a agir de determinada forma ou mudar seu comportamento. Por essa razão, é conjugado apenas nas pessoas que se referem a ele: tu/vós, você/vocês.

Veste essa japona. (**tu**)
Vesti essa japona. (**vós**)
Vista essa japona. (**você**)
Vistam essas japonas. (**vocês**)

Usa-se também a 1ª pessoa do plural quando o falante se inclui no grupo com o qual fala.

Vistamos essas japonas. (**nós** = você(s) e eu)

Marcos Guilherme/Arquivo da editora

O modo imperativo refere-se a um tempo presente e possui também a forma negativa:

Não vistas essa japona. (tu)
Não vistais essas japonas. (vós)
Não vista essa japona. (você)
Não vistam essas japonas. (vocês)
Não vistamos essas japonas. (nós)

Formação do modo imperativo

O modo imperativo é derivado do presente do indicativo e do presente do subjuntivo. Observe, no quadro, o que indicam as setas:

Presente do indicativo		Imperativo afirmativo		Presente do subjuntivo		Imperativo negativo
abro		–		abra		–
abres (-s)	→	**abre** (tu)		abras	→	**não abras** (tu)
abre		**abra** (você)	←	**abra**	→	**não abra** (você)
abrimos		**abramos** (nós)	←	**abramos**	→	**não abramos** (nós)
abris (-s)	→	**abri** (vós)		abrais	→	**não abrais** (vós)
abrem		**abram** (vocês)	←	**abram**	→	**não abram** (vocês)

Como você pôde observar, a 1ª pessoa do singular do modo imperativo não existe. O imperativo afirmativo e o negativo formam-se de maneiras diferentes; as setas que aparecem no quadro indicam de onde provém cada pessoa.

Imperativo afirmativo:

- as segundas pessoas (tu e vós) saem do presente do indicativo, com a eliminação do **-s** final;
- as demais pessoas (você, vocês e nós) são idênticas às formas do presente do subjuntivo.

Imperativo negativo:

- todas as pessoas provêm do presente do subjuntivo;
- acrescenta-se o advérbio de negação **não** a cada pessoa.

algo a +

Existem em português outras formas de dar ordens. Algumas delas produzem um efeito mais contundente do que as próprias formas do modo imperativo. Observe:

Frases nominais e *interjeições*: Nem mais uma palavra! Silêncio! Psiu! Quietos! Sentido!
Gerúndio: Andando! Parando!
Infinitivo: Marchar! Esquerda, volver!

Atividades

1. Leia esta peça publicitária:

www.portal.saude.gov.br/saude/campanha/Arquivo da editora

Dê atenção à sua vida.
- Adote uma alimentação saudável.
- Não fume e evite bebidas alcoólicas.
- Pratique exercícios físicos.
- Procure a unidade básica de saúde mais próxima.

Disponível em: <http://portal.saude.gov.br/portal/saude/area.cfm?co_seq_campanha=3504&id_area=137&pagina=dspDetalheCampanha>. Acesso em: 22 fev. 2012.

a) Com que intenção foi criada essa peça publicitária e a quem ela se destina?

b) Levante hipóteses: se considerarmos que todas as pessoas, homens e mulheres, devem cuidar da própria saúde, por que o Ministério da Saúde se preocupou em preparar uma peça publicitária sobre os cuidados com a saúde exclusivamente para os homens?

c) Em geral, peças publicitárias são bastante versáteis, adaptando-se bem a diversos gêneros de texto diferentes. No caso analisado aqui, temos uma peça publicitária realizada no gênero cartaz, que pode ser afixado em diversos ambientes públicos. Em que outros gêneros textuais essa mesma peça poderia ser veiculada, tendo em vista que o conteúdo dessa propaganda deva chegar ao conhecimento da maior quantidade de homens possível?

d) Quais são os nomes das doenças escritas no lado direito da imagem? Que ideia se pretende passar com essa lista de doenças?

e) O desenvolvimento de nossa capacidade comunicativa, principalmente em ambientes públicos formais, depende da ampliação do repertório de palavras de que dispomos para expressar nossas ideias. Uma das maneiras de ampliar esse repertório pessoal é conhecer o vocabulário técnico de algumas áreas do saber, como o vocabulário jornalístico, médico etc. Na campanha, os nomes das doenças fazem parte do vocabulário médico, embora, em certa medida, esses nomes já tenham sido incorporados ao vocabulário comum, dada a divulgação deles no rádio e na televisão. Você sabe o que significa cada nome de doença citada pela campanha? Pesquise a definição de cada uma delas em bons dicionários e anote suas conclusões no caderno.

f) Transcreva todos os verbos usados no imperativo: o que eles exprimem?

g) Indique o sujeito desses verbos.

h) Em que tempo e modo estão os verbos da frase "Homem que se cuida não perde o melhor da vida"? O que eles indicam?

i) Reescreva essa frase, passando os verbos **cuidar** e **perder** para o modo imperativo. Faça as alterações necessárias.

j) Reescreva as frases a seguir, mudando o verbo de acordo com o que se pede.

I- Sujeito: vocês / eu e você
Adote uma alimentação saudável.
Pratique exercícios físicos.
Procure a unidade básica de saúde mais próxima.

II- Passe os verbos para a forma negativa; em seguida, complete as frases para mostrar as consequências nefastas dos atos enunciados.
Dê atenção à sua vida...
Cuide-se...
Adote uma dieta saudável...
Pratique atividades físicas...

k) O que seria "o melhor da vida" segundo o texto?

l) Em sua opinião, essa campanha amplia a compreensão do público-alvo sobre o assunto tratado?

2. Leia esta tirinha:

Atlantic Syndication/Arquivo da editora

WATTERSON, Bill. *Os dez anos de Calvin e Haroldo*. São Paulo: Best News, 1996. p. 21. v. 1.

a) Essa tirinha apresenta uma conversa entre Calvin e Moe, no segundo e terceiro quadrinhos. Quais são os verbos das falas dos personagens?

b) Desses verbos, qual está no modo imperativo? O que Moe pretende ao utilizá-lo?

c) Que verbos Calvin usa em sua reflexão, no último quadrinho? Em que modo estão?

d) Quem seria o interlocutor de Calvin nesse quadrinho? Explique a função desses modos verbais em sua fala.

e) No diálogo que os meninos mantêm, que pessoa de tratamento utilizam: tu ou você? Explique sua resposta.

f) Que nível de linguagem usa Moe para falar com Calvin? Esse registro é adequado?

g) Que recurso persuasivo levou Calvin a fazer o que Moe desejava?

• Hora do texto

TEXTO 1

Amamentar faz bem para o bebê e para você

A Semana Mundial da Amamentação (SMAN) ocorre entre os dias 1º e 7 de agosto, e o tema de 2011, sugerido pela WABA (Aliança Mundial para ação em Aleitamento Materno), é "Comunique-se! Amamentação: uma experiência em 3D". A ideia é levar a amamentação a uma nova dimensão, torná-la uma experiência mais interativa e participativa.

Para incentivar o aleitamento materno e divulgar a Semana, o Ministério da Saúde e a Sociedade Brasileira de Pediatria disponibilizam diversas peças: cartaz, fôlder, *spot* e filmes com foco no apoio e incentivo à amamentação, além de dicas de como amamentar.

O leite materno é um alimento completo. Até os 6 meses, o bebê não precisa de nenhum outro alimento (chá, suco, água ou outro leite). Depois dos 6 meses, a amamentação deve ser complementada com outros alimentos, mas é bom que o bebê continue sendo amamentado até 2 anos ou mais. Quanto mais tempo o bebê mamar no peito, melhor para ele e para a mãe.

A amamentação é uma experiência completa, proporciona a comunicação total entre mãe e filho. Amamentar só faz bem. Espalhe essa ideia. Seja um amigo do peito.

Confira as peças da campanha:

Período de veiculação: 01/08/2011 a 30/08/2011

Peças da campanha: (9)

Disponível em: <http://portal.saude.gov.br/portal/saude/area.cfm?id_area=137&pagina=dspDetalheCampanha&co_seq_campanha=4384>. Acesso em: 23 fev. 2012.

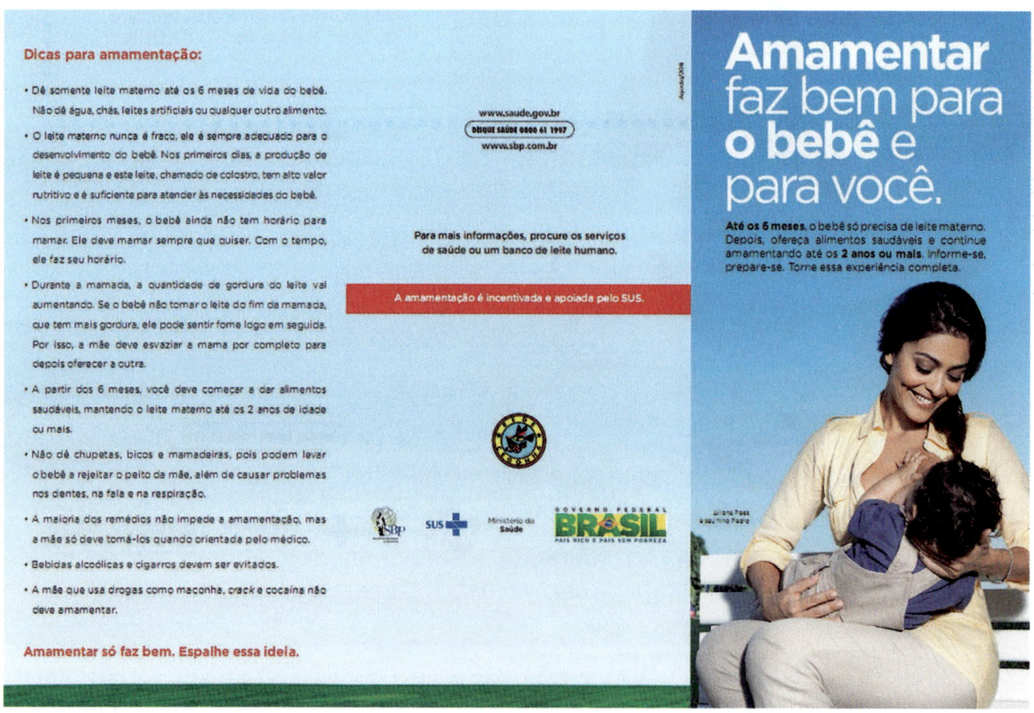

Disponível em: <http://portal.saude.gov.br/saude/campanha/selo_internet_010811.jpg>. Acesso em: 23 fev. 2012.

TEXTO 2

Campanha de Doação de Leite Materno

www.portal.saude.gov.br/portal/saude/Ministério da Saúde

O Dia Nacional de Doação de Leite Humano é comemorado em 1º de outubro. Para celebrar a data, o Ministério da Saúde lança a campanha "Para você é leite. Para criança é vida". O leite materno é importante para todos os bebês, principalmente para os que estão internados e não podem ser amamentados pela própria mãe. Com ele o bebê se desenvolve com saúde, tem mais chances de recuperação e fica protegido de infecções, diarreias e alergias. Quem está amamentando pode procurar o banco de leite mais próximo e ser uma doadora. Este gesto pode salvar vidas. A doação de leite humano é incentivada e apoiada pelo SUS. Confira abaixo as peças da campanha.

Período de veiculação: 29/09/2011 a 29/09/2012

Peças da campanha: (7)

www.portal.saude.gov.br/saude/campanha/Ministério da Saúde

Disponível em:
<http://portal.saude.gov.br/portal/saude/area.cfm?id_area=137&pagina=dspDetalheCampanha&co_seq_campanha=4504>.
Acesso em: 23 fev. 2012.

algo a +

Campanha publicitária é o conjunto de anúncios que tem como objetivo a divulgação de um produto, uma marca, uma ideia etc. Costuma ser lançada ao mesmo tempo em diversos veículos de comunicação, como rádio, televisão, jornais, revistas, *sites* da internet, cartazes, *outdoors* etc., com o objetivo de causar impacto. Empresas, instituições e governos desenvolvem campanhas. Enquanto as empresas as lançam para divulgar produtos e a própria marca, instituições e governos voltam-se para a transmissão de ideias ou incentivo de atitudes do cidadão nos diversos setores da vida.

Expressão escrita

Os textos **Amamentar faz bem para o bebê e para você** e **Campanha de Doação de Leite Materno** fazem parte de campanhas publicitárias promovidas pelo Ministério da Saúde. Na página da internet dedicada a essas campanhas há uma exposição de motivos seguida de *links* nos quais o internauta pode visualizar os diversos anúncios produzidos para divulgá-las. Você acabou de ler partes de duas campanhas: texto explicativo e um anúncio de cada uma.

Texto 1

1. Quais são os principais objetivos da campanha **Amamentar faz bem para o bebê e para você**, expostos na primeira parte do texto?
2. Que esclarecimentos são oferecidos ao público?
3. Que informações do texto permitem dizer que essa é uma campanha que tem se repetido?
4. Em sua opinião, se amamentar é um ato natural, por que é preciso desenvolver uma campanha em torno dele?
5. Que peças publicitárias foram disponibilizadas para a divulgação da campanha?
6. Observe, agora, o anúncio:
   a) A quem ele se destina?
   b) Observe o uso do modo imperativo nas frases "Apoie a mulher que amamenta. Seja um amigo do peito". O que se pretende com o uso desse modo verbal?
   c) Em sua opinião, "Seja um amigo do peito" é uma frase de efeito? Explique.
   d) Que elementos funcionam como recursos persuasivos nesse anúncio?

Texto 2

1. A **Campanha de Doação de Leite Materno** destina-se principalmente às mães que estão em fase de aleitamento. Compare a exposição de motivos para o lançamento da campanha e o texto do anúncio:
   a) O que você percebeu?
   b) Esses textos chamam a atenção para que fatos?
   c) Que função têm esses textos?

2. Esse anúncio é dirigido a mais de um interlocutor. Quem são eles?

3. Em que veículo de comunicação esse anúncio foi divulgado? Como é possível saber?

4. As campanhas costumam apresentar *slogans*.
   a) Você sabe o que é um *slogan*? Se não se lembra, pesquise e leve exemplos para seus colegas.
   b) Qual é o *slogan* dessa campanha?
   c) Que qualidades você vê nele?
   d) Que tratamento gráfico foi dado a ele?

5. Qual é a sua opinião sobre a participação de pessoas famosas em campanhas desse tipo? Você vê essa participação como recurso persuasivo? Justifique sua resposta.

6. Que sentimentos se procura despertar nas pessoas que terão acesso a esses anúncios?

7. Retome as ideias discutidas na página de abertura deste capítulo. Que relação há entre aqueles textos e estes?

Para além do texto

Procure em revistas e jornais, em *sites*, cartazes ou *outdoors* exemplos de anúncios interessantes para levar para a classe em dia marcado com seu(sua) professor(a) e seus colegas.

Faça uma leitura atenta desses anúncios. Para isso, analise os recursos persuasivos utilizados, determine o que exatamente se pretende vender ou divulgar com eles. Transmita suas conclusões para seus colegas e ouça o que eles têm a dizer.

Ao final, construa um painel com seus colegas e tirem, juntos, conclusões mais abrangentes sobre a linguagem da propaganda.

José Luis Juhas/Arquivo da editora

8 JEITOS de mudar o mundo

Vá à página 224.
Leia o texto do item 2. Um dos problemas que devem ser lembrados no dia 8 de março é a exploração do corpo feminino nos meios de comunicação. Pesquise anúncios publicitários que explorem o corpo da mulher ou que reproduzam algum preconceito. Em grupos, tentem refazer esses anúncios substituindo esses apelos por outros recursos de persuasão.

• A linguagem dos textos

Os recursos persuasivos na publicidade

Persuadir significa levar alguém a acreditar em algo, a decidir-se a respeito de alguma coisa, a mudar de atitude, a aderir a uma ideia; significa levar alguém a assumir a necessidade de possuir um produto ou de ter determinadas atitudes, por meio de conselho, exortação e outros recursos utilizados para agir na disposição do outro.

Para persuadir, o locutor fala à emoção e à vontade do interlocutor, mais do que à sua razão.

Embora os recursos persuasivos estejam presentes em nossa fala diária e em outros gêneros textuais, eles se manifestam de modo mais evidente na publicidade, já que um de seus principais objetivos é divulgar ideias, produtos, marcas etc. por meio de um conjunto de recursos que buscam produzir impacto e conseguir a adesão do público.

Relação público X **produto**

A primeira ação de quem cria uma peça publicitária é definir o perfil do público-alvo do produto que será anunciado ou da ideia que será divulgada. Suas preferências, necessidades e desejos, além de fatores sociais, culturais e econômicos, devem ser conhecidos porque todo o trabalho a ser desenvolvido terá como foco estes dois pontos: o **produto** (o que se vai divulgar) e o **público** (para quem se vai divulgar).

José Luís Juhas/Arquivo da editora

O conjunto de recursos persuasivos a que se recorrerá, como linguagem, imagens e sons (quando houver), será produzido especificamente para aquele grupo: falará a linguagem dele, expressará os desejos dele, dirá o que ele quer ler/ouvir, mostrará o que ele quer ver.

Três aspectos ligados ao produto e ao público-alvo devem ser definidos antes de se elaborar uma peça publicitária:

- a **imagem** que se quer criar/apresentar do anunciante ou do produto: deve ser positiva, confiável e atender às expectativas do público-alvo;
- as **emoções** a que se recorrerá para envolver o público: simpatia, empatia, segurança, compaixão, ternura etc.;
- os **argumentos** criados para transmitir a ideia e conseguir a adesão do público.

Uma vez definidos esses aspectos, são criados os recursos persuasivos que lhes darão forma. Alguns exemplos:

- Exploração dos recursos linguísticos cabíveis: uso de trocadilhos, figuras de linguagem, duplo sentido etc.

A frase "Seja um amigo do peito" é um exemplo de uso de recurso de linguagem.

- Criação de proximidade: uso de registros linguísticos típicos do público-alvo, incluindo gírias, forma de tratamento **você** etc.
- *Slogans*: frases de efeito, curtas, de fácil memorização, que resumem as qualidades do produto.

"Para você é leite. Para a criança é vida."

- Textos informativos curtos, incisivos, apenas com as informações necessárias.
- Emprego do modo imperativo ou de fórmulas que exortem as pessoas a aderirem à ideia divulgada.
- Música que envolve e estimula. A música tem o poder de trazer o produto à lembrança sem que o consumidor se dê conta da associação.
- Ilustrações e imagens: cores cuidadosamente estudadas, imagens agradáveis, fotos de pessoas famosas e de modelos atraentes, pois a beleza é um ideal desejado e os atributos das pessoas famosas atuam favoravelmente sobre o público.

As campanhas publicitárias institucionais também se valem desses recursos principalmente nas áreas da saúde e da educação com o objetivo de esclarecer, informar, ensinar, formar hábitos, mudar comportamentos, divulgar linhas de ação etc.

José Luis Juhas/Arquivo da editora

Produzindo texto

Campanha publicitária

Forme dupla com um colega e, juntos, criem uma campanha publicitária.

- Vocês já participaram de uma campanha para obtenção e circulação de livros. Escolham agora um outro assunto de interesse. Por exemplo: não usar cerol, não pichar os muros da cidade, não usar celular na sala de aula, estudar - um valor permanente, não jogar lixo nas ruas da cidade, respeitar o pedestre, respeitar os limites de velocidade nas ruas da cidade etc.
- Determinem quem será o público-alvo: seus colegas de escola, jovens em geral, pais, trabalhadores etc. Não esqueçam que a linguagem deve ser adequada a ele.
- Pensem na imagem que querem transmitir, nas emoções que desejam despertar em seu público e nos argumentos que vão utilizar para persuadi-lo.
- Em seguida, criem um *slogan*.
- Elaborem um texto curto com informações importantes.
- Utilizem recursos de linguagem: metáforas, comparações, antíteses, hipérboles etc.
- Usem pelos menos algumas formas verbais no imperativo.
- Ilustrem o texto com imagens adequadas.

Ilustrações: José Luís Juhas/Arquivo da editora

Elaborem pelo menos duas peças: um cartaz e um anúncio, por exemplo. Se tiverem acesso a computadores e aparelhos de produção de vídeo, criem uma peça audiovisual. Escolham lugares estratégicos para exibi-los.

Redijam o texto e, em seguida, releiam-no observando a pontuação, a ortografia, a acentuação, a concordância, a pertinência dos argumentos e a coerência das ideias expostas.

Submetam-no à apreciação de seus colegas. Se ainda houver problemas, corrijam-no. Passem-no a limpo, pensando em sua apresentação e legibilidade, já que ele ficará disponível para que outras pessoas o leiam.

Exercitando a crítica

- O assunto foi bem explorado?
- O *slogan* e os recursos de linguagem funcionam como elementos persuasivos? Têm forte apelo?
- A campanha mobiliza emoções do grupo a que se destina?
- A linguagem está adequada ao público-alvo?
- Os argumentos apresentados são convincentes e respeitam as opiniões contrárias? (Garantam que a campanha de vocês não ofenda a cultura, a crença, os hábitos e as origens de outras pessoas.)
- As informações são suficientes?
- O texto foi bem ilustrado?
- O conjunto dos recursos utilizados é persuasivo?

Loucos ou heróis?

"Poderiam perder-se todos os exemplares do Quixote, em castelhano e nas traduções; poderiam perder-se todos, mas a figura de Dom Quixote já é parte da memória da humanidade."

Jorge Luis Borges. Disponível em: <http://operamundi.uol.com.br/conteudo/noticias/1407/conteudo+opera.shtml>. Acesso em: 5 mar. 2012.

Vera Basile/Arquivo da editora

Pablo Picasso/Coleção Particular

Dom Quixote e Sancho Pança, retratados pelo pintor espanhol Pablo Picasso, 1955.

PARA COMEÇO DE conversa

1. Mesmo que você não tenha lido a história de Dom Quixote, você já deve ter ouvido falar sobre esse personagem, visto sua figura estampada em livros ou em esculturas. Conte o que você sabe sobre ele.
2. Observe bem a representação de Dom Quixote e Sancho Pança: que impressão ela lhe transmite?
3. Em sua opinião, por que uma obra e um personagem passariam a fazer parte da memória da humanidade, conforme disse o escritor argentino Jorge Luis Borges?

• Hora do texto

A incrível batalha contra os moinhos de vento

Depois de cavalgarem algumas horas, chegaram a um grande campo onde se viam entre trinta e quarenta moinhos de vento.

– A sorte vem-nos guiando melhor do que poderíamos desejar – disse Dom Quixote, segurando seu cavalo. – Vê, meu fiel Sancho: diante de nós estão mais de trinta insolentes gigantes a quem penso dar combate e matar um por um. Com seus despojos iniciaremos nossa riqueza, além de arrancar essas sementes ruins da face da Terra. Essa é a ordem de Deus que devemos cumprir.

José Luís Juhas/Arquivo da editora

– Que gigantes? – perguntou Sancho Pança, que por mais que examinasse o terreno só via os inocentes moinhos de vento agitando suas pás vagarosamente.

– Aqueles que ali vês – respondeu o amo. – Têm os braços tão longos que alguns devem medir mais de duas léguas...

– Olhe bem Vossa Mercê – contestou Sancho. – Aquilo não são gigantes e sim moinhos de vento, e o que parecem braços são as pás que, movidas pelo vento, fazem girar a pedra que mói os grãos.

– Bem se vê que não tens prática nessas aventuras. São gigantes e, se tens medo, afasta-te daqui. O melhor é que fiques rezando enquanto me atiro a essa feroz e desigual batalha.

E, dizendo isso, esporeou o pangaré sem atender aos apelos do escudeiro, certo de que combatia ferozes gigantes.

– Não fujais, covardes e abjetas criaturas! Sois atacadas por somente um cavaleiro!

Enquanto galopava contra o primeiro moinho, o vento aumentou de intensidade fazendo girar as pás com mais velocidade.

– Não adianta agitar os braços. Havereis de me pagar! – gritou, atirando-se contra o “inimigo” mais próximo, encomendando-se de todo o coração à sua senhora Dulcineia.

Foi a conta. Ao cravar a lança numa das pás do moinho, a força do impacto reduziu-a a pedaços, atirando cavalo e cavaleiro a distância. Sancho Pança acorreu em socorro, seu alquebrado jumento trotejando grotescamente.

– Valha-me Deus! – disse Sancho. – Não vos avisei que olhásseis bem para o que íeis fazer? Que eram moinhos, e não gigantes? Como é que alguém pode-se enganar assim?

despojos: restos.

abjeto: imundo, desprezível, baixo.

alquebrado: enfraquecido, abatido, prostrado.

trotejar (trote + sufixo **-ejar**): trotar, andar (a montaria) a trote, entre o passo e o galope. O sufixo **-ejar** expressa duração, repetição; os verbos formados com esse sufixo, chamados frequentativos, exprimem ação repetida (formada por pequenas ações seguidas).

grotesco: ridículo.

Rocinante: nome do cavalo de Dom Quixote; provém de **rocim**, que significa cavalo magro e velho.

Enquanto ia falando, o gordo escudeiro tentava levantar tanto o cavaleiro quanto o cavalo, pois o velho Rocinante continuava atordoado pela violência da pancada.

– Cala-te, amigo – respondeu Dom Quixote. – Esses são os azares da guerra. Eram gigantes, agora são moinhos. Essa foi mais uma picardia do sábio Frestão – aquele que roubou meus livros! Só assim poderia roubar-me a glória de tão magnífica vitória. Mas ainda tirarei vingança de suas artes diabólicas com a justeza de minha espada!

José Luis Juhas/Arquivo da editora

– Que Deus decida o que é melhor! – respondeu Sancho Pança sem entender nada, mas preocupado em recolocar o amo sobre seu cavalo.

Depois de novamente montado e relativamente em condições de manter-se assim, Quixote decidiu:

– Vamos para Porto Lápice. Lá encontraremos muitas e diferentes aventuras. Praticarei tantas ações de cavalaria que te sentirás o mais afortunado dos homens por poder testemunhar esses feitos. Serão coisas que só vendo para crer...

Apesar dos arranhões e escoriações sofridas, o que mais entristecia Dom Quixote era a perda de sua lança. Como poderia um verdadeiro cavaleiro andante andar sem sua nobre arma? Enquanto cavalgava, seguido pelo fiel escudeiro, o fidalgo lembrou-se de que, outrora, o cavaleiro espanhol Diogo Peres de Vargas havia quebrado sua espada numa batalha e a substituíra por um grosso galho de carvalho. Assim armado, combatera e vencera muitos mouros, o que lhe valera a glória e o respeito de todos os seus descendentes.

– Farei o mesmo – disse ao criado. – E podes ter certeza que me sairei tão bem quanto Dom Vargas.

– Se assim afirma Vossa Mercê, certamente assim será – respondeu humildemente o escudeiro. Depois, observando melhor o outro: – Vossa Mercê está ferido? Cavalga meio de lado como se sentisse alguma dor.

– Realmente estou um tanto dolorido. Só não me queixo porque isso não fica bem para um cavaleiro andante. Mesmo que minhas tripas estivessem saindo pelos ferimentos, jamais soltaria um ai sequer.

– Espero que as leis da cavalaria não sejam tão severas para com os escudeiros. Eu, se for ferido, mesmo com um cortezinho à toa, faço a maior choradeira do mundo.

Dom Quixote sorriu com a complacência dos verdadeiros heróis. Seu servo poderia gemer quanto quisesse. Nunca vira nada em contrário nas normas da cavalaria, que, aliás, não tratavam de assunto tão mesquinho.

Seguiram sua rota. Sancho Pança, escarrapachado sobre o lombo do jumento, mastigava algumas provisões que trazia nos

picardia: esperteza, desfeita.

Frestão: mágico que, segundo acreditava Dom Quixote, fez desaparecerem os livros de sua biblioteca. Dom Quixote possuía uma enorme biblioteca, e de seus livros tirou a inspiração para tornar-se cavaleiro.

mouro: indivíduo dos mouros, povo da Mauritânia (África); denominação dos indivíduos de origem árabe que ocuparam a península Ibérica entre os séculos VIII e XV; aquele que professa a fé islâmica; muçulmano.

complacência: benevolência, condescendência.

escarrapachado: montado com as pernas muito abertas.

alforjes, entremeadas por longos goles de vinho que chupava de uma botija. Dom Quixote, para não se rebaixar às simples necessidades humanas, pouco condizentes com os cavaleiros de sua casta, nada comeu. Disse não ter fome.

CERVANTES, Miguel de. *Dom Quixote*. Adaptação de José Angeli. São Paulo: Scipione, 2002. p. 25-28.

alforje: duplo saco, fechado nas extremidades e aberto no meio, formando como que dois bornais, que se enchem equilibradamente, sendo a carga transportada no lombo de cavalgaduras ou ao ombro de pessoas.

casta: camada social.

Hulton Archive/Getty Images

Miguel de Cervantes y Saavedra (1547-1616) é considerado o maior escritor da literatura espanhola e um dos mais importantes da literatura universal. A primeira parte de sua obra *Dom Quixote de la Mancha* foi publicada em 1605 e a segunda, em 1615. Nesse livro, Cervantes constrói a história de um nobre que enlouquece de tanto ler novelas de cavalaria, muito comuns na época. Ele passa a acreditar de tal maneira nos ideais cavalheirescos de amor, paz e justiça, que sai em busca de aventuras juntamente com Sancho Pança, seu fiel escudeiro. É uma obra envolvente e apaixonante.

Expressão oral

A incrível batalha contra os moinhos de vento, mundialmente conhecida, é um texto escrito, publicado em livro. As aventuras de Dom Quixote, porém, correm o mundo, difundidas oralmente, cantadas por repentistas, reproduzidas em literatura de cordel; está na fala das pessoas, em letras de canções, em quadrinhos, em filmes.

Agora reconte você, oralmente e à sua maneira, esse famoso episódio do Dom Quixote. Seu público é a sua turma. Escolha a forma de contar e a linguagem que utilizará. Portanto, antes de recontá-la, planeje:

- Pense em como vai narrar, na caracterização do lugar e dos personagens, na organização dos elementos que compõem o episódio propriamente dito. Você deve ser fiel ao texto, mas é livre para enfatizar o que desejar.
- Pense nas falas dos personagens e em como você vai relatá-las.
- Faça suspense para manter a atenção de seu público. Crie pausas, cuide do ritmo da narração dos fatos para dar a impressão da maneira como eles aconteceram, de modo mais rápido ou mais lento.
- Dê especial atenção ao tom de voz, que pode se elevar ou abaixar dependendo da situação.
- Se necessário, improvise alguns materiais que o auxiliem em sua narrativa.

Terminada a narrativa, discuta com seus colegas alguns aspectos relacionados à narração oral de histórias:

- Que diferenças você percebe entre a narração escrita e a narração oral?
- Que recursos cada modalidade utiliza para valorizar os fatos narrados?
- A linguagem de uma e de outra difere muito? Explique.
- Como foi feita a reprodução das falas: em discurso direto ou indireto? Que efeitos uma ou outra forma provocam?

Ao final, elabore com seus colegas uma conclusão que contemple as diferenças entre uma e outra modalidade. Não se trata de escolher qual é melhor ou pior, mesmo porque cada uma apresenta qualidades próprias, mas de definir o que caracteriza a narração escrita e o que caracteriza a narração oral, em que situações elas ocorrem e que valor elas podem representar para leitores e ouvintes.

Se preferir, crie um quadro com duas colunas em seu caderno para anotar as características de cada uma.

Expressão escrita

Fábio Motta/Arquivo da editora

Dom Quixote, de Miguel de Cervantes, foi traduzido para diversas línguas em todo o mundo.

1. O texto **A incrível batalha contra os moinhos de vento**, do livro *Dom Quixote de la Mancha*, relata o primeiro episódio vivido por Dom Quixote e Sancho Pança, logo depois que este se torna seu fiel escudeiro.

a) Apesar de ser apenas um episódio, você diria que ele apresenta unidade? Ou seja: tem início, meio e fim? Explique.

b) Em que lugar estão os dois personagens quando começa a narrativa? E no final?

2. Não há descrição física dos personagens nesse trecho, mas o narrador compõe suas figuras por meio de aspectos exteriores a eles. Observe como se refere à montaria dos dois. Que palavras ele usa? Que importância tem essa informação?

3. Quando Dom Quixote vê os moinhos de vento, imagina que sejam gigantes. Como ele avalia a aparição?

4. A passagem a seguir mostra a intenção de Dom Quixote em suas andanças pelo mundo.

"Com seus despojos iniciaremos nossa riqueza, além de arrancar essas sementes ruins da face da Terra. Essa é a ordem de Deus que devemos cumprir."

Que intenção seria essa?

5. Observe a explicação de Sancho Pança sobre os moinhos:

"– Aquilo não são gigantes e sim moinhos de vento, e o que parecem braços são as pás que, movidas pelo vento, fazem girar a pedra que mói os grãos."

Que aspecto(s) interessante(s) sobre a personalidade de Sancho essa explicação nos revela?

Vera Basile/Arquivo da editora

6. Releia este trecho atentando para o uso da palavra **inimigo**.

"– Não adianta agitar os braços. Havereis de me pagar!
– gritou, atirando-se contra o 'inimigo' mais próximo [...]."

Por que essa palavra foi destacada com as aspas?

7. Apesar de vencido, Dom Quixote reconhece a derrota?

8. Esta fala de Dom Quixote ocorre logo após seu malsucedido feito.

> "– Vamos para Porto Lápice. Lá encontraremos muitas e diferentes aventuras. Praticarei tantas ações de cavalaria que te sentirás o mais afortunado dos homens por poder testemunhar esses feitos. Serão coisas que só vendo para crer..."

Escreva no caderno o que, em sua opinião, ela revela sobre o personagem.

9. As ações do personagem principal levam-no a uma degradação cada vez maior. Nesse episódio, que fato marca o nível mais baixo a que ele chega? Registre sua resposta no caderno.

10. Apesar dessa degradação, como se porta Dom Quixote perante o companheiro?

11. Considere esta frase para responder às questões:

> "Dom Quixote sorriu com a complacência dos verdadeiros heróis."

a) Essa informação do narrador refere-se a uma realidade exterior ou interior do personagem?
b) Qual é a sua opinião a respeito do personagem Dom Quixote?
c) Sancho Pança e Dom Quixote são dois personagens que se completam? Por quê?

12. Alguns personagens da literatura são tão fortes naquilo que representam que acabam se tornando verdadeiros símbolos. Dom Juan, por exemplo, simboliza o conquistador. Em sua opinião, Dom Quixote seria o símbolo de quê? E os moinhos de vento?

Para além do texto

Pesquisa

Faça uma pesquisa sobre cavaleiros medievais e suas aventuras. Você pode procurar em enciclopédias, na internet ou pesquisar na biblioteca de sua escola ou de seu bairro. Pode também assistir a filmes sobre eles como *Ivanhoé, o vingador do rei* (*Ivanhoe*, 1952, Estados Unidos); *Rei Arthur* (*King Arthur*, 2004, Estados Unidos, Irlanda e Reino Unido); *Excalibur* (1981, Estados Unidos); ou outros de sua escolha.

Vídeo Arte/MGM/Abril Imagens

Cena do filme *Ivanhoé, o vingador do rei*, dirigido por Richard Thorpe (1952).

Apresentação

Vera Basile/Arquivo da editora

Após pesquisar, organize com seus colegas um momento para a troca de informações: um painel oral e escrito sobre os livros, os filmes e suas histórias.

Não se esqueça de planejar sua fala tendo em vista o que deseja dizer a seus colegas. Como seu texto será expositivo, organize a sequência de informações a serem transmitidas e faça um esquema que servirá de lembrete. Considere que uma fala deve apresentar uma introdução (a apresentação do que se vai falar), um desenvolvimento (as explicações, os exemplos) e uma conclusão (o fechamento da fala).

Não tente decorar seu texto! Se se sentir inseguro, utilize os tópicos relacionados no lembrete. Você pode escrevê-los num quadro ou na lousa, o que o auxiliará a falar e facilitará a compreensão de quem estiver ouvindo.

Exemplificar as informações com pequenas histórias a respeito dos personagens envolvidos também é uma boa opção.

Finalmente, cuide da linguagem. Apesar de se tratar de um texto oral, quando transmitimos conhecimentos, a linguagem deve ser clara e não pode dar margem a duplas interpretações nem conter imprecisões.

algo a +

As novelas de cavalaria surgiram na Idade Média e eram ainda bastante populares na época em que Cervantes escreveu seu *Dom Quixote*, idealizado como uma sátira ao gênero. Seus personagens, os cavaleiros, percorriam terras em busca de aventuras, defendendo os fracos, protegendo damas e donzelas, lutando pela Igreja e pela justiça. Eram fiéis, dedicados, dispostos a qualquer sacrifício para defender seus ideais. As novelas de cavalaria, que narravam seus feitos heroicos, circulavam pela Europa como verdadeira propaganda da fé cristã, influenciando os costumes da época. Entre nós, a mais conhecida é a que conta as aventuras do rei Artur e os cavaleiros da Távola Redonda em busca do cálice em que teria sido recolhido o sangue de Cristo após a crucificação. Sua versão em língua portuguesa recebeu o nome de *A demanda do Santo Graal*.

Companhia das Letras/Arquivo da editora

Não se sabe com exatidão a autoria desta história, mas o rei Artur e seus cavaleiros estão no imaginário popular de muitos países. Na imagem, capa de edição recente do livro *A demanda do Santo Graal*.

• Gramática no texto

1. Releia a frase:

> "O melhor é que fiques rezando enquanto
> me atiro a **essa feroz e desigual batalha**."

Reescreva essa frase no caderno, substituindo o trecho destacado por:

a) o feroz e desigual combate;

b) a feroz e desigual luta.

O que você observou com a substituição?

2. Releia:

> "[...] diante de nós estão mais de trinta insolentes gigantes
> a **quem** penso dar combate e matar um por um."

a) Substitua o pronome **quem** por **o qual**, efetuando as alterações necessárias. Escreva sua resposta no caderno.

b) Reescreva sua resposta no caderno, substituindo **gigantes** por **criaturas** e fazendo as alterações necessárias.

3. Nesta passagem, Dom Quixote trata por **vós** os inimigos imaginários:

> "– Não fujais, covardes e abjetas criaturas!
> Sois atacadas por somente um cavaleiro!"

a) Que palavras desse trecho demonstram o uso da segunda pessoa do plural?

b) Reescreva no caderno a fala de Dom Quixote, utilizando o pronome de tratamento **vocês**.

c) Compare sua resposta com o texto original. Que diferenças você percebe no emprego das duas formas?

4. Observe que Dom Quixote trata por **tu** o escudeiro Sancho Pança.

> "– Bem se vê que não tens prática nessas aventuras.
> São gigantes e, se tens medo, afasta-te daqui.
> O melhor é que fiques rezando [...]."

a) Que palavras dessa passagem revelam o uso do pronome pessoal **tu**?

b) Como você justifica essa forma de tratamento de Dom Quixote para Sancho Pança?

c) Reescreva a fala de Dom Quixote no caderno, usando a forma de tratamento **você**.

5. Releia este trecho.

"Com seus despojos iniciaremos nossa riqueza [...]."

Observe o verbete **despojos**:

despojos

(ó) [Pl. de despojo (ô).]

Substantivo masculino plural.

1. Restos. [...]

FERREIRA, Aurélio Buarque de Holanda. *Dicionário eletrônico - Versão 5.0.* Parte integrante do *Novo Dicionário Aurélio*. 3. ed. rev. e atual. Curitiba: Positivo/Positivo Informática, 2004.

a) O que significam as indicações entre parênteses?

b) Há outras palavras cujo plural se faz com o timbre da vogal **o** aberto: **novo**, **porco**, **forno**, **socorro**, **caroço**. Crie, em seu caderno, frases com essas palavras no plural; depois, leia-as em voz alta.

Pronomes de tratamento

As situações comunicativas diretas, entre as quais podemos citar as conversas e diálogos em geral, são marcadas pelo uso de pronomes com os quais os interlocutores dirigem-se aos outros.

Nessa relação, aquele que fala representa a primeira pessoa do discurso; a pessoa com quem se fala representa a segunda. **Tu** e **você** são os pronomes utilizados para dirigir-se ao interlocutor com o qual se tem intimidade; **o**(**a**) **senhor**(**a**), para dirigir-se ao interlocutor de situação socialmente superior ou pelo qual desejamos demonstrar respeito e deferência. O emprego do pronome pessoal **tu**, no Brasil, restringe-se a algumas regiões; em seu lugar generalizou-se o uso do pronome de tratamento **você**.

Na literatura mantém-se ainda, por diferentes razões, o emprego do pronome **tu** e, em algumas situações, do pronome **vós**, como você viu no texto **A incrível batalha contra os moinhos de vento**.

Releia alguns trechos do texto, observando as formas de tratamento:

"– Cala-te, amigo – respondeu Dom Quixote. – Esses são os azares da guerra."
"– Não fujais, covardes e abjetas criaturas!"
"– Não vos avisei que olhásseis bem para o que íeis fazer?"
"– Vossa Mercê está ferido?"

Verifique, agora, quem é o falante, quem é o interlocutor e que tratamento é usado em cada situação:

frase	falante		interlocutor		tratamento
1.ª	Dom Quixote	→	Sancho Pança	→	tu
2.ª	Dom Quixote	→	Inimigos imaginários	→	vós
3.ª	Sancho Pança	→	Dom Quixote	→	vós
4.ª	Sancho Pança	→	Dom Quixote	→	Vossa Mercê

- Dom Quixote trata Sancho Pança por **tu**, a forma empregada por interlocutores de igual condição social, como colegas, amigos, irmãos etc., e também pelo falante que está em situação superior em relação a outro (no exemplo, Dom Quixote em relação a Sancho).
- Dom Quixote trata os inimigos por **vós** porque são inúmeros (plural de tu). Exprime distanciamento também.
- Sancho trata Dom Quixote por **vós** e **Vossa Mercê**, formas de tratamento respeitoso.

Essas formas atualmente são encontradas quase que exclusivamente nos textos literários mais antigos ou que contam histórias ambientadas em outras épocas. A manutenção do registro linguístico contribui para a caracterização dos personagens e da época em que os acontecimentos narrados se desenrolam.

Num padrão linguístico mais próximo do atual, Dom Quixote trataria Sancho Pança por **você**, seus inimigos por **vocês** ou **os senhores**; e Sancho Pança certamente trataria Dom Quixote de **senhor**.

No padrão formal da língua, quando se utilizam as formas **tu** e **vós**, os verbos e pronomes devem acompanhá-los, na segunda pessoa:

"**Cala**-**te**, amigo [...]."
- **Cala**: verbo 2.ª p. sing.
- **te**: pronome oblíquo 2.ª p. sing.

"Não **vos** avisei que **olhásseis** [...]."
- **vos**: pronome oblíquo 2.ª p. pl.
- **olhásseis**: verbo 2.ª p. pl.

O pronome **Vossa Mercê** deu origem a **você** (Vossa Mercê > vossemecê > vosmecê > você). Da mesma forma que os outros pronomes de tratamento (o senhor, a senhorita, Vossa Senhoria, Vossa Excelência, Vossa Majestade etc.), designa a pessoa com quem se fala (a segunda pessoa), mas leva os verbos para a terceira pessoa:

"– Vossa Mercê **está** ferido? **Cavalga** meio de lado como se **sentisse** alguma dor."
– Você **está** ferido? **Cavalga** meio de lado como se **sentisse** alguma dor.
– O senhor **está** ferido? **Cavalga** meio de lado como se **sentisse** alguma dor.

- **está**: verbo 3.ª p. sing.
- **Cavalga**: verbo 3.ª p. sing.
- **sentisse**: verbo 3.ª p. sing.

Alguns pronomes de tratamento são de uso bastante específico. É o caso de Vossa Senhoria (V. S.ª), como tratamento cerimonioso; Vossa Excelência (V. Ex.ª), para altas autoridades; Vossa Majestade (V. M.), para reis e imperadores; Vossa Alteza (V. A.), para príncipes e duques; Vossa Santidade (V. S.), para o papa.

Os pronomes de tratamento que possuem **Vossa** em sua forma referem-se à segunda pessoa, ou seja, são utilizados quando nos dirigimos à pessoa com quem falamos:

José Luís Juhas/Arquivo da editora

O falante dirige-se à pessoa que trata por Vossa Excelência.

Observe, porém, que quando nos referimos à pessoa, mas não falamos com ela, emprega-se **Sua**:

Ilustrações: José Luís Juhas/Arquivo da editora

Quando usar?

Todas as considerações feitas neste capítulo sobre o uso dos pronomes de tratamento aplicam-se à variedade formal da língua. Na linguagem coloquial, a mistura de tratamento é comum. Assim, é interessante notar que, apesar de o pronome **você** levar verbos e pronomes para a terceira pessoa, as formas pronominais relativas à segunda – te, ti, teu(s) tua(s) – mantêm-se associadas a ele. Assim, ouviremos com frequência frases como:

No registro formal diríamos:

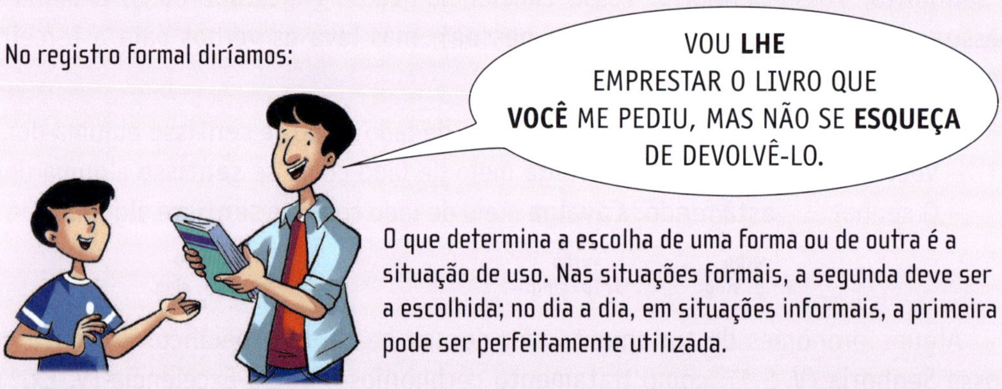

O que determina a escolha de uma forma ou de outra é a situação de uso. Nas situações formais, a segunda deve ser a escolhida; no dia a dia, em situações informais, a primeira pode ser perfeitamente utilizada.

Atividades

1. Transcrevemos a seguir mais uma passagem de *Dom Quixote*. A atividade, que pode ser feita em dupla, consiste em adaptar os diálogos para a linguagem moderna. Dom Quixote e Sancho Pança serão personagens de nossos dias, podendo, portanto, tratar-se por você.

"Sancho Pança ia escarrapachado sobre o jumento como um patriarca, já sonhando com seu posto de governador, conde, marquês ou lá o que fosse, conforme seu amo lhe havia prometido.

– Atentai, senhor cavaleiro andante, para que não vos esqueçais da ilha prometida. Eu a saberei governar, por maior que seja.

José Luís Juhas/Arquivo da editora

– Fica sabendo, amigo Sancho, que foi um costume muito usado pelos cavaleiros antigos fazer de seus escudeiros governadores das ilhas ou reinos que conquistavam. Estou determinado a fazer o mesmo.

– Desta forma, se por algum milagre me faço rei, conforme afirma Vossa Mercê, pelo menos minha mulher, Teresa Pança, será rainha... e meus filhos infantes?

– E quem duvida? – respondeu Dom Quixote.

– Eu duvido – replicou Sancho Pança. – Porque ainda que Deus fizesse chover reinos sobre a terra, nenhum assentaria bem sobre a cabeça de minha mulher. Ficaria ela melhor como condessa...

– Deixa isso aos cuidados de Deus. Ele saberá o que será conveniente. Mas não te apoquentes com isso. É melhor contentar-se com o obtido do que querer correr adiante.

– Assim farei, senhor – respondeu Sancho. – Melhor deixar ao vosso gosto dar-me aquilo que me fica bem e que eu possa carregar nos ombros.

Depois desses esclarecimentos, seguiram os dois em frente."

CERVANTES, Miguel de.
Dom Quixote. Adaptação de José Angeli. São Paulo: Scipione, 2002. p. 24.

2. Leia:

OS PESCOÇUDOS - Caco Galhardo

Caco Galhardo/Acervo do cartunista

a) Por que o rato usa **Vossa** Excelência e não **Sua** Excelência?

b) Em sua opinião, se os dois personagens da tirinha são ratos, por que um deles dirige-se ao outro usando o pronome de tratamento **Vossa Excelência**?

3. Escreva um convite aos professores de sua turma para que eles participem da festinha de encerramento do ano letivo. Atenção à forma de tratamento!

4. Elabore um convite especial para o(a) diretor(a) de sua escola, para que ele(a) também participe da festinha. Nesse caso, que tratamento você usaria?

5. Leia um trecho da letra de uma canção de Adoniran Barbosa:

Vide verso meu endereço

Seu Gervásio, se o Sr. José aparecer por aqui
O Sr. dá esse bilhete a ele, viu
Pode ler, não tem segredo nenhum
Pode ler, seu Gervásio

... Venho por meio destas mal traçadas linhas
Comunicar-lhe que fiz um samba pra você
No qual quero expressar toda minha gratidão
E agradecer de coração tudo o que você me fez
Com o dinheiro que um dia você me deu
Comprei uma cadeira lá na Praça da Bandeira
Ali, vou me defendendo

Pegando firme, dá pra tirar mais de mil por mês
Casei e comprei uma casinha lá no Ermelino...
Eu tenho três filhos lindos
Dois são meus, um de criação
Eu tinha mais coisas pra te contar
Mas vou deixar pra uma outra ocasião
Não repare a letra, a letra é da minha mulher
Vide verso meu endereço
Apareça quando quiser

José Luís Juhas/Arquivo da editora

BARBOSA, Adoniran. Vide verso meu endereço. Intérprete: Adoniran Barbosa. In: *Adoniran Barbosa*. EMI Music, 2006. 1 CD. Faixa 2.
Disponível em: <http://www.mpbnet.com.br/musicos/adoniran.barbosa/letras/vide_verso_meu_endereco.htm>. Acesso em: 28 dez. 2011.

a) No texto **Vide verso meu endereço**, quem fala dirige-se a duas pessoas. Quem são elas? Por que meios se faz a comunicação entre eles?

b) "Seu Gervásio, se o Sr. José aparecer por aqui / o Sr. dá esse bilhete a ele, viu"
Que tratamento é dispensado ao interlocutor? Que pronome o falante usa para dirigir-se a ele?

c) No bilhete, como ele trata seu interlocutor?

d) Destaque os verbos e os pronomes que se referem ao Sr. José. Como é feita a concordância com o pronome de tratamento utilizado?

e) "Vide verso meu endereço"
Vide significa **ver** em latim. Onde o destinatário poderá encontrar o endereço de quem escreveu o bilhete?

f) Compare os dois trechos da canção: que diferença você vê entre a linguagem utilizada pelo eu poético ao dirigir-se ao Sr. Gervásio e a utilizada no bilhete? A que você atribui essa diferença?

6. Leia agora um trecho da letra de uma canção de Geraldo Vandré:

O menino das laranjas

(...)
Lá no morro, a gente acorda cedo
E é só trabalhar
E comida é pouca e muita roupa
Que a cidade manda pra lavar

De madrugada, ele, menino, acorda cedo
Tentando encontrar
Um pouco pra poder viver até crescer
E a vida melhorar

Compra laranja, laranja, laranja, doutor
Ainda dou uma de quebra pro senhor!
Compra laranja, laranja, laranja, doutor
Ainda dou uma de quebra pro senhor!

Theo de Barros. O menino das laranjas. Intérprete: Geraldo Vandré. In: *20 preferidas*. Som Livre Brasil, 1997. 1 CD. Faixa 18. Disponível em: <http://letras.terra.com.br/geraldo-vandre/1013918/>. Acesso em: 28 dez. 2011.

Antonio Andrade/Arquivo da editora

▲ Geraldo Vandré cantando "Pra não dizer que não falei de flores", segunda colocada no 3º Festival Internacional da Canção, no ginásio do Maracanãzinho, Rio de Janeiro (RJ), 1968. "O menino das laranjas" é a primeira canção de seu disco de estreia (*Geraldo Vandré*), lançado em 1964.

a) Quem fala no texto **O menino das laranjas**? Que palavra o identifica?
b) Como é a vida no morro, segundo a letra da canção?
c) O que faz o menino para sobreviver?
d) Você diria que o menino tem esperança?
e) Quem diz:

"Compra laranja, laranja, laranja, doutor
Ainda dou uma de quebra pro senhor!"?

f) O que significa dar uma "de quebra"?
g) Quem seria o "doutor" desses versos?

7. Quando as autoridades máximas de um país estão desempenhando seus cargos, existem certas regras de relacionamento para tratar com elas. Essas regras compõem o que chamamos de protocolo. De acordo com esse protocolo, a cada cargo corresponde um pronome especial de tratamento. Reescreva as frases abaixo substituindo o pronome de tratamento de uso pessoal **você** pelo pronome de tratamento adequado:

O cozinheiro mandou avisar você que o jantar está pronto.

a) para a rainha da Inglaterra;
b) para o presidente da República;
c) para o papa;
d) para o gerente do banco.

8. As frases acima foram construídas para você **falar com** as pessoas usando o pronome de tratamento adequado. Agora reescreva a frase abaixo usando as mesmas pessoas, só que, desta vez, você vai **falar delas**. Substitua **ele** pelo pronome de tratamento adequado:

Ele mandou dizer que não quer almoçar agora.

a) o papa;
b) o primeiro-ministro;
c) o rei da Espanha;
d) o diretor da escola.

• Hora do texto

O cavaleiro e os moinhos

Acreditar
na existência dourada do sol
mesmo que em plena boca
nos bata o açoite contínuo da noite.

Arrebentar
a corrente que envolve o amanhã
despertar as espadas,
varrer as esfinges das encruzilhadas.

Todo esse tempo
foi igual a dormir num navio:
sem fazer movimento,
mas tecendo o fio da água e do vento.

Eu, baderneiro,
me tornei cavaleiro,
malandramente,
pelos caminhos.

Meu companheiro
tá armado até os dentes:
já não há mais moinhos
como os de antigamente.

Vera Basile/Arquivo da editora

BOSCO, João; BLANC, Aldir. O cavaleiro e os moinhos.
In: *Galos de briga* (LP), 1976. Disponível em: <www.joaobosco.com.br>. Acesso em: 12 fev. 2009.

Expressão escrita

1. É correto afirmar que João Bosco e Aldir Blanc, autores da canção **O cavaleiro e os moinhos**, usaram do recurso da intertextualidade para compor seu texto? Explique.

A **intertextualidade** consiste na superposição de um texto a outro. Ou seja, é a utilização de palavras, expressões e ideias contidas em textos preexistentes na criação de novos textos. É o reconhecimento da influência de uma determinada obra sobre outra, que a toma como modelo e inspiração.

2. Na primeira parte desse texto, quatro versos se iniciam com verbos no infinitivo: **acreditar**, **arrebentar**, **despertar**, **varrer**. Que significado tem o uso do infinitivo nesses versos? Eles referem-se a quem, afinal?

3. Leia os trechos transcritos a seguir:

"Acreditar / na existência dourada do sol / mesmo que em plena boca / nos bata o açoite contínuo da noite."

"Arrebentar / a corrente que envolve o amanhã"

"despertar as espadas,"

"varrer as esfinges das encruzilhadas."

a) Que ideia transmitem os verbos **acreditar**, **arrebentar**, **despertar** e **varrer** nesses trechos?

b) Os termos que completam o significado desses verbos – existência dourada do sol, corrente que envolve o amanhã, espadas, esfinges das encruzilhadas – foram usados em sentido próprio ou figurado?

c) Em sua opinião, o que eles representam?

d) Que relação você vê entre a ideia contida neles e na luta de Dom Quixote?

A propósito, veja o significado de **esfinge**.

esfinge: monstro fabuloso (leão alado com cabeça e busto humanos) que matava os viajantes quando não decifravam o enigma que lhes propunha.

4. É correto afirmar que no texto há referência a um tempo de inércia e a um momento que marca a reação a uma situação desfavorável? Em caso de resposta afirmativa, justifique com trechos do texto.

5. Releia os versos e responda no caderno ao que se pede:

"Meu companheiro
tá armado até os dentes:
já não há mais moinhos
como os de antigamente."

Ilustrações: Vera Basile/Arquivo da editora

a) Por que esse companheiro estaria armado "até os dentes"? Essas "armas" seriam armas no sentido próprio? Explique.

b) Que significa dizer que "já não há mais moinhos / como os de antigamente."?

6. Após ter lido os dois textos, escreva no caderno o que significa para você a expressão "ser um Dom Quixote". Significa ser um louco ou um herói?

7. Em sua opinião, é preciso que haja "Quixotes" em nosso mundo atual? Justifique sua resposta.

• A linguagem dos textos

A linguagem dos diálogos

Os diálogos exercem importantes funções no texto narrativo. Por um lado, contribuem para explicitar as relações entre os personagens, já que por meio deles o leitor conhece quem se associa, quem coopera com o outro, quem se enfrenta, que interesses estão em jogo etc. Pela fala revelam-se valores e ideias. Por outro, ao associar-se à trama, contribui para seu desenvolvimento.

Os diálogos também permitem caracterizar os personagens. Ao criar suas falas, o escritor seleciona o vocabulário e as estruturas sintáticas utilizadas por eles, como elementos de composição.

Releia uma fala de Dom Quixote:

> "– Bem se vê que não tens prática nessas aventuras. São gigantes e, se tens medo, afasta-te daqui. O melhor é que fiques rezando enquanto me atiro a essa feroz e desigual batalha."

Observe como ela é adequada à situação vivida pelo personagem e à época em que os acontecimentos se desenrolaram. A forma de tratamento e o tipo de frase são coerentes com esses aspectos. A fala do personagem remete o leitor à época dos acontecimentos, conferindo verossimilhança ao texto.

Compare com este trecho do conto **Carmela**, de António de Alcântara Machado, autor do Modernismo brasileiro do qual você já leu **Lisetta**:

> Na Rua do Arouche o Buick de novo. Passa. Repassa. Torna a passar.
> – Quem é aquele cara?
> – Como é que eu hei de saber?
> – Você dá confiança para qualquer um. Nunca vi, puxa! Não olha pra ele que eu armo já uma encrenca!

José Luís Juhas/Arquivo da editora

MACHADO, António de Alcântara.
Brás, Bexiga e Barra Funda. Rio de Janeiro: Imago, 1997. p. 39.

Nele, os personagens revelam outro modo de relacionar-se: tratam-se por você, usam termos do padrão coloquial (aquele cara, puxa!, armo uma encrenca), utilizam uma estrutura sintática mais enxuta, com frases curtas, que mostram um ritmo próprio da vida moderna.

Leia, ainda, estas duas passagens:

1950

– A bênção, papai.
– Deus te abençoe, Maria do Carmo.
– Papai, eu queria falar uma coisa com o senhor...
– Pode falar, minha filha.
– É que... o Leleco me pediu em namoro.
– Leleco?
– O nome dele é Leonardo da Silva.
– Onde vocês se conheceram?
– Num baile de debutantes.
– E o que faz esse Leonardo? Ele é engenheiro, médico ou advogado?
– Centroavante.
– Centroavante? Isso é galhofa, não é, Maria do Carmo?

2000

– Oi, paps.
– Oi, Tainá.
– Paps, fui pedida em casamento.
– Sério!?
(...)
– Ele se chama Leleco. Leleco da Silva.
– Onde vocês se conheceram?
– No baile *funk*.
– E o que ele faz? É publicitário, banqueiro ou economista?
– É centroavante.
– Centroavante? Que maravilha, Tainá! (...)

TORERO, José Roberto.
Os cabeças de bagre também merecem o paraíso.
Rio de Janeiro: Objetiva, 2001. p. 77-78.

Divulgação/Arquivo da editora

José Roberto Torero é formado em Letras e Jornalismo pela Universidade de São Paulo, publicou mais de duas dezenas de livros, entre eles *O Chalaça* e *Pequenos Amores*, que lhe renderam dois prêmios Jabuti. Escreve sobre futebol em *sites* e jornais de grande circulação. Dirigiu alguns curtas-metragens e o longa *Como fazer um filme de amor*. Também é roteirista de cinema e tevê.

Esses dois diálogos foram retirados da crônica **Diálogo dos tempos**, na qual se percebe a intenção do autor em caracterizar duas épocas. Compare a linguagem dos dois trechos e faça uma relação das diferenças na caracterização dos personagens e das épocas.

Produzindo texto

Conto e poema

Forme dupla com um colega e, juntos, escolham uma das sugestões a seguir.

Sugestão 1

Criem um pequeno conto utilizando elementos do texto **O cavaleiro e os moinhos**. Algumas orientações:

- Escolham o foco narrativo – de 1ª ou 3ª pessoa –, mantendo-o até o fim.
- Imaginem um conflito vivido por dois personagens: um problema que exija solução.
- Pensem na vida desses personagens: como eles são, onde vivem, que sonhos têm, que vida levam, que dificuldades enfrentam e o que fazem para resolvê--las, onde estão no momento do conflito.
- Façam uma breve introdução – o suficiente para apresentar os personagens e o ambiente – e logo introduzam o conflito. Não se alonguem em descrições ou explicações desnecessárias.
- Reproduzam as falas dos personagens da maneira mais verdadeira e espontânea possível.
- Imaginem um desfecho condizente com o encaminhamento dos fatos e com o que vocês desejam transmitir a seus leitores. O desfecho pode ser surpreendente, mas não incoerente!

Sugestão 2

Criem um poema que tenha como tema um de seus ideais. Antes, discutam quais são seus maiores sonhos, procurando definir o que mais desejam para o mundo e para si. Algumas orientações:

Camila de Godoy/Arquivo da editora

- Desenvolvam algumas metáforas e as organizem em versos.
- Preocupem-se mais com o ritmo do que com as rimas.
- Organizem os versos em estrofes, se considerarem pertinente.

ATENÇÃO!

Todo texto é escrito para um leitor. O leitor de seus textos, qualquer que seja sua opção, será, em princípio, o colega de classe. Porém, seus textos poderão atingir um público maior se a turma conseguir organizar uma Mostra. **Orientações para isso estão na página seguinte.**

Exercitando a crítica

Avaliação dos textos

Troque com outra dupla o texto que você fez com seu colega. Opinem sobre o texto da outra dupla; ouçam/leiam as observações feitas por eles. Melhorem-no, refaçam-no, se necessário. Algumas questões podem auxiliar:

- O conto apresenta um foco narrativo constante até o fim? Os diálogos foram pontuados corretamente? As formas de tratamento e os pronomes são adequados? Há um conflito que se encaminha coerentemente para o desfecho?
- O poema tem um ritmo interessante? As imagens utilizadas são criativas? Há originalidade na expressão?

Grupo de criação

Nesta última atividade do ano, você e sua turma terão a oportunidade de apresentar um trabalho que, esperamos, seja proveitoso e divertido. Nos quatro últimos capítulos, estivemos falando sobre o amor. A proposta agora é organizar uma apresentação para a comunidade: uma Mostra em que serão interpretados os textos que vocês produziram.

Como haverá um público para assistir à apresentação, é preciso pensar em todas as etapas e nos recursos que serão utilizados.

Organizando uma Mostra

Organização dos textos

Inicialmente, separem em dois conjuntos os textos produzidos por vocês: contos e poemas. Indiquem um coordenador para a mostra de cada um desses conjuntos.

Uma vez separados os conjuntos de textos e escolhidos os coordenadores, organizem-se em dois grandes grupos. Cada coordenador vai combinar, com o pessoal do seu grupo, como será a apresentação de seus textos. Ele vai ordená-los na sequência em que serão lidos e planejará com a turma a maneira como serão apresentados: se serão dramatizados, se haverá um palco com cenários, como ele será decorado, se haverá acompanhamento musical etc. A ordem dos textos pode ser ditada pelas semelhanças ou pelos contrastes. Qualquer que seja o critério adotado, o importante é que ele seja discutido e definido por todos.

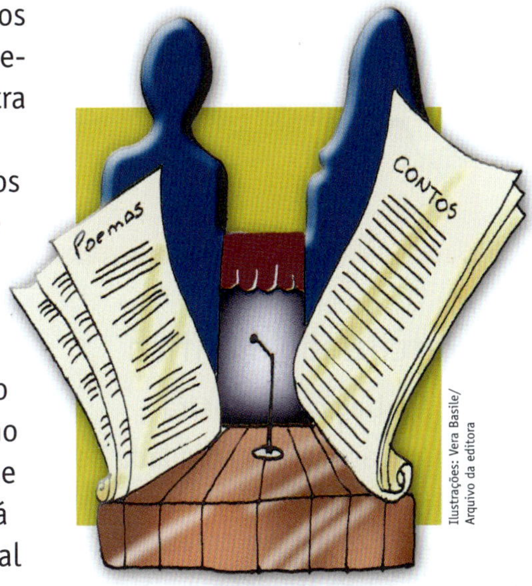

Ilustrações: Vera Basile/Arquivo da editora

Ensaio geral

Organizados os textos e decidida a ordem em que serão lidos, comecem o ensaio. Nesse momento, os problemas ainda podem ser detectados e contornados, como possíveis alterações na sequência ou qualquer outro que vocês perceberem.

Preparem a leitura com ritmo, expressividade e tom de voz adequado.

Se alguns de vocês tocarem instrumentos e vocês tiverem optado por um fundo musical ou por canto, ensaiem juntando todos os elementos.

Os convidados

Convidem seus pais para assistir à apresentação. Para isso, estabeleçam o dia e a hora do evento e confeccionem os convites com antecedência.

O fechamento

Ilustrações: Vera Basile/Arquivo da editora

Assim que terminarem a apresentação, vocês podem propiciar aos pais um momento para que se manifestem sobre o evento e os temas abordados pelos textos.

Será a oportunidade de abrir um espaço para discutir o amor.

Exercitando a crítica

Avaliação da Mostra

A avaliação da atividade deve levar em consideração todo o processo: desde o momento de seleção e leitura dos textos até o fechamento da atividade, além de incluir a avaliação do evento feita pelos pais. Considerem a participação de cada um de vocês, tendo em vista os seguintes critérios:

- cumprimento das tarefas propostas a cada um nos prazos combinados;
- respeito pelo ponto de vista dos outros;
- colaboração para o bom desempenho da equipe;
- colaboração nas discussões, para levar o grupo às melhores soluções de problemas.

Avaliem o produto do trabalho de todos, levando em consideração:

- os resultados em relação à proposta inicial;
- os resultados em relação à apreciação dos pais.

Camila de Godoy/Arquivo da editor

8 JEITOS DE mudar o mundo

Os 8 Jeitos de Mudar o Mundo,

também conhecidos como Objetivos de Desenvolvimento do Milênio (ODM), são um conjunto de 8 objetivos a serem atingidos pelos países até o ano de 2015, buscando melhorar a qualidade de vida das pessoas por meio de ações dos governos e da sociedade.

Esses objetivos nasceram a partir de grandes conferências internacionais iniciadas na década de 1990. Em setembro de 2000, eles foram incluídos em um documento chamado Declaração do Milênio, um pacto assinado por 192 países-membros da Organização das Nações Unidas (a ONU), incluindo o Brasil. Ao assinar esse documento, os países estabeleceram um compromisso compartilhado com a sustentabilidade do planeta.

Em 2002, para alcançar os objetivos da Declaração, o então Secretário-Geral das Nações Unidas, Kofi Annan, elaborou o Projeto do Milênio, que visa desenvolver um plano de ação concreta que reverta o quadro de pobreza, fome e doenças opressivas que afetam bilhões de pessoas. Nesse projeto, foram estabelecidas metas para atingir cada um dos ODM.

Conheça os **8 Jeitos de Mudar o Mundo** propostos pela ONU:

1• Acabar com a fome e a miséria.

2• Educação básica de qualidade para todos.

3• Igualdade entre sexos e valorização da mulher.

4• Reduzir a mortalidade infantil.

5• Melhorar a saúde das gestantes.

6• Combater a AIDS, a malária e outras doenças.

7• Qualidade de vida e respeito ao meio ambiente.

8• Todo mundo trabalhando pelo desenvolvimento.

VAMOS FALAR UM POUCO MAIS SOBRE UM DELES?

3 Igualdade entre sexos e valorização da mulher

PROMOVER A IGUALDADE ENTRE OS SEXOS E AUTONOMIA DAS MULHERES

Durante muito tempo homens e mulheres tiveram direitos e deveres diferentes, e a desigualdade entre ambos era imensa. Ao longo dos anos, as mulheres foram conquistando alguns direitos, mas ainda não são tratadas com igualdade em diversas partes do mundo.

Além de buscar promover a igualdade entre os sexos na educação, na política e no mercado de trabalho, este objetivo trata também de promover a autonomia das mulheres e de combater a violência praticada contra elas, o desrespeito e o preconceito que ainda sofrem.

A desigualdade de gêneros começa desde cedo e pode deixar consequências para o resto da vida. Se todos entenderem que um gênero não é superior ao outro e que tanto homens quanto mulheres devem ser valorizados e respeitados, alcançaremos o terceiro objetivo do milênio. E pequenas atitudes no convívio social e diário poderão contribuir para isso:

Eu posso, você pode, nós podemos!

1. EDUCAÇÃO E TRABALHO

O PNUD informa que cerca de dois terços dos países em desenvolvimento alcançaram a paridade de gêneros no ensino básico até 2005; a meta agora é estendê-la a todos os níveis de ensino até 2015.

No Brasil, apesar de terem mais escolarização, as mulheres ainda têm menos chances de emprego, recebem menos que os homens mesmo trabalhando nas mesmas funções e ocupam majoritariamente os piores postos, o que pode ser observado em dados do IBGE — Instituto Brasileiro de Geografia e Estatística.

Adaptado de: <http://www.pnud.org.br/odm/objetivo_3/>. Acesso em: 14 fev. 2012.

DISTRIBUIÇÃO DOS(AS) OCUPADOS(AS) POR POSIÇÃO NA OCUPAÇÃO, SEGUNDO SEXO E COR/RAÇA
BRASIL 2009 (EM %)

Posição na ocupação	HOMENS		MULHERES		TOTAL
	Negros [1]	Não negros [2]	Negras [1]	Não negras [2]	
Assalariados	29,0	26,6	21,0	23,4	100,0
Empregadores	23,4	50,3	6,7	19,6	100,0
Não remunerado	24,4	17,4	29,2	29,0	100,0

Notas: (1) Pretos e pardos
(2) Brancos e amarelos

Fonte: IBGE. PNAD. Elaboração: Dieese. Disponível em: <http://www.dieese.org.br/anu/anuarioMulheresBrasileiras2011.pdf>. p. 48. Acesso em: 14 fev. 2012.

Ilustrações: Ricardo Cammarota/Arquivo da editora

2. DIA INTERNACIONAL DA MULHER • 8 DE MARÇO

Embora sua origem seja incerta, a data foi estabelecida pela ONU em 1975. A intenção é **lembrar as conquistas** sociais, políticas e econômicas das mulheres, mas também **combater os problemas e desigualdades** que elas ainda enfrentam, como a violência, a exploração do corpo feminino pela mídia, o preconceito etc.

A data muitas vezes é apresentada com um caráter meramente celebrativo ou com forte apelo comercial, mas não se pode esquecer de que é, principalmente, um dia de **conscientização**.

Adaptado de: <http://www.ibge.gov.br/ibgeteen/mulher2011/>. Acesso em: 14 fev. 2012.

3. "COISA DE MENINA" OU "COISA DE MENINO"?

É comum escutar frases como "balé é coisa de menina" ou "futebol é coisa de menino".
No entanto, essas falas revelam preconceito.

Conheça dois contraexemplos de frases como essas:

Marta: jogadora da seleção brasileira de futebol feminino, eleita melhor jogadora de futebol do mundo cinco vezes seguidas. Marta também é Embaixadora da Boa Vontade da ONU e está empenhada na luta pela igualdade de gênero.

Christof Koepsel/
Getty Images Sport/
Getty Images

Thiago Soares: é o primeiro bailarino da Royal Ballet, uma das companhias de dança mais respeitadas do mundo. Thiago é reconhecido no Brasil e no exterior e já ganhou diversos prêmios internacionais de dança. Ele vive na Inglaterra com sua esposa, Marianela Nuñez, que é primeira bailarina da mesma companhia.

Robbie Jack/Corbis/Latinstock

4. LIDERANÇA FEMININA

Conforme relatório do PNUD de 2009, as mulheres são maioria nos cargos mais altos de poder em apenas seis países do mundo: Jamaica, Filipinas, Dominica, Santa Lúcia, Lesoto e Fiji. Nos outros 114 — de um total de 120, para os quais existem dados disponíveis — os homens são mais de 50% dos legisladores, gerentes e funcionários públicos de alto escalão.

Adaptado de: <http://www.pnud.org.br/cidadania/reportagens/index.php?id01=3165&lay=cid>.
Acesso em: 14 fev. 2012.

5. CONQUISTAS AO LONGO DO TEMPO...

Acredite se puder, mas houve um tempo em que as mulheres não podiam votar, estudar e muito menos trabalhar fora de casa.

Ao longo dos anos, conquistaram direitos como o de frequentar **escolas**, **votar** e se candidatar a **cargos políticos**, praticar **esportes**, representar o país em **competições esportivas**, entre outros. Também foram criadas **delegacias de proteção à mulher** e **campanhas direcionadas à saúde da mulher**, como a do câncer de mama.

Adaptado de: <http://www.ibge.gov.br/ibgeteen/datas/mulher/home.html>.
Acesso em: 14 fev. 2012.

6. NÃO À VIOLÊNCIA!

A violência e a falta de respeito são alguns dos maiores problemas que precisam ser combatidos para que a mulher seja mais valorizada.

Segundo dados do IBGE, em 2009, no Brasil, a Central de Atendimento à Mulher chegou a registrar **22 006 casos de violência física, 3 595 casos de violência moral** e **576 casos de violência sexual** praticados contra mulheres.

Adaptado de: <http://www.ibge.gov.br/ibgeteen/mulher2011/>.
Acesso em: 14 fev. 2012.

Atividade final

Reúnam-se em grupos e elaborem um painel de textos e imagens que mostrem algumas das principais conquistas das mulheres até hoje, as legislações que as amparam e quais problemas ainda precisam ser superados. O objetivo é conscientizar as pessoas de que as mulheres devem ser tratadas com respeito e igualdade, por isso enfatizem que cada um deve fazer a sua parte, não reproduzindo preconceitos ou atitudes contrárias à dignidade da mulher.

Divulguem também centros de atendimento que recebem denúncias de violência contra mulheres.

Caprichem na elaboração do painel para que ele fique bem informativo, chamativo e interessante de ler.

Mãos à obra!

Clayton

CLAYTON. *O povo online*. Ceará. Charge.
Disponível em: <www.opovo.com.br/opovo/charge/883399.html>. Acesso em: 14 jun. 2009.

Charge

Introdução

Charge é um desenho de natureza caricatural, satírica ou humorística, em que se representa pessoa, fato ou ideia corrente, em especial de caráter político. Na charge acima, por exemplo, o "humor" está na crítica ao desmatamento, no inútil pedido de ajuda da última árvore a ser cortada.

Desse modo, criar uma charge desenvolve o senso crítico, incentiva e valoriza a reflexão, a leitura, estimulando e desenvolvendo no leitor um olhar perceptivo sobre o cotidiano.

Então, que tal você e sua turma organizarem um varal destinado à apresentação de charges? Cada aluno buscará em jornais notícias que reflitam aspectos relevantes da atualidade. Em seguida, respeitando os requisitos básicos descritos nas etapas de trabalho, passará à criação de uma charge, procurando revelar por meio dela os aspectos do cotidiano percebidos nas notícias.

Etapas de trabalho

- Acesse um *site* de busca. Para isso, veja orientações detalhadas no item "Dicas para o aluno navegador", mais adiante.
- Pesquise jornais confiáveis cujo conteúdo esteja *on-line*.
- Procure notícias veiculadas atualmente nesses jornais disponíveis na internet. Não se esqueça de, posteriormente, completar a webgrafia com os *sites* utilizados e a data do acesso. Para isso, veja orientações detalhadas no item "Como citar fontes da internet", mais à frente.
- Selecione notícias sobre o mesmo assunto, mas veiculadas em jornais diferentes, e compare-as. Depois, analise quais dados você gostaria de retratar em sua charge. Não se esqueça de que ela deve ser crítica, conter humor e ter caricaturas dos personagens. Para isso, você pode: desenhar a charge à mão; desenhá-la em um editor gráfico, montá-la com sobreposições de imagens pesquisadas na internet (para isso, leia "Dicas para pesquisar imagens", mais adiante).
- Para ampliar seu repertório sobre o assunto, pesquise alguns *sites* de charges, conforme orientação do(a) professor(a). Observe os diferentes estilos de traços e de humor. Você não deve copiar ideias e desenhos, mas se inspirar neles e então criar a sua própria charge.
- Combine com o (a) professor(a) uma data para a montagem do varal. Nesse dia, cada aluno vai apresentar sua charge ao restante da turma, ler a notícia selecionada que inspirou a criação da imagem e discutir questões que surgirem nessa apresentação.
- Se possível, convide alunos de outras turmas para apreciar os trabalhos.

Avaliação

Você mesmo poderá avaliar a qualidade de sua charge, de acordo com os critérios da tabela a seguir. Fique atento aos requisitos necessários para que seu trabalho seja considerado "Ótimo".

Aspectos que serão avaliados	Ótimo	Bom	Satisfatório	Insatisfatório
Pesquisa	A pesquisa de notícias foi feita em vários *sites* de jornais e a webgrafia foi registrada adequadamente.	A pesquisa de notícias foi feita em alguns *sites* de jornais e a webgrafia foi registrada adequadamente.	A pesquisa de notícias foi feita em poucos *sites* de jornais e a webgrafia foi registrada com alguns erros.	A pesquisa de notícias foi feita em apenas um *site* de jornal e a webgrafia foi registrada com vários erros e de forma incompleta.
Conteúdo e comunicação visual	O conteúdo das notícias de jornal selecionadas aparece de forma bem coerente na charge, possibilitando estabelecer uma relação clara entre o texto e a imagem.	O conteúdo das notícias de jornal selecionadas aparece de forma coerente na charge, possibilitando estabelecer uma relação entre o texto e a imagem.	O conteúdo das notícias de jornal selecionadas aparece sutilmente na charge, possibilitando estabelecer uma leve relação entre o texto e a imagem.	O conteúdo das notícias de jornal selecionadas praticamente não aparece na charge, impossibilitando estabelecer uma relação entre o texto e a imagem.
Criatividade	O formato da charge é inovador, diferente do convencional. Os personagens criados estão bem caricaturizados e são pertinentes à discussão suscitada pela temática das notícias selecionadas.	O formato da charge é bem criativo. Os personagens criados estão caricaturizados e são pertinentes à discussão suscitada pela temática das notícias selecionadas.	O formato da charge é comum, os personagens criados são pouco caricaturizados, mas são pertinentes à discussão suscitada pela temática das notícias selecionadas.	O formato da charge é bem comum, os personagens não estão caricaturizados e são pouco criativos. A imagem criada não é pertinente à discussão suscitada pela temática das notícias selecionadas.

dicas para o

• ALUNO NAVEGADOR •

A **internet** (também chamada de ***Web***) é uma rede mundial de computadores interligados que utilizam a mesma tecnologia para receber e enviar informações.

Veja vocabulário completo no final desta seção.

Nos últimos anos, além de permitir a comunicação entre as pessoas e fornecer todo tipo de informações, a internet tem se caracterizado igualmente pela interação, pelo dinamismo e pela colaboração, com inúmeros recursos, como ***blogs***, ***wikis***, **redes sociais** virtuais etc. Essa nova maneira de usar e perceber a internet tem feito com que alguns a denominem de ***Web 2.0***, embora o essencial de sua tecnologia tenha permanecido o mesmo.

A internet oferece uma grande quantidade de ***sites*** com várias informações, o que requer muito cuidado ao selecioná-las. Para muitos estudantes, por exemplo, pesquisar na internet significa simplesmente buscar a informação, "copiá-la" e "colá-la" no trabalho solicitado pelo(a) professor(a).

Nesta parte do livro, vamos mostrar a você uma maneira de fazer pesquisa na internet que vai garantir os resultados de que você precisa. Isso vai ser muito importante para sua vida escolar atual e futura, além de ser útil para qualquer carreira profissional que você venha a seguir.

Ao pesquisar na internet, é fundamental seguir estas etapas:

- ter um tema de busca bem definido;
- selecionar *sites* de busca, bibliotecas e **repositórios digitais** confiáveis;
- buscar a mesma informação em dois ou mais *sites*;
- comparar, selecionar e sintetizar as informações;
- registrar a síntese das informações e os endereços das páginas consultadas (**URL**);
- organizar os dados selecionados para apresentar o resultado da pesquisa em material impresso (cartaz, texto, folheto etc.) ou em algum programa de computador (editor de texto, editor de planilhas, programa para apresentação de *slides* etc.).

Dicas para navegar

Uma das principais dificuldades para se fazer uma pesquisa na internet é o grande volume de informações disponíveis. Para auxiliá-lo nessa tarefa, você pode recorrer a alguns tipos de *sites*, como os buscadores, os repositórios digitais e os *sites* de instituições com conteúdos específicos.

Veja a seguir como fazer sua pesquisa de *sites* na *Web*.

1. Após acessar a internet, digite o endereço do *site* de busca na parte superior da janela do navegador, na barra de endereços. Tenha muita atenção na digitação. Use letras minúsculas ou números, sem espaços em branco. Em seguida, aperte a tecla *Enter* (dependendo do navegador, pode-se clicar no botão "Ir" ou no ícone "Pesquisar", geralmente ao lado da barra de endereços). Você chegará à página inicial do buscador.

2. Digite o tema da pesquisa de forma detalhada. Para encontrar as informações que você está buscando, é essencial a escolha adequada das **palavras-chave** ou **termos de pesquisa**. Por isso:
   - selecione termos descritivos e específicos;
   - estabeleça relações utilizando mais de um termo de pesquisa, o que fará com que sua busca fique ainda mais apurada;
   - utilize o sinal "+" quando usar mais de um termo de pesquisa. Refine os resultados colocando uma ou mais palavras entre aspas. Por exemplo: "jornais *on-line*" + "últimas notícias". Retire as aspas se o buscador não encontrar páginas relacionadas ao termo de pesquisa digitado.

O que você pode pesquisar além de *sites*? Clique nas opções disponíveis no *site* de busca, após digitar o tema a ser pesquisado. Muitos deles oferecem a possibilidade de pesquisar imagens, vídeos, notícias etc.

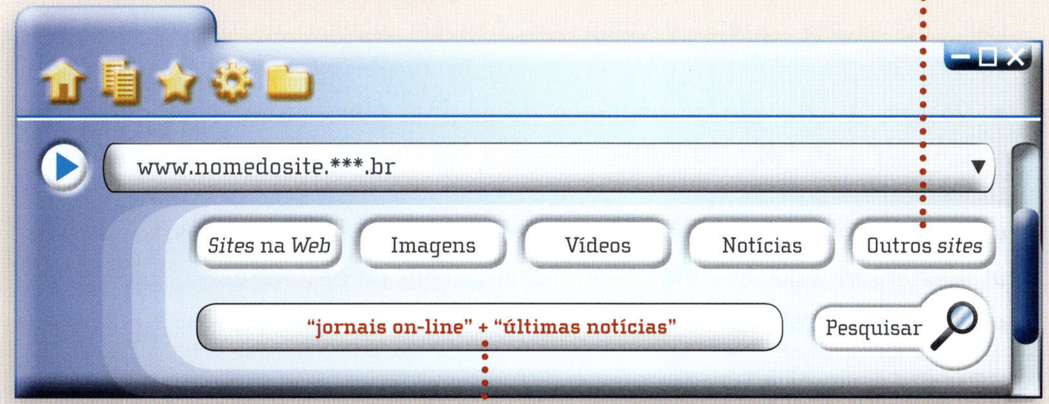

O que digitar no campo de pesquisa? Aqui, você digita a(s) palavra(s)-chave do assunto a ser pesquisado.

3. Após digitar a(s) palavra(s)-chave, clique no botão "Pesquisar" (o nome pode variar dependendo do *site* de busca). Os resultados da pesquisa aparecerão em uma ou várias páginas, trazendo apenas alguns elementos de cada *site* encontrado, como mostra o quadro abaixo.

A partir das palavras-chave "jornais on-line" + "últimas notícias", vários *links* são carregados.

Você deve clicar na primeira linha do *site* escolhido para abrir e visualizar a página.

Observe que, em geral, os buscadores têm um campo com a numeração das páginas de *sites* encontrados (geralmente, na parte inferior da tela). Não restrinja a sua busca apenas à primeira página; explore outras.

4. É sempre necessário verificar se os *sites* encontrados na pesquisa são confiáveis, pertinentes e atuais. A *Web* disponibiliza páginas ou *sites* que nem sempre contêm informações corretas e completas. Seguem algumas dicas para fazer essa verificação:

- Observe a extensão do endereço da página, pois, assim, você poderá ter uma ideia de sua credibilidade. Veja a seguir as três extensões mais recomendadas:

✔ a extensão **.org**, que identifica organizações sem fins lucrativos;
✔ a extensão **.edu**, que representa organizações de ensino; e
✔ a extensão **.gov**, que identifica organizações governamentais.

Há também a extensão **.com**, que se refere a organizações comerciais. Essas são as mais comuns e suas páginas hospedam os mais variados conteúdos. Nesse caso, o critério de avaliação precisa ser bem apurado. É necessário verificar a instituição responsável pela página, analisar por que aquele conteúdo está presente nela, checar a autoria etc.

- Para obter informações atualizadas, é preciso observar a data de publicação das informações nas páginas e, se possível, também a autoria. Isso é muito importante principalmente na pesquisa de notícias.
- Nunca pesquise em uma única fonte. Consulte sempre vários *sites*, compare as informações obtidas e discuta o assunto com seu (sua) professor(a), pois ele(a) é seu (sua) orientador(a) e poderá ajudá-lo, solucionando dúvidas e problemas.

5. Finalmente, em alguns *sites* de busca, é possível obter mais informações sobre os recursos disponíveis. Procure pelo *link* "Ajuda" (em alguns buscadores, pode aparecer como "Ajuda da pesquisa"), que geralmente aparece na parte inferior da página.

Alguns buscadores oferecem acesso a *links* para outros *sites* que contêm informações sobre o tema de pesquisa.

Para obter mais informações sobre como pesquisar, você pode procurar pelo *link* "Ajuda".

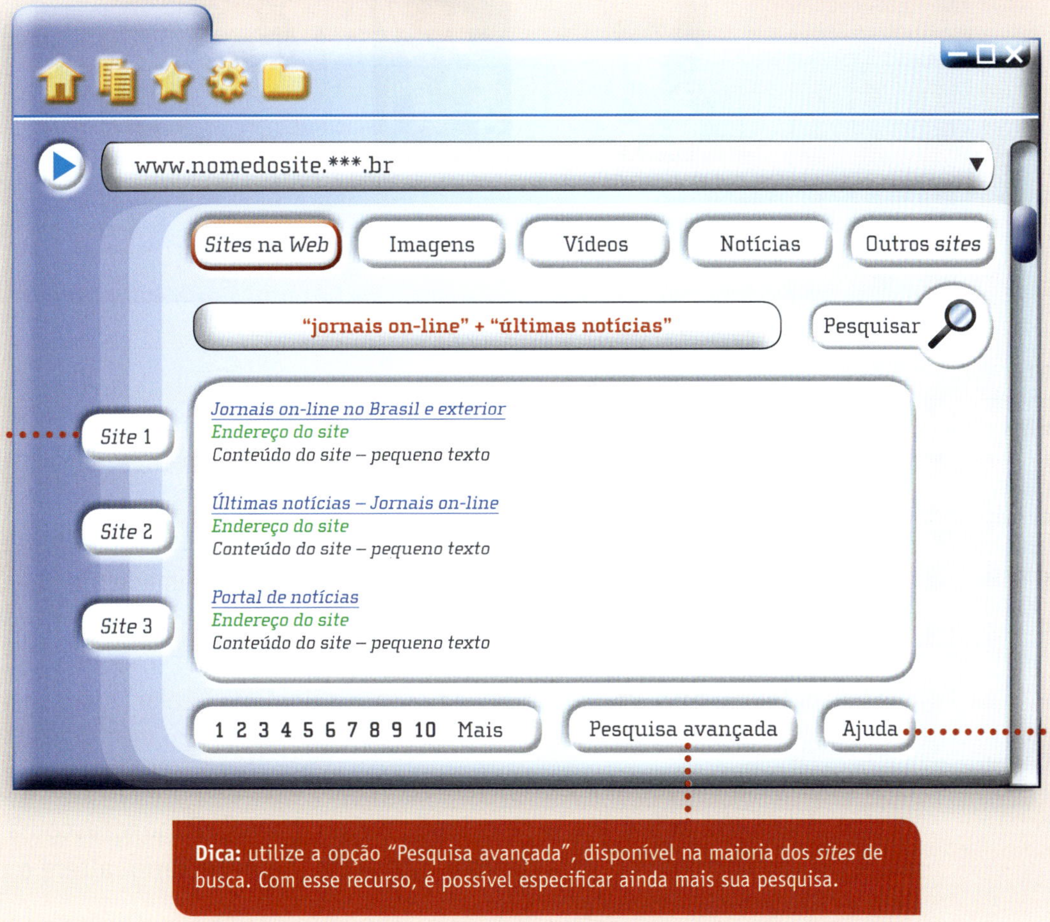

Dica: utilize a opção "Pesquisa avançada", disponível na maioria dos *sites* de busca. Com esse recurso, é possível especificar ainda mais sua pesquisa.

Dicas para pesquisar imagens

A maioria dos *sites* de busca possui o *link* "Imagens". Digite, por exemplo, "jornais on-line" + "últimas notícias" e, em seguida, clique em "Imagens". Os procedimentos são os mesmos utilizados na pesquisa de *sites* na *Web*. Veja no quadro a seguir como as imagens aparecem, em geral, nos buscadores.

DICA!

Em alguns *sites* de busca, é possível escolher opções diversas de imagens: grande, média e pequena; coloridas e em preto e branco etc.

Importante!

- Antes de copiar qualquer imagem, verifique se ela tem licença de uso ou se existe um aviso proibindo sua reprodução.
- Para copiar a imagem escolhida, clique no *link* dela e acesse a página de origem. Então, clique com o botão direito do *mouse* sobre a imagem e selecione "Copiar". Em seu documento digital (documento de texto, apresentação de *slides* etc.), coloque o cursor no lugar onde pretende colar essa imagem. Clique no botão direito do *mouse* novamente e selecione "Colar" para inserir a imagem.
- Você pode também salvar essa imagem no seu computador. Clique com o botão direito do *mouse* sobre ela e selecione "Salvar como". Depois, escolha uma pasta no seu computador para guardar a imagem. Se necessário, altere o nome dela e, finalmente, clique em "Salvar".
- Não se esqueça de citar a fonte de sua imagem. Ela deve ser a mesma que aparece na barra de endereços do *site* de onde você a copiou.
- Para copiar a fonte da imagem, basta selecionar o endereço da página, clicar com o botão direito do *mouse* e escolher a opção "Copiar". Em seguida, vá ao documento e utilize a opção "Colar" (também com o botão direito do *mouse*).

Dicas para organizar, armazenar e reescrever os dados da pesquisa

Para organizar o armazenamento de sua pesquisa, crie pastas em seu computador ou em seu ***pen drive*** com o nome da disciplina ou do tema do trabalho. Nessas pastas, você poderá guardar tudo o que achar necessário (textos, fotos, vídeos, músicas) para encontrar de forma fácil e rápida quando precisar. Não se esqueça de colocar o endereço de tudo o que você armazenou. Lembre-se também, por medida de segurança, de fazer um ***backup*** do(s) arquivo(s) (ou seja, gravar uma cópia dele em outro dispositivo, como um CD ou DVD).

Releia com muita atenção os textos armazenados. Grife ou sublinhe em cada parágrafo o que for relevante para a pesquisa que estiver desenvolvendo. Ao final da leitura, as informações importantes estarão destacadas.

Então, você terá de assumir a autoria do trabalho. Reescreva o texto com suas palavras, utilizando apenas os dados selecionados.

Dicas para a webgrafia

Toda pesquisa precisa fazer referência ao(s) *site(s)* no(s) qual (quais) as informações foram encontradas. Portanto, não se esqueça de mencionar a URL (endereço) do(s) *site(s)* utilizado(s) em seu trabalho. Copie o endereço eletrônico e cole-o na **webgrafia.**

Lembre-se de que a *World Wide Web* é muito dinâmica e tanto as publicações das páginas e dos *sites* na internet como suas atualizações ou mesmo remoções são realizadas sem nenhum aviso prévio. Isso significa, muitas vezes, que uma informação obtida em determinado dia e horário pode não estar disponível no acesso seguinte. Por esse motivo, além da URL consultada, devemos mencionar a data em que foi realizada a consulta ou acesso.

Como citar fontes da internet

As informações sobre o endereço eletrônico são essenciais para que sua pesquisa fique completa. Os *sites* devem ser citados da seguinte forma (padrão de referência de fonte de acordo com a Associação Brasileira de Normas Técnicas – ABNT):

- utilize sempre a expressão "Disponível em:";
- apresente o endereço entre os sinais < >;
- indique a data com a expressão "Acesso em:", usando abreviações para os meses (por exemplo, jan., fev., mar., abr. etc.), exceto para maio.

Veja como a referência de um texto ou de uma imagem deve ser feita:

Disponível em:

<http://www.nomedosite.*.br>.**

Acesso em: 12 maio 2012.

VOCABULÁRIO

***Backup*:** Cópia de arquivos em um segundo dispositivo de armazenamento (outro *drive*, por exemplo) como medida de precaução no caso de haver algum problema com o dispositivo original em que os arquivos foram salvos. É recomendado fazer o *backup* dos arquivos regularmente.

Banda larga: É o termo genérico de linhas de alta velocidade de transmissão de dados para a conexão com a internet.

***Blog* ou *Weblog*:** É um recurso disponível na *Web* para publicação frequente de conteúdos, que não exige do usuário conhecimento técnico especializado. Pode ser publicado e atualizado de maneira rápida e descomplicada, a partir de *posts* (atualizações). Funciona como uma espécie de diário virtual. Em um *blog* é possível adicionar vários recursos extras, como fotos, vídeos, animações etc.

***Download*:** Do inglês *to download*, que significa 'baixar', em português. Você faz um *download* quando "baixa" em seu computador um arquivo disponível na internet.

Endereço de *e-mail*: É um endereço de correio eletrônico. Por exemplo: joao@mail.com.br.

***Hiperlink*:** Palavra, frase ou imagem que recebe uma marcação especial para funcionar como conexão com outro documento.

Hipertexto: Recurso da informática que permite que determinadas palavras ou imagens de um documento sirvam de elo para outros documentos ou partes dele.

***Homepage*:** É a página inicial de um *website*.

Internet: Rede que interliga computadores espalhados por todo o mundo.

MP3: Formato eletrônico que permite ouvir músicas em computadores e outros dispositivos.

Navegador ou *browser*: É o nome dado aos programas de computador usados para navegação na internet.

***Offline* ou *Off-line*:** "Fora da linha"; que não está conectado a uma rede de computador ou não pode ser acessado nela.

***Online* ou *On-line*:** Que está disponível, conectado a uma rede de computador ou a outros dispositivos.

Palavra-chave: Palavra pertinente a um assunto, que pode ser usada para localizar documentos que tratam desse assunto.

***Pen drive*:** Dispositivo portátil que armazena arquivos e programas de média capacidade.

Redes sociais: São ambientes da *Web* que possibilitam a interação entre os membros a partir de compartilhamento de informações, conhecimentos e interesses. Existem vários tipos de redes, como redes de relacionamento (as mais utilizadas por usuários de internet; geralmente acessadas para criar vínculos de amizade), redes profissionais (para contatos profissionais, divulgação de currículo etc.) e redes comunitárias (redes sociais em bairros ou cidades).

Repositórios digitais: São coleções de informações digitais que podem ser construídas com propósitos e recursos diferentes. Eles podem ser criados por várias pessoas em conjunto, por uma instituição ou por um profissional específico. O usuário que acessa um repositório digital pode ou não ter o controle de uso dos conteúdos armazenados.

***Site*:** Local na internet, identificado por um endereço (URL), que permite acessar os arquivos e documentos mantidos no computador de uma determinada empresa, pessoa ou instituição.

***Software*:** Tipo ou conjunto de programas, dados, rotinas e ferramentas desenvolvidos para computadores.

***Spam*:** São *e-mails* comerciais que são enviados sem terem sido solicitados.

URL: Sigla formada pelas iniciais de ***U**niform **R**esource **L**ocator* (Localizador Uniforme de Recursos); é um esquema de endereçamento que permite localizar qualquer recurso, como um arquivo, um computador ou um disco na internet (por exemplo, <http://www.mae.usp.br>).

***Web*:** Literalmente, 'teia'. Faz parte da sigla "www" (veja mais abaixo).

***Web* 2.0:** É o termo usado para se referir à segunda geração da internet, marcada por interação, dinamismo e colaboração. Inclui *blogs*, *wikis*, redes sociais, entre outros recursos.

Webgrafia: Lista dos *sites* utilizados em um trabalho de pesquisa.

***Wiki*:** É um recurso para editar e publicar documentos na internet de forma colaborativa. Nele, podem ser criados textos simples ou com *hiperlinks*.

WWW: Do inglês *World Wide Web* (em tradução livre: Grande Teia Mundial), é o serviço mais popular da internet. Permite o acesso e a visualização de textos, imagens, sons e outros conteúdos multimídia.

Caderno de atividades

Parágrafo/Frase/Período/Oração

Leia o texto e faça as atividades de **1** a **10**.

Carta do editor

Download (bem) legal

Esta edição de GALILEU está cheia de "ganchos" para este editorial. Nosso cardápio de reportagens está especialmente vasto e variado, um ótimo sinal de que a criatividade e o faro de quem faz a revista continuam tinindo. Nas páginas a seguir, você irá encontrar temas como saúde, comportamento, psicologia, tecnologia, história, arte, aventura e arqueologia – isso para ficarmos apenas nas reportagens, deixando de lado as seções que você encontra por aqui todos os meses.

Isto posto, gostaria de pedir licença para falar de uma ideia bacana que conseguimos tornar realidade. Em uma parceria inédita com a gravadora Trama – talvez o maior celeiro da nova música brasileira de qualidade nesse começo de milênio –, construímos uma ponte que liga o papel ao mundo virtual.

Para garantir um brilho especial à nossa reportagem sobre o casamento irreversível entre música e tecnologia, resolvemos dar um presentaço a você, caro leitor: dez faixas em MP3 de alguns artistas superdescolados. Tem para todos os gostos: Tom Zé, Otto, Fernanda Porto, Nação Zumbi, Rappin Hood, Max de Castro, Silvera, Daniel Carlomagno, Patrícia Marx e Parteum.

O negócio vai funcionar de maneira bem simples e sem segredos, conforme você poderá ver logo na abertura da reportagem. Pode baixar as músicas à vontade: a festa é sua.

Valeu e um abraço.
Hélio Gomes
Editor-chefe
hgomes@globo.com.br

Revista *Galileu*.
São Paulo: Globo, abr. 2005. p. 4.

1. Explique o título do texto.

2. O autor do texto, Hélio Gomes, escreveu-o em primeira pessoa. Explique por quê.

3. Neste trecho:

"Esta edição de GALILEU está cheia de 'ganchos' para este editorial."

a) Qual é o significado de **ganchos**?

b) Pesquise: o que é um editorial? Qual é o objetivo desse editorial?

c) Por que o editor usou o termo **cardápio** para se referir ao conteúdo da revista?

4. Quem é – e como é – o interlocutor a quem o editor se dirige? Justifique com palavras do texto.

5. Indique a ideia central de cada parágrafo. Por fim você terá uma síntese do texto.

6. Qual é o significado da expressão "isto posto", que inicia o segundo parágrafo? Que relação ela estabelece com o primeiro parágrafo?

7. Transcreva o penúltimo parágrafo no caderno. Destaque seus verbos e responda:
a) De quantos períodos é formado o parágrafo?
b) Quantas orações há em cada período?

8. As palavras se relacionam: a mudança de uma palavra na frase gera alterações em outras. Reescreva as frases a seguir, substituindo:
a) o substantivo **ideia** por **pessoa** e a preposição **de** por **com** e depois por **sobre**;

"[...] gostaria de pedir licença para falar de uma ideia bacana [...]."

b) o verbo **construir** por **precisar** e depois por **pensar**.

"[...] construímos uma ponte que liga o papel ao mundo virtual."

O que você percebeu ao fazer essas alterações?

9. Reescreva o texto abaixo, substituindo o asterisco (*) pelas orações que estão no quadro.

Eis que um dia Picasso tomou contato com a arte africana.

Picasso, sempre em busca de novas formas de retratar a realidade, inspirou-se na liberdade de criação dessas obras e nos trabalhos de Cézanne *. A esse novo estilo de pintura * chamado Braque foi dado o nome de Cubismo.

O Cubismo foi um dos mais importantes movimentos da arte moderna.

Bem... E o que seria exatamente o Cubismo? * O nome já dá a dica.

O Cubismo caracteriza-se por expressar a realidade por meio de linhas, retas e formas *, mas a uma nova visão, multifacetada, ou seja, com muitas faces, muitos lados, *, como fatias... ou melhor: como um cubo.

RODRIGUES, Fernanda. *Picasso para adolescentes*. São Paulo: Lemos Editorial, 2004. p. 12-13.

Teria algo a ver com cubos?

que não correspondem exatamente à aparência fiel do objeto

que Picasso desenvolveu juntamente com outro artista

apresentando os vários ângulos ao mesmo tempo

e promoveu uma verdadeira revolução na arte

Pablo Picasso/Coleção particular

Jaqueline com flores, de Pablo Picasso, 1954.

10. Leia as informações do quadro e responda ao que se pede:

Os verbos **haver** e **existir** podem ser usados como sinônimos. Na linguagem formal, porém, eles têm empregos diferentes. As orações com o verbo **existir** sempre se constroem **com sujeito**:

Existe (verbo singular) **uma proposta** (sujeito singular) para a educação?

Existem (verbo plural) **verbas** (sujeito plural) para a educação?

O verbo **haver**, com sentido de **existir**, **não** apresenta sujeito e mantém-se **sempre** na **3ª pessoa do singular**:

Há (3ª pessoa do singular) uma proposta para a educação?

Há (3ª pessoa do singular) verbas para a educação?

Na **linguagem coloquial**, é corrente o uso do verbo **ter** com sentido de **haver**. Por exemplo: **Tem** muita gente nesta sala. (No lugar de "**Há** muita gente nesta sala".)

Observe as falas da professora, no diário da página 12, em que os verbos **haver** e **existir** são empregados de acordo com a variedade-padrão da língua:

"Mas **existem** vários tipos de guerra. No Brasil **houve** guerras secretas [...]."

a) O verbo **existir** concorda com que termo da oração que ele constitui?

b) É possível dizer que o verbo **haver** concorda com algum termo da oração que ele constitui?

11. Reescreva as frases a seguir na variedade-padrão da língua, substituindo o verbo **ter** por **haver**, depois por **existir**. Passe os substantivos destacados para o plural.

a) "No meu bairro tem muito **grafiteiro**."

b) Tem **música** para todos os gostos.

c) Deve ter um **problema** aqui e ninguém vê.

Camila de Godoy/Arquivo da editora

Tipos de predicado/Predicativo/Ortografia

1. Leia a receita e responda ao que se pede:

Ambrosia

Ingredientes
1 litro de leite tipo A
300 g de açúcar
6 cravos-da-índia
2 paus de canela
1 casquinha de laranja
½ limão espremido
8 gemas peneiradas
4 claras em neve

Modo de fazer

Leve ao fogo brando o leite, o açúcar, os cravos, a canela e a casquinha de laranja. Ferva, deixe reduzir cerca de 30% e adquirir uma cor levemente caramelada. Adicione o limão para talhar o leite. Junte as gemas e as claras em neve misturadas. Mexa delicadamente com uma escumadeira, de baixo para cima, até desfazer a espuma formada. Sirva frio.

SABOR PÃO DE AÇÚCAR. n. 29, set. 2002. p. 37.

a) Uma receita culinária costuma ter duas partes: uma com ingredientes e outra com o modo de preparo. O que as caracteriza?

b) Qual é o modo verbal predominante: indicativo, subjuntivo ou imperativo? Justifique o emprego desse modo no texto.

c) Que predicado predomina nessas frases? Por quê?

d) Analise o último período da receita – "Sirva frio." – respondendo aos itens a seguir:
- O verbo é significativo ou de ligação?
- O adjetivo **frio** refere-se a quê?
- Esse adjetivo é um termo dispensável ou necessário na oração?
- Que tipo de predicado você reconhece nessa oração?

2. Leia a tirinha e responda às questões a seguir:

PEANUTS United Features Syndicate Inc./ Intercontinental Press

SCHULZ, Charles. *O Estado de S. Paulo*. São Paulo, 8 jun. 2005. D2.

a) Que verbos da fala da garota exprimem fatos?

b) Que verbo é utilizado para atribuir uma qualidade à mente humana?

c) Substitua a expressão "cheia de mistérios" por um adjetivo equivalente.

d) Que predicados você identifica nas orações "Eu sei a resposta!" e "Mente humana é cheia de mistérios [...]"?

e) Explique a diferença de sentido entre:
A mente humana é cheia de mistérios.
A mente humana está cheia de mistérios.
A mente humana parece cheia de mistérios.

Morfossintaxe do predicativo

O predicativo pode ser representado por:

- substantivo: Nós o consideramos **doutor** no assunto.
- adjetivo ou locuções adjetivas: A mente humana é **admirável**. O relógio é **de ouro**.
- pronome substantivo: O culpado é **ele**. Você é **tudo** para mim.
- infinitivo: Seu destino é **vencer**.
- numeral substantivo: Éramos **seis**. Os Beatles eram **quatro**.
- palavra substantivada: Minha esperança é o **sim**.

O predicativo pode ser representado também por uma oração:

[Nossa esperança **é**] **[que a mente humana evolua sempre mais.]**

é: verbo de ligação — **[que a mente humana evolua sempre mais.]**: predicativo oracional

3. Acrescente um adjetivo a cada oração a seguir, mas, atenção: os adjetivos devem referir-se ao sujeito. Faça a atividade no caderno.
   a) A garota fez o comentário ▲.
   b) Os colegas ouviram o comentário da garota ▲.
   c) O professor ouviu os comentários ▲.
   Que tipo de predicado formou-se nessas orações?

4. Nas frases a seguir está faltando um núcleo nominal ou um núcleo verbal. Complete-as e indique o tipo de predicado que você obteve. Faça a atividade no caderno.
   a) Esta receita está ▲!
   b) Aqui ▲ sua melhor chance.
   c) Doces com morango são ▲.
   d) ▲ a calda de morango.
   e) Deixamos a cozinha ▲.

Camila de Godoy/Arquivo da editora

5. Substitua os predicativos por uma única palavra, sem alterar-lhes o sentido.
   a) O automóvel ficou destruído, mas os passageiros saíram **sem lesão**.
   b) A situação parecia **sem remédio**.
   c) Esses crimes não podem ficar **sem castigo**!
   d) Esses artistas são **de nosso tempo**.

Verbos transitivos e intransitivos

Nos predicados **verbal** e **verbo-nominal** o verbo é sempre significativo.

Alguns desses verbos apresentam significação completa: são os chamados **verbos intransitivos**. Por exemplo: **Cheguei**. O bolo **cresceu**. **Choveu**. São verbos que, sozinhos, transmitem uma informação completa (que não necessita de complemento, portanto).

Outros não apresentam significação completa: são os chamados **verbos transitivos**. Por exemplo: Eu **sei** *a resposta*. **Gosto** *de morangos*. Esses verbos necessitam de um termo para completar sua significação. Nos exemplos, **a resposta** e **de morangos** completam a significação dos verbos; por isso são chamados **complementos verbais**.

6. Informe se os verbos das seguintes orações são transitivos ou intransitivos. Quando forem transitivos, indique o complemento verbal.

a) O laboratório **oferece** um serviço cinco estrelas.

b) **Lembram-se** desses homens?

c) Aqueles doces todos **tiraram** meu sono.

d) **Recebemos** o prêmio satisfeitos.

e) **Conto** com você.

f) **Voltamos** animados.

7. Reescreva estes períodos, transformando os verbos intransitivos em transitivos acrescentando-lhes complementos. Faça as alterações necessárias.

a) Ele comeu, bebeu, cantou, dançou e depois saiu falando mal da festa.

b) Todos pensaram muito, mas acabaram votando mal.

c) O candidato prometeu, mas não cumpriu.

8. O predicativo pode referir-se ao sujeito ou ao complemento verbal. O termo destacado nas frases a seguir são predicativos: ele se refere ao sujeito ou ao complemento?

a) Chegamos **felizes** da vida.

b) Mantenha a cidade **limpa**.

c) Os briguentos eram **três**.

d) Daniel foi embora **preocupado**.

l ou u?

No português falado no Brasil, em geral não se diferenciam os sons do **u** e do **l** quando este não vem acompanhado de vogal. Observe as palavras destacadas nos seguintes trechos do texto **As cocadas**:

"Acompanhei rente à fornalha todo o serviço, desde a escumação da **calda** até a apuração do ponto."

"[...] e veio o Trovador, um perdigueiro de meu tio, lerdo, preguiçoso, nutrido e abanando a **cauda**."

9. Como você leu as duas palavras?

10. Qual é o significado de cada uma?

11. Forme frases com as palavras a seguir. Quando não souber o significado, procure-o no dicionário.

a) alto b) auto c) causa d) calça e) baldio f) balsa

12. Qual é o adjetivo correspondente a algo que ocorre a cada:

a) quinze dias? b) dois meses? c) três meses? d) seis meses?

O que as palavras que você encontrou têm em comum?

13. Escreva no caderno o adjetivo correspondente a cada item:

a) O que apresenta facilidade é ▲.

b) O que não apresenta utilidade é ▲.

c) O que se pode ouvir é ▲.

d) O que se pode mover é ▲.

e) O que não se pode ler é ▲.

Crie frases com predicado nominal ou verbo-nominal utilizando esses adjetivos.

14. Escreva os verbos a seguir na 3ª pessoa do singular do pretérito perfeito do indicativo:

a) aumentar b) falsificar c) ver d) bater e) seguir f) nutrir

Crie frases com predicado verbal utilizando essas formas verbais.

Tipos de sujeito

1. Leia este trecho de uma legenda, composto de duas orações:

> [Com baixo teor calórico [– três colheres de sopa rasas de farinha equivalem a 100 calorias –] e alto teor de vitaminas, a farinha de mandioca aparece sob diferentes formas].
>
> SABOR PÃO DE AÇÚCAR. n. 29, set. 2002. p. 30.

Crie uma oração cujo sujeito seja "o baixo teor calórico e o alto teor vitamínico da farinha de mandioca".

Morfossintaxe do sujeito

O núcleo do sujeito pode vir representado por:

- substantivo
  O **polvilho** doce é a matéria-prima da tapioca.
- pronome substantivo
  Ela ralou a mandioca e (**ela**) fez a farinha.
- qualquer palavra substantivada
  O **difícil** ficou para mim. – Um **oh**! foi a resposta. – **Um** é pouco, **dois** é bom, **três** é demais.

O sujeito também pode ser representado por uma oração:

[É possível]	**[que o tempo melhore logo.]**
predicado nominal (v. *ser* + predicativo)	**sujeito do verbo *ser* (da 1ª oração)**

2. Indique e classifique os sujeitos das formas verbais em destaque no texto a seguir.

> O tempo **passou** e, um dia, alguns meses depois que o menino **havia completado** quinze anos, o imperador e sua comitiva **viajavam** pela região quando **caiu** uma tempestade muito forte.
>
> Os três cabelos de ouro do diabo. In: *Histórias da Carochinha*. 6. ed. São Paulo: Ática, 2003. p. 53.

3. Transcreva no caderno o sujeito dos verbos destacados nos períodos a seguir. Depois, destaque seu núcleo e a classe gramatical a que pertence.

a) Se você **quer** um bom motivo para ser feliz, **apresentamos** dez.

b) A criança e o filhote sempre **conviveram** bem, pois os dois **receberam** toda a atenção desde cedo.

4. Reescreva estas frases, colocando-as em ordem direta. Em seguida, aponte o sujeito de cada uma delas e destaque a palavra que funciona como núcleo.

a) Ocorreram naquela longínqua aldeia inúmeros combates.

b) "Ouviram do Ipiranga as margens plácidas, / De um povo heroico o brado retumbante"
(Hino nacional brasileiro)

5. Leia esta frase observando o sujeito.

> Um condomínio de luxo foi construído naquele local.

Veja como ela foi reescrita e atente mais uma vez para o sujeito:

> Construíram um condomínio de luxo naquele local.

O que você observou?
Faça o mesmo com estas:

a) Foi decretada a quebra do sigilo bancário do funcionário.

b) A casa foi pichada durante a madrugada.

c) Os livros eram queimados em praça pública.

Concordância do sujeito determinado

- Quando o sujeito está determinado, o verbo concorda em pessoa e número com a palavra que funciona como núcleo do sujeito.

Eu quero ser atriz! / **Tu queres** ser atriz.

O **responsável** pelo ensaio **manifestou** sua opinião.

Nós manifestamos nossa opinião.

Aquelas tristes **donzelas** não **saíam** sozinhas.

Vós encontrareis vosso caminho no teatro.

- Se o sujeito apresentar mais de um núcleo, isto é, se for composto, o verbo vai para o plural.

suj. comp.	verbo
O **diretor** e os **atores**	**realizaram** um belo trabalho.
A **garota** e sua **mãe**	**estavam** agoniadas.

- Se o sujeito composto vier depois do verbo, haverá duas opções de concordância:
  a) o verbo vai para o plural, concordando com ambos os núcleos.

  Vieram o **diretor** e os **atores**.

  Chegaram a **garota** e sua **mãe**.

  b) o verbo concorda com o núcleo mais próximo.

  Veio o **diretor** e os atores.

  Chegou a **garota** e sua mãe.

Sujeito composto formado por pessoas diferentes

Quando o sujeito composto é formado por pessoas diferentes, há duas formas:

- se entre elas houver primeira pessoa, o verbo vai para a primeira pessoa do plural (**nós**).

  Eu, *tu* e *ele* **lemos** o livro. / ***Meu irmão*** e *eu* **concordamos** em sair.

- se o sujeito composto é formado por uma segunda e uma terceira pessoa, o verbo vai para a segunda pessoa do plural (**vós**) ou, o que é mais comum, para a terceira pessoa do plural (**eles**).

  Tu e ***ele*** **lestes** o livro. / ***Tu*** e ***ele*** **leram** o livro.

6. Observando a concordância, complete estas frases com o verbo indicado entre parênteses.

a) Homem também ▲ bijuteria. (usar/presente do indicativo)

b) Homens e mulheres ▲ bijuteria. (usar/presente do indicativo)

c) O brinco e o anel que encomendamos ▲. (chegar/pretérito perfeito do indicativo)

d) ▲ o brinco e o anel que encomendamos. (chegar/pretérito perfeito do indicativo)

e) Tu e eu nunca ▲. (discutir/presente do indicativo)

f) Tu e o mestre nunca ▲. (discutir/pretérito perfeito do indicativo)

7. Alguns termos, que estão nos quadros abaixo, foram retirados destes trechos. Copie-os em seu caderno, acrescentando os termos adequados. Em seguida, indique a função que exercem.

a) **Chiquinha Gonzaga (1847-1935)**

Compositora, maestrina e abolicionista

▲ nasceu na rua do Príncipe, na Freguesia de Sant'Ana, na cidade do Rio de Janeiro, no dia 17 de outubro de 1847. ▲ eram Rosa Maria Lima, de descendência negra e pobre, e o militar José Basileu Neves Gonzaga, de família tradicional, parente de Caxias. ▲ fora contra o casamento do filho, e ▲ nasceu bastarda, longe do pai, ▲ estava em Pernambuco. Ao retornar ao Rio em março de 1848, conheceu a filha e assumiu a paternidade. Com Rosa ▲ teria outros três filhos e conseguiria, em 1860, alterar seus registros de batismo, reconhecendo-os como legítimos.

A família de José Basilei			
Francisca	que	ele	Seus pais
Francisca Edwiges Neves Gonzaga			

b) **Elisete Cardoso (1920-1990)**

Cantora

▲ nasceu em 16 de julho de 1920, no Rio de Janeiro (RJ), perto do morro da Mangueira. O ▲ tocava violão e ▲ gostava de cantar. Criada nesse ambiente musical, aos oito anos já cobrava ingresso de dois mil réis da garotada da vizinhança, ▲se reunia no quintal de sua tia Antônia para ouvi-▲ cantar os sucessos de Vicente Celestino.

a mãe	que	pai
Elisete Moreira Cardoso		la

SCHUMAHER, Schuma; BRAZIL, Érico Vital (Orgs.). *Dicionário Mulheres do Brasil:* de 1500 até a atualidade. Rio de Janeiro: Zahar, 2000. p. 151 e 192.

Oração sem sujeito/Concordância do verbo *ser*

Leia o texto abaixo e responda às perguntas a seguir:

Bom tempo, sem tempo

Vera Basile/Arquivo da editora

Não chovia, meses a fio. Ou chovia demais. As plantas secavam, os animais morriam, os moradores emigravam. As plantas submergiam, os animais morriam, as pessoas não tinham tempo de emigrar. Assim era a vida naquele lugar privilegiado, onde medrava tudo para todos, havendo bom tempo. Mas não havia bom tempo. Havia o exagero dos elementos.

O mágico chegou para reorganizar a vida, e mandou as chuvas cessarem. Cessaram. Ordenou que a seca findasse. Findou. Sobreveio um tempo temperado, ameno, bom para tudo, e os moradores estranharam. Assim também não é possível, diziam. Podemos fazer tantas coisas boas ao mesmo tempo que não há tempo para fazê-las. Antes, quando estiava ou chovia um pouco – isto é, no intervalo das grandes enchentes ou das grandes secas –, a gente aproveitava para fazer alguma coisa. Se o sol abrasava, podíamos fugir. Se a água vinha em catadupa, os que escapavam tinham o que contar. Quem voltasse do êxodo vinha de alma nova. Quem sobrevivesse à enchente era proclamado herói. Mas agora, tudo normal, como aproveitar tantas condições estupendas, se não temos capacidade para isto?

Queriam linchar o mágico, mas ele fugiu a toda.

ANDRADE, Carlos Drummond de. *Histórias para o rei*. Rio de Janeiro: Record, 1998. p. 37.

1. Leia:

"Não chovia, meses a fio. Ou chovia demais."

a) Que relação de sentido existe entre esses dois períodos? Qual é a função da conjunção **ou**?

b) Que outros períodos do primeiro parágrafo correspondem a essas duas frases iniciais, ou seja, apresentam as consequências dessas alterações do tempo? Transcreva-os.

c) Destaque os verbos dos quatro primeiros períodos desse parágrafo e responda: todos se referem a um sujeito? Indique-o, quando houver.

2. Em:

"Havia o exagero dos elementos."

a) Explique a relação entre esse período e os anteriores.

b) Nessa frase, o verbo **haver** é impessoal, tem sentido de **existir**. Qual é a função de: "o exagero dos elementos"?

c) Reescreva a frase, substituindo "o exagero dos elementos" por "chuvas e secas exageradas".

3. Releia:

"Se a água vinha em catadupa [...]"; "Quem voltasse do êxodo vinha de alma nova."

a) Procure explicar, pelo contexto, o significado das expressões "em catadupa" e "do êxodo".

b) Indique o sujeito das formas verbais **vinha** e **voltasse**.

c) Esses verbos são transitivos ou intransitivos? Que circunstâncias indicam, nessas passagens, as expressões "em catadupa" e "do êxodo"?

4. Observe a predominância do tempo verbal usado no primeiro parágrafo: **chovia**, **secavam**, **morriam**, **emigravam**, **era**, **medrava**. Compare com o tempo usado no início do segundo: **chegou**, **mandou**, **cessaram**, **ordenou**, **findou**, **sobreveio**. As duas sequências apresentam formas verbais no pretérito. Que ideia exprime cada um desses pretéritos?

5. Que verbos do texto exprimem fenômenos da natureza?

6. Complete as frases no caderno utilizando as indicações entre parênteses. Atenção: nas locuções verbais, o verbo auxiliar acompanha a impessoalidade do verbo principal.
   a) Não ▲ muita água na região. (*dever existir*; presente do indicativo)
   b) ▲ situações mais complicadas neste mundo? (*poder haver*; presente do indicativo)
   c) ▲ pessoas em situações mais complicadas neste mundo. (*dever existir*; presente do indicativo)

7. Crie frases com estes verbos, segundo as instruções entre parênteses:
   a) chover (indicando fenômeno da natureza)
   b) chover (em sentido figurado, com sujeito)
   c) fazer (com sentido de tempo decorrido)
   d) fazer (expressando ação)
   e) haver (com sentido de existir)
   f) haver + verbo de ação no particípio (por exemplo: haver começado)

8. Reescreva as frases a seguir, substituindo os termos destacados pelos indicados nos parênteses. Faça as alterações necessárias.
   a) "Assim era a **vida** naquele lugar privilegiado, onde medrava **tudo** para todos, havendo bom tempo." (fatos; todas as coisas)
   b) Hoje é **água**, amanhã é seca; mas tudo ainda é **esperança** para aquele povo. (águas; esperanças)
   c) Quem é esse **mágico** que aparece do nada? (mágicos)
   d) Quem é **você**? – perguntou o homem do povo. (tu)

9. Leia a tirinha a seguir.

BROWNE, Dik; BROWNE, Chris. *O melhor de Hagar, o horrível*. Porto Alegre: L&PM, 2007. p. 20. v. 5.

   a) Há duas ocorrências do verbo **estar** no primeiro quadrinho. Qual a diferença entre elas com relação ao tipo de sujeito que as orações apresentam?
   b) Que palavra liga uma oração à outra? O que ela indica e a que classe pertence?
   c) A fala de Eddie é idêntica à de Hagar, constituída das mesmas palavras. O que distingue uma da outra?

Acentuação

10. Busque no texto palavras acentuadas pela mesma razão destas. Depois, numere-as de acordo com as regras do quadro abaixo.
   a) só
   b) sério
   c) difícil
   d) porém
   e) máximo

Algumas regras de acentuação

1. Acentuam-se todas as palavras proparoxítonas.
2. Acentuam-se oxítonas terminadas em **a(s)**, **e(s)**, **o(s)**, **em(ns)**.
3. Acentuam-se paroxítonas terminadas em ditongo, **l**, **r**, **n**, **x**, **i(s)**, **us**, **ã(s)**, **ão(s)**.
4. Acentuam-se monossílabos tônicos terminados em **a(s)**, **e(s)**, **o(s)**.

Concordância do verbo *ser*

A concordância com o verbo **ser** apresenta algumas particularidades. Veja:

- Quando o sujeito for um dos pronomes interrogativos **que** ou **quem**, o verbo **ser** concordará com o predicativo.
  Quem são os mágicos? / *Que* seriam os tais elementos?
- Quando o sujeito ou predicativo for um pronome pessoal, a concordância se dará com ele.
  O mágico sou *eu*. / *Eu* sou o mágico. / Os mágicos somos *nós*. / O mágico serás *tu*.
- Em orações sem sujeito, indicando tempo, data ou distância, a concordância é com o predicativo.
  São *vinte e duas horas*. / É *uma hora*. São *trinta quilômetros* até a cidade mais próxima.
- Entre um nome no singular e outro no plural, a concordância tende a ser com o nome no plural.
  Seu espaço eram uns poucos *centímetros*.

Predicação verbal/Os complementos

Leia o texto a seguir e faça as atividades de **1** a **4**.

Héracles

Héracles foi o herói mais popular da Grécia. Prestou grandes serviços aos homens, livrando-os de monstros que causavam numerosos estragos. Por isso, os gregos, reconhecidos, não cessaram de celebrar suas façanhas.

Ilustrações: Vera Basile/Arquivo da editora

Bastava vê-lo para perceber sua força: ele era colossal. Essa estatura fora do comum, Héracles herdou do pai. De fato, era filho de Zeus com uma mortal, Alcmena. Era, portanto, um semideus.

POUZADOUX, Claude. *Contos e lendas da mitologia grega.* São Paulo: Cia. das Letras, 2001. p. 149.

O núcleo do predicado pode ser representado por um verbo significativo (verbo que exprime ação, acontecimento ou fenômeno da natureza) ou por um nome (o predicativo).

1. Nestas orações, destaque a palavra que funciona como núcleo do predicado.
   a) "[Héracles] prestou grandes serviços aos homens [...]."
   b) "[...] ele era colossal."
   c) "Era, portanto, um semideus."
   d) "Essa estatura fora do comum, Héracles herdou do pai."

2. Os verbos significativos podem ou não pedir complemento. Indique o termo da oração que completa o sentido dos seguintes verbos do texto:

   causavam – celebrar – perceber

3. Releia a frase a seguir prestando atenção na ordem em que ela foi escrita.

   "Essa estatura fora do comum,
   Héracles herdou do pai."

   Agora, reescreva-a colocando os termos em ordem direta. Depois, destaque o sujeito e o predicado e classifique o verbo quanto à predicação:

4. Uma das funções dos pronomes é substituir substantivos. Na frase:

   "Prestou grandes serviços aos homens,
   livrando-**os** de monstros **que** causavam
   numerosos estragos."

   a) Os pronomes em destaque substituem quais substantivos?
   b) Qual é o sujeito da primeira oração? Como se classifica esse sujeito? E o predicado?

Morfossintaxe do objeto

O núcleo dos objetos pode ser representado por:

- substantivos
  Héracles prestou grandes **serviços** aos **homens.**
  Os gregos gostavam de **Héracles.**
- pronomes
  Héracles livrou-**os** dos monstros.
  Héracles prestou-**lhes** grandes serviços.
- numerais
  – Você conhece Paulo e João?
  – Conheço **ambos.**
  Dos filmes que viu esta semana, gostou mais do **segundo.**

- palavra substantivada
  Não entendi o **porquê** da briga.
  Necessitava de um **sim** para poder sair.

Os objetos também podem ser representados por uma oração:

Espero **que tenham apreciado a história.**
Gostaríamos **de que todos estivessem presentes.**

5. Indique a função sintática das expressões em destaque no texto.

> Tinha muito medo da **morte** repentina e, pra se livrar dela, fazia as nove primeiras sextas-feiras, emendadas. **De defunto** não tinha medo, só **de gente viva**, conforme dizia. Agora, **da perdição eterna**, tinha horror, pra ela e pros outros.
>
> PRADO, Adélia. Sem enfeite nenhum. In: MORICONI, Italo (Org.). *Os cem melhores contos brasileiros do século*. Rio de Janeiro: Objetiva: 2001. p. 349.

Morfossintaxe do complemento nominal

O núcleo do complemento nominal pode ser representado por:

- substantivo
  Não havia dúvida do **resultado**.
- pronome substantivo
  Era bastante generoso com os **outros**.
- palavra substantivada
  Não tenho medo do **amanhã**.
  O complemento nominal também pode ser representado por uma oração.
  Tínhamos medo **de que tudo acabasse mal**.
  Ficou com receio **de não conseguir nada**.

Texto para as questões de **6** a **8**.

> Não é para nós que o leite da vaca brota, mas nós o bebemos. A flor não foi feita para ser olhada por nós nem para que sintamos seu cheiro, e nós a olhamos e cheiramos.
>
> LISPECTOR, Clarice. *A paixão segundo G. H.* Rio de Janeiro: Rocco, 1998. p. 150.

6. Indique o sujeito das seguintes formas verbais:

brota	bebemos	foi feita	sintamos

7. Uma das funções do pronome é substituir nomes. Releia estas frases atentando para o emprego dos pronomes.
   a) "[...] mas nós **o** bebemos."
   b) "[...] e nós **a** olhamos [...]"

   Escreva no caderno que nome é substituído pelos pronomes oblíquos destacados e que função sintática eles desempenham na oração.

8. No texto, um termo exerce a função sintática de agente da passiva. Que termo é esse?

9. Num outro trecho do mesmo livro, Clarice Lispector diz:

> "O leite da vaca, nós o bebemos. E se a vaca não deixa, usamos de violência."

a) O verbo **beber** é transitivo direto (quem bebe bebe algo). No trecho, qual é o complemento de **beber**?
b) O verbo **deixar** geralmente é empregado com complemento. No texto, esse complemento não vem expresso, mas é possível identificá-lo. Levando em conta o contexto, qual é o complemento do verbo **deixar** no texto?
c) Em que sentido foi empregado o verbo **usar** no texto? Classifique esse verbo quanto à predicação.

10. Copie as frases a seguir, destaque os objetos e indique a classe gramatical da palavra que funciona como núcleo.

a) Alcmena contou tudo ao marido.
b) Anfitrião recebeu a notícia contrariado.
c) Anfitrião deu um segundo filho a Alcmena.
d) Os gregos celebraram as façanhas de Héracles.
e) Ele prestou grandes serviços à humanidade.
f) A esposa de Zeus pôs duas cobras enormes na cama dos gêmeos.

Vera Basile/Arquivo da editora

11. Exercite a morfossintaxe: indique a classe gramatical e a função sintática do termo destacado nestas frases.

a) Alcmena estava **feliz.**

b) **Todos** acordaram com o berreiro da criança.

c) A força de Héracles se tornou **incrível.**

d) Héracles não tinha medo **de javalis.**

12. Complete o sentido dos verbos com objetos. A seguir, informe se são objetos diretos ou indiretos.

a) Um deus enganou ▲.

b) O pequeno Héracles agarrou ▲.

c) O menino gostava de ▲.

d) Héracles confiava ▲.

13. Complete o sentido dos verbos acrescentando a eles dois objetos (um direto, outro indireto).

a) O professor ensinava ▲.

b) As meninas propuseram ▲.

c) O herói ofereceu ▲.

d) A esfinge mostrou ▲.

14. Os pronomes oblíquos **o**, **a**, **os**, **as** devem ser empregados na função de objeto direto, e os pronomes **lhe**, **lhes**, na função de objeto indireto. Releia estes pares de frases, observe que tipo de complemento está faltando e reescreva-os usando o pronome adequado.

Vera Basile/Arquivo da editora

a) – Você já leu as histórias de Héracles?
– Sim, eu já ▲ li.

b) – Essas histórias interessam a seus amigos?
– Sim, elas ▲ interessam.

c) – Você conhece esse herói?
– Não, eu não ▲ conheço.

d) – Isto pertence a Héracles?
– Sim, isto ▲ pertence.

e) – Você convidou seus amigos?
– Sim, eu ▲ convidei.

Função dos pronomes oblíquos

Os pronomes pessoais oblíquos **me**, **te**, **se**, **nos**, **vos** tanto podem exercer função de objeto direto como de objeto indireto, dependendo da regência do verbo:

Entregaram-**me** a carta.

(**me**: objeto indireto, porque quem entrega entrega alguma coisa [no caso, a carta – objeto direto] a alguém)

Os amigos **me** visitaram.

(**me**: objeto direto, porque quem visita visita alguém)

15. Dê a função sintática dos pronomes destacados nas seguintes frases.

a) Isto **nos** pertence.

b) Aquilo não **me** convinha.

c) Espero-**te** às cinco horas na porta da escola.

d) Desejo-**te** uma boa viagem.

e) Sua opinião não **me** importa.

f) Nada **nos** incomoda.

g) O ator não **me** convidou para a estreia do filme.

h) O navio enviou-**nos** um sinal.

i) Não **me** deixe só!

j) Ela vai mostrar-**nos** um novo jogo.

16. No caderno, substitua os termos destacados por pronomes oblíquos:

a) As crianças leram **várias histórias da mitologia grega**.

b) A professora devolveu o livro de histórias **ao aluno novo**.

c) O artista indicou **o filme** ao apresentador.

d) O artista indicou o filme **ao apresentador**.

e) Os fotógrafos vão entregar o álbum **a você**?

f) Os fotógrafos vão entregar **o álbum** a você?

Os adjuntos

Leia o texto a seguir e faça as atividades de **1** a **4**.

O assassino era o escriba

Camila de Godoy/Arquivo da editora

Meu professor de análise sintática era o tipo do sujeito inexistente.

Um pleonasmo, o principal predicado de sua vida, regular como um paradigma da 1ª conjugação.

Entre uma oração subordinada e um adjunto adverbial, ele não tinha dúvidas: sempre achava um jeito assindético de nos torturar com um aposto.

Casou com uma regência.
Foi infeliz.
Era possessivo como um pronome.
E ela era bitransitiva.
Tentou ir para os EUA.
Não deu.
Ach""aram um artigo indefinido em sua bagagem.

A interjeição do bigode declinava partículas expletivas, conectivos e agentes da passiva, o tempo todo.

Um dia, matei-o com um objeto direto na cabeça.

LEMINSKI, Paulo. *Caprichos e relaxos.* São Paulo: Brasiliense, 1983. p. 144.

1. Qual é o sentido da palavra **predicado** no verso:

"Um pleonasmo, o principal predicado de sua vida [...]."

2. O autor afirma que o professor era o tipo do sujeito inexistente. Que característica do personagem está sendo revelada?

3. No verso:

"E ela era bitransitiva."

que característica da mulher do professor está sendo revelada?

4. Na frase:

"Acharam um artigo indefinido em sua bagagem."

a) qual é o sujeito?
b) qual é a função sintática de "um artigo indefinido"?
c) qual é a função sintática do termo **indefinido**?
d) qual é a função sintática da expressão "em sua bagagem"?

Morfossintaxe dos adjuntos

O **adjunto adnominal** pode ser representado por:

- **artigo**: **Um** aluno chamou **o** professor.
- **pronome adjetivo**: **Aquele** aluno comprou **este** livro.
- **numeral adjetivo**: **Dois** alunos compraram **três** livros.
- **adjetivo**: Alunos **interessados** compraram livros **antigos**.
- **locução adjetiva**: Cantores **do interior** receberam disco **de ouro**.
- **uma oração**: Os alunos **que se dedicam** sempre se saem bem.

O **adjunto adverbial** pode ser representado por:

- **advérbio**: "[...] ele **não** tinha dúvidas: **sempre** achava um jeito assindético de nos torturar com um aposto."
- **locução adverbial**: Ele caminhava **às pressas**.
- **uma oração**: Nós nos preparávamos **quando eles chegaram.** / **Ao chegarem**, avisem-nos.

5. Copie as frases a seguir e indique a circunstância expressa pelo adjunto adverbial.

a) Expulsou a senhora da sala.
b) Saiu com os amigos.
c) Falava sobre política.
d) O aluno preparou-se para a prova.
e) Os alunos falam muito.
f) Escreveu a carta com uma caneta-tinteiro.
g) Morreu de pneumonia.

6. Leia o título do texto abaixo atentando para o sentido dele.

Polícia encontra livro roubado de Borges

a) Explique que sentido ele tem.

b) Agora, leia o texto referente ao título acima, para responder à questão que o segue.

> A Polícia Federal da Argentina encontrou um exemplar da primeira edição de um livro de poemas de Jorge Luis Borges publicado em 1925 e que havia sido roubado. A obra está avaliada em US$ 10 mil, e estava em uma barraca numa feira de livros de Buenos Aires, segundo informações do jornal *Clarín*. O exemplar de *Luna de Enfrente* pertencia ao colecionador Horacio Porcel e foi roubado dele há menos de um ano. O livro traz uma dedicatória de Borges ao escritor argentino Ricardo Güiraldes.
>
> *Folha de S.Paulo*, São Paulo, 20 set. 2004, p. E8.

Conhecendo agora o conteúdo da notícia, reescreva o título dela a fim de que ele expresse a informação sem ambiguidade.

7. Observe as frases a seguir:

I. A compra do livro foi feita **pela internet.**

II. A compra do livro foi feita **pela própria aluna.**

Agora responda: que função exercem os termos em destaque?

8. Nas frases seguintes, dê a função sintática dos termos em destaque.

a) **Naquele lugar**, não se falava de outra coisa.

b) O atleta morreu **de acidente de carro**, há dois anos.

c) **Várias** pessoas viram o **terrível** acidente.

d) Não conseguiram salvar o **pobre** rapaz.

e) Resolveram o problema **com calma.**

f) O **furioso** Otelo matou Desdêmona.

g) A intervenção **do Estado** na economia sempre traz resultados negativos.

9. Identifique os adjuntos adnominais das frases a seguir. Depois, escreva a classe de palavras a que eles pertencem.

a) Pessoas infelizes não sentem saudade.

b) O animado cordão carnavalesco saiu para as ruas.

c) A moça pobre ganhou na loteria.

d) Antigos comerciantes reuniram-se em assembleia.

e) Várias pessoas assistiram ao terrível incêndio.

f) Não encontraram os verdadeiros motivos.

g) Dois jornais confirmaram o fato.

h) Jornais da cidade confirmaram aqueles fatos.

i) Levava uma vida de rei.

j) Os alunos da tarde foram convidados.

10. Das orações que seguem, destaque os adjuntos adverbiais.

a) O cão desapareceu na planície vazia.

b) Levava um canivete no cinto.

c) Ele chegou ontem a Belém.

d) Eles vinham de longe.

e) Não conseguiram resolver os problemas.

f) Eles sempre se comportam mal na sala de aula.

g) Resolveram os problemas com calma.

h) Naquele lugar, não se falava muito alto.

i) Fora de casa, sempre se comportavam muito bem.

11. Reescreva as frases, incluindo os adjuntos adverbiais indicados.

a) Havia inúmeras ruas estreitas. (lugar)

b) Sua fisionomia denunciava segurança. (negação / tempo)

c) Ela fica nervosa. (intensidade)

d) Jogaremos vôlei. (tempo / lugar)

e) O movimento da loja cai. (afirmação / tempo)

12. Reescreva as orações, eliminando todos os adjuntos adnominais.

a) Seus cabelos pareciam um capacete negro.

b) A nossa escola funcionava num sobradinho amarelo de madeira.

c) O novo romance policial americano venderá bastante.

d) O grupo de *rock* reuniu muitas pessoas.

Camila de Godoy/Arquivo da editora

Vozes verbais

Leia o texto abaixo e faça as atividades de **1** a **5**.

> "Inspirado no conto *Piá não sofre? Sofre.*, de Mário de Andrade, o espetáculo aborda um período da vida de um garoto de 5 anos que mora com sua família na periferia da São Paulo dos anos 1920. A encenação é conduzida por um coro de narradores atemporais que se revezam na representação de todos os personagens."
>
> Companhia do Feijão. Fôlder sobre Mostra de Repertório. Out./dez. 2003.

Camila de Godoy/Arquivo da editora

1. Tendo em vista a forma como está escrito, em sua opinião, o que se pretende ressaltar nesse parágrafo?

2. Reescreva o segundo período começando por: "Um coro de narradores..." e, a seguir, explique o que se destacou com essa nova redação.

3. Leia esta oração:

   "[...] o espetáculo aborda um período da vida de um garoto de 5 anos [...]"

   Responda:
   a) Qual é o sujeito?
   b) Em que voz verbal se encontra a oração?
   c) Reescreva-a começando por "Um período da vida de um garoto de 5 anos..." e responda: em que voz ela está escrita agora?

4. Compare as duas redações dadas ao mesmo trecho, prestando atenção na concordância do verbo **revezar**:

   "A encenação é conduzida por um coro de narradores atemporais que se **revezam** na representação de todos os personagens."

   A encenação é conduzida por um coro de narradores atemporais que se **reveza** na representação de todos os personagens.

   Como foi feita a concordância verbal em cada período?

5. Você viu que artigos, adjetivos, pronomes adjetivos e numerais devem concordar em gênero e número com o substantivo a que se referem. Neste trecho:

   "[...] o espetáculo aborda um período da vida de um garoto de 5 anos que mora com sua família na periferia da São Paulo dos anos 1920."

   como você explicaria o uso do artigo feminino antes do substantivo **São Paulo**?

6. As frases a seguir apresentam casos de concordância ideológica ou silepse. Aponte-os e comente-os.

   Muitas vezes, a concordância não é feita com a palavra expressa na oração, mas com a ideia ou o sentido nela subentendido. A esse tipo especial de concordância dá-se o nome de **concordância ideológica** ou **silepse**.

   a) *Vidas secas*, de Graciliano Ramos, narra as desventuras de uma família retirante do Nordeste brasileiro.
   b) Dentro de alguns minutos, estaremos sobrevoando a maravilhosa Rio de Janeiro.
   c) Os brasileiros somos um povo cordial.

7. Dê nova redação às frases a seguir, atendendo ao que se pede.

a) A comissão já tinha preparado os convites de formatura. (voz passiva analítica com ênfase em **convites de formatura**)

b) As testemunhas foram interrogadas pelo delegado de plantão. (voz passiva sintética com ênfase na ação de **interrogar**)

c) Os sócios foram convocados para uma reunião. (voz ativa com ênfase na ação de **convocar**)

d) O carro ia ser pilotado por um brasileiro. (voz ativa com ênfase em **um brasileiro**).

e) A plateia aplaudiu com entusiasmo a apresentação do cantor. (voz passiva sintética com ênfase na ação de **aplaudir**)

8. Reescreva as frases que seguem, passando-as para a voz passiva sintética.

a) Algumas peças sem serventia foram jogadas no lixo.

b) Duas toneladas de alimentos foram arrecadadas na campanha.

c) Textos de divulgação foram criados pelos alunos da escola.

d) Novo texto de divulgação foi criado por alunos da escola.

9. Reescreva estas frases colocando-as na voz passiva analítica. Destaque o termo que funciona como agente da passiva, dando a classe gramatical da palavra que funciona como núcleo.

a) Os preços irreais afetaram a previsão orçamentária.

b) Os rostos impassíveis disfarçavam a emoção do povo.

c) A noite negra assustava os viajantes.

d) Contei uma linda história para as crianças dormirem.

e) Todos os dias de manhã ele comenta as notícias do dia.

f) O juiz leu a sentença para o acusado.

10. Você deve ter notado que nem sempre o agente da passiva vem expresso na oração. Isso ocorre quando se quer enfatizar o processo verbal, e não o seu agente; ou quando não se quer ou não se pode identificar quem executa a ação.

Passe as orações abaixo para a voz ativa e, a seguir, diga que tipo de sujeito elas apresentam.

a) Foram arrecadados apenas alimentos não perecíveis.

b) Mais um banco foi assaltado.

c) O atleta foi dispensado.

d) Entregou-se uma medalha ao atleta.

11. Crie frases utilizando os verbos destacados a seguir na voz reflexiva.

a) Garota / **vestir** / cuidadosamente

b) Eu / **pentear** / ao acordar

c) Você / **ferir** / ao cair

d) Ela / **olhar** / no espelho

Agora responda: o fato expresso pelo verbo das frases que você criou é praticado ou sofrido pelo sujeito?

Morfossintaxe do agente da passiva

Agente da passiva é o termo da oração que indica o elemento que pratica a ação em uma oração na voz passiva. Ele pode ser representado por:

- substantivo

Ele foi recompensado pelo **colega**.

- pronome substantivo

O livro foi comprado por **mim**.

- numeral substantivo

A música foi composta pelos **dois**.

- palavra substantivada

Os fracos são dominados pelos **fortes**.

Camila de Godoy/Arquivo da editora

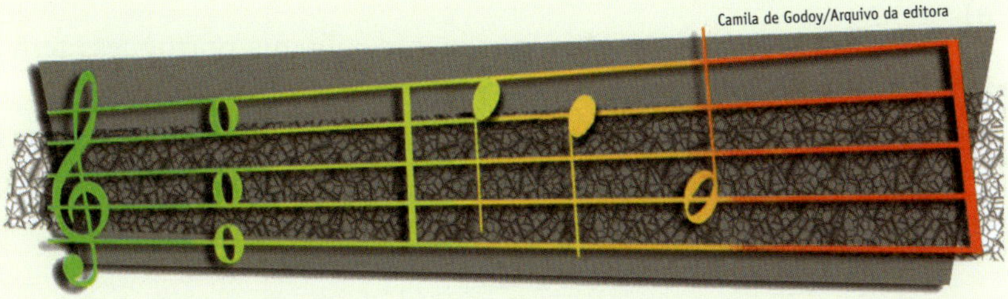

Acentuação/Aposto e vocativo

1. Nos textos a seguir, os acentos gráficos foram propositadamente eliminados. Reescreva-os no caderno, acentuando as palavras quando necessário.

a)

Importante ferramenta didatica para todas as disciplinas, a pesquisa precisa ser mais usada em sala de aula. Ao planeja-la e executa-la adequadamente, voce possibilita que crianças e jovens aprendam os conteudos do curriculo, enquanto se tornam estudantes autonomos.

MOÇO, Anderson. Como ensinar por meio da pesquisa. Revista *Nova Escola*. São Paulo: Abril, n. 237, nov. 2010, p. 40.

b)

O Facebook, empresa emergente mais bem-sucedida da ultima decada, tem somente seis anos de idade. Porem seus funcionarios mais antigos vem desistindo de seus estaveis cargos para abrir os proprios negocios.

Folha de S.Paulo, São Paulo, 10 nov. 2010, p. F7.

c)

O poder dos grandes proprietarios de terra, principalmente no Nordeste, era enorme durante o Imperio (1822-1889). Para mante-los sob controle, o governo resolveu dar-lhes poder politico e militar. Seus capangas tambem passaram a integrar a Guarda Nacional. Nascia a figura do coronel, homem que comandava a politica local e fazia valer seu poder de forma violenta.

Durante as eleições, em quem o coronel mandava votar era lei. E ai de quem desobedecesse. Os coroneis costumavam marcar presença no dia das eleições, cercados de capangas violentos. Para intimidar, havia os que ofereciam duas cedulas ao pobre do eleito: uma com o numero do candidato em quem deveria votar; outra, com o numero do caixão em que seria colocado caso votasse em outro candidato.

HOFFMANN, Bruno. Quanto vale o seu voto? *Almanaque de Cultura Popular*, n. 138, out. 2010, p. 20.

d)

Como as plantas e os animais, tambem as pessoas podem se comunicar, dizer o que pensam e o que sentem, sem utilizar palavras. Um violinista utiliza a musica para transmitir ao publico o que sente; um pintor demonstra atraves de seus quadros sua forma de ver o mundo; os bailarinos usam o corpo para expressar emoções... Voce tambem, quando faz um desenho para alguem, quando dança, quando chora ou ri, esta se expressando e se comunicando, mesmo sem usar uma palavra sequer.

BRAIT, Beth. *Língua e linguagem*. São Paulo: Ática, 2005. p. 42. (Saber mais).

e)

Em consequencia da romanização, a lingua portuguesa tem a sua origem principal no latim: o chamado latim coloquial tardio.

O latim coloquial tardio, tambem designado latim vulgar, era utilizado por funcionarios, soldados, comerciantes, e foi introduzido durante a romanização; este latim contrapõe-se ao chamado latim classico, que entrou no portugues em epocas posteriores, sobretudo durante o Renascimento (seculos XV e XVI).

FIGUEIREDO. Olívia Maria; BIZARRO, Rosa Porfíria. *Da palavra ao texto*. Porto: Edições Asa, 2004. p.18.

f)

> O que acontece quando um pais fica mais rico que os vizinhos? Imigração em massa. Para o Brasil, sera uma nova onda, que transformara novamente nossa economia. Com o exodo nordestino estancado, paraguaios e bolivianos serão os braços do campo, venezuelanos e colombianos construirão as novas metropoles amazonicas, e argentinos e uruguaios agitarão o mercado com sua mão de obra qualificada. Ah, claro, leva vantagem quem ja domina a lingua: seremos redescobertos por portugueses.
>
> 10 próximas revoluções. Revista *Superinteressante*. São Paulo: Abril, ed. 274, jan. 2010, p. 59.

2. No caderno, separe as sílabas das palavras em destaque e, depois, classifique-as de acordo com a posição da sílaba tônica (oxítonas, paroxítonas ou proparoxítonas).

a) "A imigração japonesa no Brasil teve **início** em 18 de junho de 1908, com a vinda de 733 pessoas, que compunham 165 **famílias** de agricultores, e mais 48, que vieram sem os seus familiares."

b) "Essa época marcou uma transformação significativa nas relações nipo-brasileiras: da etapa de **predomínio** da imigração, passou-se a uma outra, calcada no **intercâmbio** econômico."

3. Como você deve ter observado, as palavras em destaque da atividade acima recebem acento gráfico (agudo ou circunflexo). Levando em conta a posição da sílaba tônica e a terminação que apresentam, o que você pode concluir quanto à acentuação dessas palavras? Registre sua resposta no caderno.

4. No caderno, separe as sílabas das palavras em destaque e, a seguir, classifique-as de acordo com a posição da sílaba tônica (oxítonas, paroxítonas ou proparoxítonas).

a) "Quando a guerra terminou, o processo foi retomado, em 1952, estendendo-se por dez anos, **período** em que vieram cerca de 50 mil imigrantes agricultores."

b) "No início da **década** de 1960, o Japão entrou numa fase de grande prosperidade e de **rápido** crescimento **econômico** [...]."

c) "No caminho percorrido pelos japoneses que escolheram se radicar no Brasil, houve **inúmeras** dificuldades e dramas."

d) "No período que se seguiu a esse, o Brasil adotou a **política** de receber somente imigrantes que dispunham de capacidade financeira e que aplicassem em empreendimentos **agrícolas** [...]."

5. Todas as palavras destacadas no exercício anterior receberam acento gráfico. Em seu caderno, escreva o que se pode concluir sobre essa acentuação, levando em conta a posição da sílaba tônica.

Leia este texto e faça as atividades **6** e **7**.

Osso duro de roer

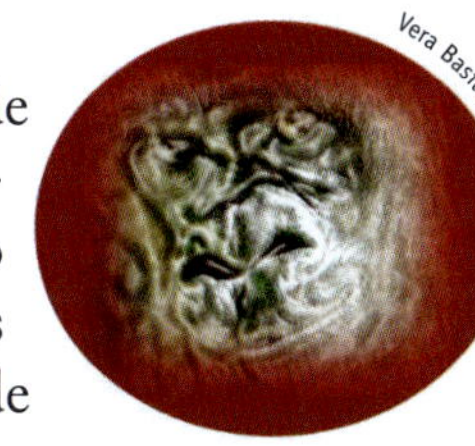
Vera Basile/Arquivo da editora

Um cranio, dois pedaços de mandibula e três dentes levados a publico no mês passado estão colocando os estudiosos da evolução humana em pé de guerra. Segundo os descobridores, eles constituem uma nova especie – *Sahelanthropus tchadensis* –, tem sete milhões de anos e são os restos do mais antigo ancestral conhecido do homem. Mas é possível que ele não seja tão velho. O metodo de datação foi comparar as especies que estavam à sua volta com as que existiam em outras regiões da Africa, o que não é muito preciso. Além disso, pode ser que ele não faça parte da nossa familia. Acredita-se que a linhagem humana se separou dos demais primatas entre cinco e seis milhões de anos atrás e, para alguns cientistas, faz mais sentido que esse fóssil seja de um gorila.

KENSKI, Rafael. Revista *Superinteressante*. São Paulo: Abril, ed. 179, ago. 2002, p. 20.

6. No texto acima, o acento gráfico de algumas palavras foi intencionalmente omitido. Sua tarefa será descobrir quais são essas palavras e reescrevê-las no caderno, acentuando-as corretamente.

7. Leia a frase: "Segundo os descobridores, eles constituem uma nova espécie – *Sahelanthropus* *tchadensis* –, têm sete milhões de anos e são os restos do mais antigo ancestral conhecido do homem". Por que a forma verbal **têm** recebe acento gráfico?

8. Das orações que seguem, destaque os apostos.
   a) Telêmaco, filho de Ulisses e Penélope, sempre acreditou que seu pai estava vivo.
   b) Menelau, marido de Helena, era irmão de Agamenon.
   c) A história de Simbad, o marujo, é contada em *As mil e uma noites*.
   d) Segundo a lenda, o Minotauro, um ente mitológico com corpo de homem e cabeça de touro, vivia em Creta, uma das ilhas da Grécia.
   e) Hades, filho de Crono e Reia, vive nos infernos e reina sobre os mortos.
   f) Heitor, um valente guerreiro troiano, foi morto por Aquiles.
   g) As previsões foram feitas por uma pitonisa em quem ninguém acreditava: Cassandra.

9. Reescreva estas frases colocando ou eliminando o acento gráfico, se necessário.

Para acentuar corretamente as palavras, o primeiro passo é identificar a sílaba tônica. É fácil identificá-la nas palavras que usamos com frequência, mas, em certas palavras, podemos ter dúvidas a respeito de qual é a sílaba tônica. Nesses casos, o ideal é consultar um dicionário.

   a) Uma pessoa muito apegada ao dinheiro é uma pessoa ávara.
   b) Uma pessoa que faz caridade é um filântropo.
   c) O advogado colocou sua rúbrica no contrato.
   d) Uma indústria que produz tecidos é uma indústria textil.
   e) Nesse interim, ele pediu a palavra e fez sua crítica.

Morfossintaxe do aposto

O aposto pode ser representado por:

- substantivo ou palavra substantivada
  Nós, **jovens**, esperamos muito da vida.
- expressão cujo núcleo é um substantivo
  O Brasil, **um país de dimensões continentais**, ainda tem muitas barreiras a superar.
- uma oração
  Queremos apenas isto: **que o novo milênio traga a paz.**
  Queremos apenas uma coisa: **encerrar o ano em paz.**

Leia o texto e faça as atividades 10 e 11.

Bois de Zabumba

São caracterizados pelo uso do seu principal instrumento, a zabumba – grande tambor, de metal ou madeira –, percutido com uma baqueta, tendo como contraponto o repenicar dos tamboritos, mais agudos, e batidos com as pontas dos dedos, em ritmo frenético.

Vera Basile/Arquivo da editora

A indumentária principal dos homens é composta de peitorais e saiotes de veludo, ricamente bordados com canutilhos e miçangas. Os grupos de Zabumba são originários da região da Baixada, especialmente dos municípios de Cururupu e Guimarães.

Maranhão Vale Festejar.
Fôlder "Encanto e magia da arte popular".
São Luís, jul. 2003.

10. Copie do texto e escreva no caderno o aposto de **instrumento** e **zabumba**.

11. No texto, o aposto muitas vezes é usado para explicar termos desconhecidos pelo leitor. Em vista disso:
   a) reescreva o primeiro período do segundo parágrafo do texto acrescentando a ele um aposto que explique o significado de **canutilho**.

   ca.nu.ti.lho *s.m.* Canudinho de vidro, usado para enfeite ou guarnição do vestuário feminino.

   LUFT, Celso Pedro. *Minidicionário Luft*. 14. ed. São Paulo: Ática, 1998. p. 143.

   b) crie um aposto para uma palavra do texto que você considera difícil.

módulo 6 • capítulo 9

O que é o amor?

Crase

1. Leia a tirinha do Hagar e responda ao que se pede:

King Features Syndicate, Inc./Press

BROWNE, Dik. Hagar. *Folha de S.Paulo*, São Paulo, 8 ago. 2003. p. E7.

a) A resposta de Hagar "Ao dentista, ao médico, à seção de auditoria do imposto de renda..." liga-se a que palavra da pergunta de Helga?

b) Analise morfologicamente os itens da resposta de Hagar:

- ao dentista
- ao médico
- à seção de auditoria

c) Justifique o uso do acento indicativo de crase em "à seção de auditoria".

d) "À noite" é uma locução adverbial. O que ela exprime?

e) Crie duas frases: uma com a locução adverbial **à noite** e outra com **a noite**, sem acento indicativo de crase.

Dica para identificar a crase: substituição da palavra feminina por masculina

Um artifício para saber se há crase ou não diante de palavra feminina é substituí-la por uma masculina que lhe corresponda. Se no lugar do **a** ocorrer **ao**, significa que a crase existe. Por exemplo:

"O acesso **a** sala foi interditado" ou "O acesso **à** sala foi interditado"?

Basta substituir o substantivo feminino **sala** por **saguão** (substantivo masculino): "O acesso **ao** saguão foi interditado". Está correta, portanto, a frase "O acesso **à** sala foi interditado".

2. Leia a tirinha a seguir:

Laerte/Acervo do cartunista

Laerte. Disponível em: <http://www2.uol.com.br/laerte/tiras/>. Acesso em: 2 jan. 2012.

a) A frase do personagem da tirinha é nominal, pois não se constitui em torno de um verbo. Transforme-a em período, inserindo nela o(s) verbo(s) que julgar necessário(s).

b) Agora substitua o substantivo **trabalho** por outro do gênero feminino. O que você observa?

3. Leia o texto a seguir:

Mulher encontra aliança de casamento em cenoura após 16 anos

Uma fazendeira sueca encontrou **a** aliança de casamento que havia perdido 16 anos atrás em uma cenoura de seu jardim, segundo o jornal Dagens Nyheter.

Lena Pahlsson disse que já não tinha mais esperança de encontrar o anel, que ela própria havia desenhado.

A aliança de ouro branco com sete pequenos diamantes sumiu em 1995, depois que Lena **a** tirou do dedo para preparar **as** comidas para **a** ceia de Natal com suas filhas.

A fazendeira, que vive perto de Mora, na região central da Suécia, disse ao jornal Dagens Nyheter que o anel sumiu de cima da bancada, onde tinha sido colocado.

Anos depois, durante uma reforma na cozinha, **a** família voltou **a** procurar pela aliança, sem sucesso.

Foi apenas algumas semanas atrás que o anel foi encontrado de forma inusitada.

Lena estava colhendo cenouras de seu jardim e estava prestes **a** jogar fora uma delas porque era pequena demais, quando notou um brilho diferente.

Ela chamou **a** filha Anna, que tinha apenas seis anos de idade quando o anel desapareceu, e **as** duas não conseguiam acreditar que a aliança pudesse estar em torno da cenoura. Seu marido também se surpreendeu.

"A cenoura cresceu no meio do anel. É inacreditável", disse Ola Pahlsson ao jornal sueco.

O casal acredita que a aliança tenha caído na pia em 1995 e se perdido em meio **a** cascas de legumes que foram transformadas em adubo.

O problema é que, 16 anos depois, a aliança cabe apenas no dedo mindinho de Lena. Ela disse ao Dagens Nyheter que vai mandar aumentar o anel.

"Agora que reencontrei a aliança quero poder usá-la novamente", disse ela.

Disponível em: <http://www1.folha.uol.com.br/bbc/1028762-mulher-encontra-alianca-de-casamento-em-cenoura-apos-16-anos.shtml>. Acesso em: 2 jan. 2012.

Informe a classe gramatical do **a**/**as** em destaque no texto: artigo, preposição ou pronome pessoal?

4. Releia:

"Foi apenas algumas semanas atrás que o anel foi encontrado de forma inusitada."

Reescreva essa frase eliminando a palavra **atrás** e introduzindo nela o verbo **haver** (**há**) para exprimir tempo decorrido.

5. Reescreva os períodos substituindo as palavras destacadas pelas que estão entre parênteses.

a) "A fazendeira [...] disse **ao jornal Dagens Nyheter** (a jornalista) que o anel sumiu de cima da bancada [...].

b) A família voltou **ao jardim** (a horta) para procurar a aliança.

c) A aliança se perdeu em meio **aos restos** (as cascas) de legumes.

d) A aliança se perdeu em meio **a restos** (cascas) de legumes.

Que diferença você observou entre as duas últimas frases?

A crase diante de nomes de lugar

Como saber se o acento indicativo de crase deve ser usado diante de nomes de lugar? Verifica-se inicialmente a presença da preposição. Com relação ao artigo **a**, como nem sempre o nome o admite, pode-se usar um artifício e substituir o verbo que rege a preposição **a** por verbos que exijam outras preposições, como **de**, **em** e **por**:

Fomos à Itália. **ir a + a Itália**	Viemos da Itália. **vir de + a Itália**
Estivemos na Itália. **estar em + a Itália**	Passamos pela Itália. **passar por + a Itália**

As formas **da**, **na** e **pela** evidenciam a presença da preposição e do artigo **a**, que ocorre também em **à**. Agora compare:

Vou a Brasília. **ir a + Brasília**	Vim de Brasília. **vir de + Brasília**
Estive em Brasília. **estar em + Brasília**	Passei por Brasília. **passar por + Brasília**

Em "Vou a Brasília" não ocorre crase, pois o **a** é apenas a preposição exigida pelo verbo **ir** (ir **a** algum lugar). Substituir esse verbo por outros que exijam preposições diferentes comprova que a palavra **Brasília** não admite artigo.

Ocorre crase

- nas locuções formadas por palavras femininas:
  à noite – à tarde – à direita – às avessas – às pressas – às vezes – à toa - à medida que - à proporção que - à beira de - à exceção de
- nas expressões indicativas de horas:
  Acordamos às 8 horas.
  Chegamos à uma e meia.
- com a expressão **à moda de**, esteja ela clara ou subentendida:
  Fez um gol à moda de Garrincha.
  Cortou o cabelo à (moda) militar.

Não ocorre crase

- diante de verbos e palavras masculinas:
  Eles começaram **a** rir.
  Gosto de escrever **a** lápis.
- diante de nomes no plural antecedidos de **a**:
  Não gosta de ir **a** festas noturnas quando está trabalhando.
- nas expressões com palavras repetidas:
  Gota **a** gota – face **a** face – frente **a** frente
- diante de pronomes que não admitem artigo:
  Refiro-me **a** ela / **a** ele / **a** você / **a** essa garota / **a** certa pessoa / **a** Vossa Senhoria.
  Observação: Diante dos pronomes que admitem artigo **ocorre** crase:
  Oferecemos este presente **à** senhorita.
  Oferecemos um presente **à** outra garota.

É facultativo o uso da crase

- diante dos pronomes possessivos femininos:
  Ofereci flores **à** minha mãe.
  Ofereci flores **a** minha mãe.
- diante de nomes próprios femininos:
  Só posso pedir esse favor **à** Juliana.
  Pedi **a** Juliana que me esperasse.

O artigo diante de nomes de pessoas

- Em algumas regiões brasileiras, usar artigo diante de nome próprio revela intimidade entre os interlocutores.
  O Pedro me convidou para sair.
  A Joana sempre foi minha amiga.
- Se antes desse nome houver a preposição **a**, ocorrerá ou a combinação ou a crase:
  Disse **ao** Pedro que não poderia ir.
  Disse **à** Joana que me esperasse.
  Nessas regiões, quando não há intimidade entre os interlocutores, costuma-se não usar o artigo. Em algumas regiões do país, no entanto, não é costume usar artigo diante de nomes próprios, qualquer que seja a situação. Por exemplo:
  Aceitei o convite **de** Pedro.
  Disse **a** Joana que me esperasse.

6. Transcreva as frases para o caderno, completando-as com **a**, **as**, **à** ou **às**.

a) Esses recursos destinam-se ▲ todas ▲ áreas de preservação do país.

b) Esses recursos destinam-se ▲ mais variadas áreas de preservação do país.

c) ▲ noite promete ser agradável ▲ quem gosta de um friozinho.

d) ▲ noite gostamos de fazer uma caminhada para relaxar.

e) Entrada proibida ▲ estranhos.

f) O acesso ▲ área será permitido somente ▲ pessoas com identificação.

g) Você gosta de andar ▲ pé?

h) Dirija devagar: obras na pista ▲ 500 metros.

i) Pedi ▲ ela que me ouvisse.

j) Promoção dedicada ▲ você: prestações ▲ partir de apenas R$ 20,00.

k) Sabe o que é “sair ▲ francesa”? É sair discretamente sem se despedir.

l) Não ouve ninguém. Faz tudo ▲ moda do sabe-tudo.

m) Sugestão do dia: moqueca ▲ baiana.

7. Transcreva as frases para seu caderno, completando-as com **a** ou **à**. Depois, tire a prova para ver se você acertou.

a) Nas férias, vou ▲ Foz do Iguaçu. *Tire a prova*: Vim ▲ Foz do Iguaçu.

b) Visitamos o estado de Santa Catarina e não deixamos de ir ▲ capital. *Tire a prova*: Passamos ▲ capital.

c) Quando pudermos, vamos ▲ Florianópolis. *Tire a prova*: Estaremos ▲ Florianópolis.

d) Fomos ▲ João Pessoa; aliás, fomos ▲ hospitaleira João Pessoa. *Tire a prova*: Viemos ▲ João Pessoa; viemos ▲ hospitaleira João Pessoa.

Tempos compostos/ Formas nominais do verbo/Ortografia

Tempos compostos

1. Cada item a seguir é formado de duas frases: a primeira apresenta uma forma verbal simples do modo indicativo e a segunda, uma forma verbal composta. O que exprime cada um desses tempos?
   a) O homem **dedicou**-se à venda de todos os seus bens. (pretérito perfeito do indicativo)
   O homem **tem** se **dedicado** à venda de todos os seus bens. (pretérito perfeito composto do indicativo)
   b) O vencedor **receberá** as chaves da casa de três dormitórios. (futuro do presente)
   Após o leilão, o vencedor **terá recebido** as chaves da casa de três dormitórios. (futuro do presente composto)
   c) O vencedor **levaria** todos os bens do britânico. (futuro do pretérito do indicativo)
   As últimas notícias informam que o vencedor **teria levado** todos os bens do britânico. (futuro do pretérito composto do indicativo)
   Explique como são formados os tempos compostos.

2. A forma verbal destacada nesta frase está no pretérito mais-que-perfeito composto:

   "Já estava na hora da decolagem e aparentemente todos os passageiros **tinham embarcado**."

   a) Que ideia ela exprime em relação à forma verbal **estava**?
   b) Crie uma frase usando o pretérito mais-que-perfeito composto do verbo **planejar**.

3. Nos itens a seguir, a primeira frase apresentará uma forma verbal simples do modo subjuntivo. Complete a segunda com a forma composta indicada entre parênteses.
   a) Espero que Marilyn aprenda a lição.
   Espero que Marilyn ▲ a lição. (ter: presente do subjuntivo + aprender: particípio)
   b) Ele não queria que Marilyn conhecesse seus planos.
   Ele não queria que Marilyn ▲ seus planos. (ter: pretérito imperfeito do subjuntivo + conhecer: particípio)
   c) Quando vender tudo, deixarei o país.
   Quando ▲ tudo, deixarei o país. (ter: futuro do subjuntivo + vender: particípio)

4. Releia as frases completadas do exercício anterior.
   a) Classifique as formas compostas como: futuro composto, pretérito perfeito e pretérito mais-que-perfeito.
   b) Que ideia essas formas exprimem?

5. As frases a seguir apresentam as formas compostas do infinitivo e do gerúndio.
   Espero **ter vendido** tudo. **Tendo vendido** tudo, partiu.
   a) Demonstre como são formados.
   b) Que ideia essas formas verbais exprimem?

6. Algumas palavras foram suprimidas do texto a seguir. Sua tarefa é completá-lo de acordo com as indicações entre parênteses. Faça-o no caderno.

Nos tempos atuais, (1) (*particípio de* marcar, *na função de adjetivo*) pela pressa e pela velocidade, a arte de contar histórias parece (2) (*infinitivo de* caminhar) para o máximo de concisão, (3) (*gerúndio de* privilegiar) o essencial, (4) (*gerúndio de* perseguir) a leveza. Os **Contos plausíveis**, de Drummond, de onde (5) (*pretérito perfeito do indic., 1ª p. pl. de* extrair) os textos desta coletânea, são um bom exemplo disso. Embora (6) (*particípio de* escrever) em forma de prosa, se aproximam – pela densidade de imagens e pelo rigor da expressão – do que é poesia. Cada um desses contos (7) (*presente do indicativo de* produzir) o efeito de uma anedota: surpreende pelo impacto e capta nossa imaginação, envolve, faz pensar. São para ser (8) (*particípio de* ler) lentamente, (9) (*particípio de* degustar), (10) (*gerúndio de* apreciar) o sabor. E há que se ficar atento à tradição dos índios americanos: será sempre um risco a leitura de histórias assim, nos períodos em que não cai a neve.

MARIA, Luzia de. Apresentação de: ANDRADE, Carlos Drummond de. *Histórias para o rei.* Rio de Janeiro: Record, 1998. p. 15.

7. Interprete o poeminha de Mário Quintana. O que exprime o infinitivo?

O sonho

Sonhar é acordar-se para dentro.

QUINTANA, Mário. *Lili inventa o mundo.* Porto Alegre: Mercado Aberto, 1985. p. 20.

-izar / -isar

"Tenha um dia de costureira e customize seu visual! Ou seja, dê cara nova a uma roupa já manjada!"

Witch. São Paulo: Abril, n. 29, jul. 2004. p. 20.

8. Alguma vez você usou o verbo **customizar**? Leia o verbete da palavra inglesa que lhe deu origem:

custom

s. costume (tb. jur.); hábito, uso, praxe, moda; freguesia, fregueses; (no *pl.*) alfândega; direitos alfandegários ou aduaneiros / a. (EUA) feito sob medida ou por encomenda

HOUAISS, Antônio. *Dicionário inglês-português.* Rio de Janeiro: Record, 1982. p. 185.

Agora responda:

a) O que seria uma roupa customizada?

b) Como se formou o verbo **customizar**?

Muitas palavras em português formaram-se como essa. Veja:

visual ⇒ visual*izar*
dicionário ⇒ dicionar*izar*

9. Existem palavras cujo som final assemelha-se ao desses verbos, mas sua grafia é diferente. Leia em voz alta e depois responda:

alisar – avisar – improvisar

a) Que palavras deram origem a esses verbos?

b) O que você observou?

10. Forme verbos a partir das palavras dadas e crie frases com eles.

a) anestesia
b) deslize
c) liso
d) caráter
e) atual
f) paralisia
g) autor
h) pesquisa
i) especial
j) análise

Grafia dos verbos terminados em *-isar* e *-izar*

Escrevem-se com **s** (**-isar**) os verbos derivados de nomes cujo radical possua as letras **is** seguidas de vogal. Acrescenta-se, assim, a esses nomes, o sufixo **-ar**:

avis(o) + ar = avis*ar*
improvis(o) + ar = improvis*ar*

Escrevem-se com **z** (**-izar**) os verbos derivados de nomes que já possuem a letra **z** ou aqueles a que se acrescenta o sufixo **-izar**:

baliz(a) ⇒ bal*izar* — raiz ⇒ enra*izar*
real ⇒ real*izar* — útil ⇒ util*izar*

As palavras **batizar** e **catequizar** escrevem-se com **z** (do latim, *baptizare* e *catechizare*), assim como seus derivados **batizado, batizamento, batizando, batizante, catequizado, catequizador, catequização, catequizante**. Escrevem-se, porém, com a letra **s** as palavras **batismo** e **catequese**.

Pontuação/Modo imperativo/Ortografia

A pontuação no discurso direto

O discurso direto é aquele em que as falas dos personagens são apresentadas textualmente por meio de verbos que indicam o modo de se expressar, tais como: **dizer**, **perguntar**, **retrucar**, **responder**, **negar**, **gritar**, **discordar** etc. São os chamados verbos *dicendi*. Observe dois exemplos do conto **Idolatria**:

"O camaleão se esfregava no chassi e o pai praguejava:
– Caminho do diabo!"
"Então aguentei firme ali no barro, com as abas da japona me batendo nas pernas, até que ele me chamou outra vez:
– Como é, vens ou não?"

Os verbos **praguejar** e **chamar** introduzem as falas dos personagens. Nesse caso, utilizam-se os dois-pontos para apresentar a fala, e esta é antecedida de travessão.

O verbo *dicendi* pode vir também após a fala do personagem ou intercalado nela:

– Caminho do diabo! – praguejava o pai.
após a fala

– Como é – ele me chamou outra vez – vens ou não?
intercalado na fala

Nos dois casos, a voz do narrador é separada da fala do personagem por travessões.

Modernamente, há autores que optam por não usar os verbos *dicendi*. A fala dos personagens sucede as sequências narrativas; nesse caso, as frases que representam a voz do narrador encerram-se geralmente por ponto, como se pode ver no trecho a seguir:

"Ficava bonito quando ria, os dentes bem parelhos e branquinhos.
– Tá com fome?
– Não.
– Vem cá.
Tirou do bolso uma fatia de pão.
– Toma."

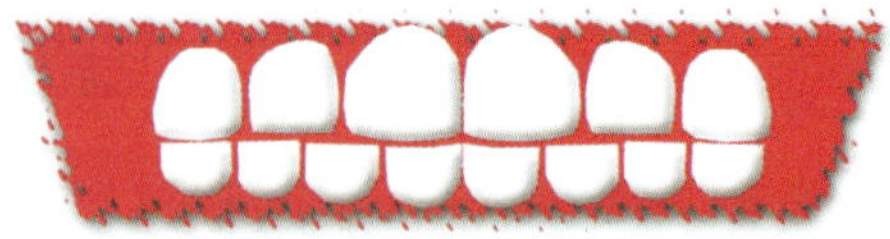
Vera Basile/Arquivo da editora

1. O texto a seguir foi reproduzido sem os sinais de pontuação do discurso direto e sem a pontuação que finaliza as frases. Copie-o no caderno, pontuando-o adequadamente.

Tiago aproxima-se devagarinho daquela menina sentada distraidamente na pracinha do *shopping*. Parece que vai pregar-lhe um susto, mas imposta a voz e diz com pose de galã

A senhorita, com ar tão solitário, espera alguém

Depois do ligeiro susto, ela empina o nariz e responde toda afetada

Sim, o meu namorado, um príncipe

Oi, Clau, tudo bem abraçam-se e beijam-se

Estou tão ansiosa Será que eles vão entender E se pintar ciúmes

Ora, estamos sendo tremendamente sinceros com eles e não há motivo pra ciumeira Afinal

E por falar nisso, trouxe

Claro, acha que eu iria esquecer Tiago mostrou o embrulho benfeitinho e continuou

Mas eles têm que nos devolver Isso é só meu e seu

COSTA, Wagner. A quatro mãos. In: RAMOS, Graciliano et al. *Amigos*. São Paulo: Atual, 1992. p. 26.

2. Leia o texto e responda ao que se pede.

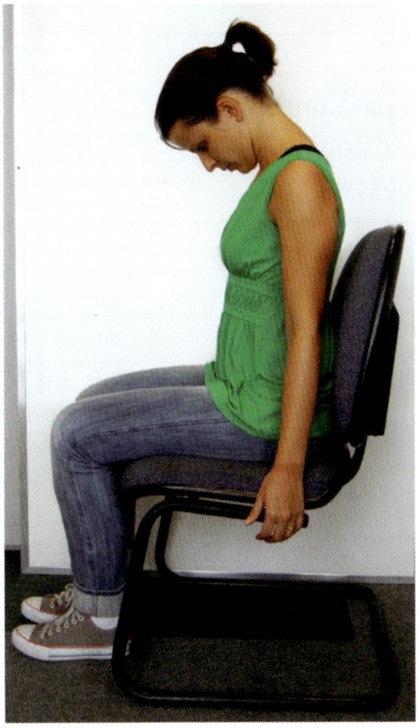

"Em pé (ou sentado), mantenha a coluna reta e braços relaxados e incline a cabeça para frente até sentir alongar a musculatura da nuca.

Fotos: Léo Burgos/Arquivo da editora

Em pé (ou sentado), mantenha a coluna reta e braços relaxados e incline a cabeça em direção ao ombro (sem elevá-lo) até sentir alongar a musculatura do lado oposto. Volte a cabeça na posição central. Repita para o lado oposto."

Contra-Relógio. São Paulo: Redijo Produções e Editora, ano 12, n. 131, ago. 2004. p. 52.

a) A quem essa mensagem é dirigida?

b) Que verbos estão no modo imperativo? O que o modo imperativo exprime nesse texto?

c) Se o falante se dirigisse a um grupo de pessoas, como ficariam os verbos no imperativo?

d) Como ficariam essas formas verbais se o falante se incluísse no grupo?

e) Imagine que, ao transmitir esses comandos, o falante recomendasse ao seu interlocutor que não elevasse os ombros, não mantivesse a nuca tensa e não curvasse a coluna. Como ele o faria usando o modo imperativo?

3. Leia este texto retirado de uma revista de divulgação científica:

"Imagine a galáxia observável mais distante – uma cujos fótons, emitidos logo após o *Big Bang*, só agora estão nos atingindo. Um ano-luz é a distância que os fótons percorrem em um ano. Então, um fóton desta galáxia viajou 14 bilhões de anos-luz."

Scientific American Brasil. Ano 3, n. 35, abr. 2005. p. 39.

O que exprime o modo imperativo na forma verbal **imagine**? Qual é seu papel num texto como esse?

AFP/Getty Images

4. Na linguagem coloquial, há uma forte tendência ao uso dos verbos do imperativo na segunda pessoa do singular. Veja:

Fica quieto, menino. Lava suas mãos para almoçar. Aguenta firme! Não faça isso!	Faz um favor! Vá até o banco para mim. Me dá um copo d'água. Me passa a travessa.

a) Em quais dessas frases esse fato ocorre?

b) Reescreva-as, passando os verbos para a terceira pessoa do singular.

c) Compare as duas linguagens e formule uma hipótese para a seguinte questão: por que, ao usar o imperativo, preferimos a segunda pessoa na linguagem coloquial?

S ou Z?

5. Leia as palavras das duas colunas em voz alta e, depois, responda no caderno ao que se pede:

A	**B**
mole – moleza	japonês – japonesa
esperto – esperteza	indefeso – indefesa
certo – certeza	duque – duquesa
justo – justeza	inglês – inglesa
claro – clareza	burguês – burguesa

a) O que você percebe nas palavras das colunas da direita do quadro acima?

b) Que relação há entre as palavras da coluna **A**?

c) Que relação há entre as palavras da coluna **B**?

d) Elabore uma regrinha: como usar **s** ou **z** quando as palavras terminarem com o mesmo som /**eza**/?

6. Nas palavras da direita das colunas **A** e **B** a seguir podemos perceber o som de /**z**/, embora as letras utilizadas sejam diferentes (**s** e **z**).

A	**B**
manhã – manhãzinha	lápis – lapisinho
mãe – mãezinha	simples – simplesinho
pai – paizinho	país – paisinho
bar – barzinho	pires – piresinho
pão – pãozinho	nariz – narizinho

a) Que sufixo foi acrescentado às palavras da coluna **B**?

b) Observe as palavras da coluna **A**: as primitivas e as derivadas. O que se acrescentou ao final das palavras derivadas?

c) Que conclusões você tirou sobre o uso de **s** ou **z** nesses casos?

Acentuação/Uso do dicionário/Revisão

Leia o texto e faça as atividades de **1** a **5**.

O fantasma da ópera, de Andrew Lloyd Webber. Musical de carreira surpreendente, inspirado no romance homonimo do frances Gaston Leroux, que estreou em 1986 em Londres. Orçada em 10 milhões de dolares e encenada em portugues (as letras foram vertidas por Claudio Botelho), a montagem paulistana repete a formula de sucesso vista mundo afora. Estão la os cenarios suntuosos, os figurinos irretocaveis, os efeitos de tirar o folego – o lustre de 450 quilos despenca do alto do teatro para o meio do palco em poucos segundos – e a trama melodramatica defendida por 37 atores-cantores. Em excelente *performance*, Saulo Vasconcelos vive o atormentado e deformado genio da musica que ocupa o subterraneo da Opera de Paris no fim do seculo XIX e ensina, secretamente, canto à corista Christine (Sara Soares e Kiara Sasso alternam-se no papel). Apaixonado por ela, o Fantasma exige que a jovem ocupe o lugar da temperamental diva Carlota (a otima soprano Edna D'Oliveira). Contrariado pelos diretores e, principalmente, com o romance entre Christine e seu amigo de infancia Raul (Nando Prado), o protagonista torna-se ainda mais ameaçador. Ao vivo, Miguel Briamonte conduz a orquestra de dezenove musicos. Direção geral de Arthur Masella (150 min, com intervalo).

Veja São Paulo. São Paulo: Abril, 22 jun. 2005. p. 100-101.

Joan Marcus/Arquivo da editora

▲ Cena do musical *O fantasma da ópera*.

1. Os acentos gráficos de algumas palavras da resenha acima foram suprimidos. Transcreva-as para o caderno, acentuando-as.

2. Qual é a importância de uma resenha para o leitor?

3. A avaliação de **O fantasma da ópera** é negativa ou positiva nessa resenha? Explique.

4. Dê a função sintática dos termos destacados no seguinte trecho:

"Apaixonado **por ela**, o Fantasma exige que a jovem ocupe o **lugar** da temperamental diva **Carlota** [...]"

5. Analise sintaticamente os termos da oração:

"[...] ensina, secretamente, canto à corista Christine [...]"

Uso do dicionário

Além das acepções de uma palavra, um verbete de dicionário oferece outras informações. Leia o verbete a seguir e observe como o dicionário, muitas vezes, faz remissões ao seu próprio conteúdo.

músico

[Do gr. *mousikós*, 'relativo às musas, às artes (em especial à música)', pelo lat. *musicu*.]

S.m.

1. Aquele que professa a arte da música, compondo peças, tocando e/ou cantando.
2. Aquele que pertence a banda, orquestra ou filarmônica.

[Cf., nessas acepç., musiqueiro.]

3. Bras. Zool. V. uirapuru-verdadeiro.

Adj.

4. Musical (1): instrumento músico; "Ao fresco arrepio dos ventos cortantes / Em músico estalo rangia o coqueiro." (Castro Alves, *Obra Completa*, p. 357).

[Cf. musico, do v. musicar.]

FERREIRA, Aurélio Buarque de Holanda. *Dicionário eletrônico* – Versão 5.0. Ed. rev. e atual. Curitiba: Positivo Informática, 2004.

6. As indicações **s.m.** e **adj.** significam, respectivamente, **substantivo masculino** e **adjetivo**.

a) Crie uma frase em que a palavra **músico** seja usada como substantivo.

b) Indique, no exemplo dado no verbete, o substantivo modificado pelo adjetivo **músico**.

7. Entre colchetes, encontram-se as seguintes informações:

"Cf., nessas acepç., musiqueiro." e "Cf. musico, do v. musicar.".

a) Considerando que **cf.** significa **confronte**, ou seja, **compare**, explique o que significa cada uma dessas informações.

b) Confronte, no dicionário, o verbete **músico** com os termos indicados entre colchetes. O que você encontrou?

8. Leia a tirinha e responda ao que se pede:

King Features Syndicate, Inc./Press

BROWNE, Dik. *O melhor de Hagar, o Horrível*. Porto Alegre: L&PM, 1997. p. 42. v. 1.

a) A quem se referem os pronomes no primeiro quadrinho (... **lhe** dê um banho, ... penteá-**lo** e... tirar as pulgas d**ele**)?

b) Observe o uso dos pronomes e dos verbos e a concordância na fala de Helga. Responda: que modalidade de linguagem ela usa? Explique.

c) Em que se baseia o humor da tirinha?

9. Leia o texto a seguir e responda às perguntas:

– Vossa Majestade pensa em negociar ou em partir para a guerra?

– O bom senso diz que uma cidade no fim do mundo não vale o esforço de mobilizar tropas.

– E sempre se pode pedir arbitragem internacional.

– Mas há a situação política.

– As eleições?

– As eleições. Se resolvo tudo com papéis, os deputados de oposição vão dizer que fui covarde e podem ganhar a Câmara Baixa.

– Sendo assim, a guerra é certa?

– É. Mas não temos navios o bastante, nossos canhões são velhos e nossas baionetas estão enferrujadas.

– Então terão que comprar armas.

– Sim.

– Do meu país?

– Não há outro melhor neste assunto.

– Vender-vos algumas armas é sempre um prazer.

– E, para pagar, teremos que fazer um empréstimo junto aos teus banqueiros.

– Então serão dois prazeres.

– Preferia que tomássemos dinheiro para fazer escolas e plantações.

– Bobagem, os juros são os mesmos.

TORERO, José Roberto. *Ira*: truco, xadrez e outras guerras. Rio de Janeiro: Objetiva, [s.d.] p. 12.

a) As formas de tratamento nesse texto nos fazem concluir que o diálogo está sendo travado por que pessoas?

b) Os pronomes de tratamento levam os verbos e pronomes para a terceira pessoa. Em uma de suas falas, o interlocutor do dirigente não usa a terceira, mas a segunda pessoa do plural. Destaque essa frase. Por que o falante teria usado essa forma?

10. A questão entre os dois personagens do texto da questão acima é resolver se haverá guerra ou não.

a) Indique a frase em que essa alternativa está clara.

b) Qual é a principal preocupação do dirigente e que é decisiva para ele optar pela guerra?

c) Num determinado momento, o dirigente manifesta uma boa intenção. Qual é ela?

d) Comente a última fala do texto.

e) Pode-se perceber nesse texto uma dura ironia. Explique-a.

LEGENDA

Indicação de **livro(s)**

Indicação de ***site*(s)**

Indicação de **filme(s)**

Para saber mais

Para cada capítulo deste volume, fizemos indicações de alguns livros, *sites* e filmes a fim de que você possa se aprofundar nos assuntos de seu interesse. Para isso, oferecemos uma lista de sugestões e algumas informações importantes.

Se desejar ler os livros, acessar os *sites* ou assistir aos filmes indicados: converse com seu (sua) professor(a), organize-se com seus colegas, visite bibliotecas – da escola, do bairro ou da cidade –, centros culturais... o que estiver ao seu alcance. Não abra mão do seu direito de conhecer e aprender mais!

Módulo 1

Capítulo 1: Expressão (página 10)

Conheça a força das palavras...

FILIPOVIĆ, ZLATA. *O diário de Zlata*. São Paulo: Companhia das Letras, 1994.

Durante a guerra de Sarajevo, Zlata Filipović produziu um documento que relata os horrores da guerra pela qual passava seu país: seu diário pessoal, ou seja, os relatos são feitos do ponto de vista de uma cidadã comum, então com 11 anos de idade.

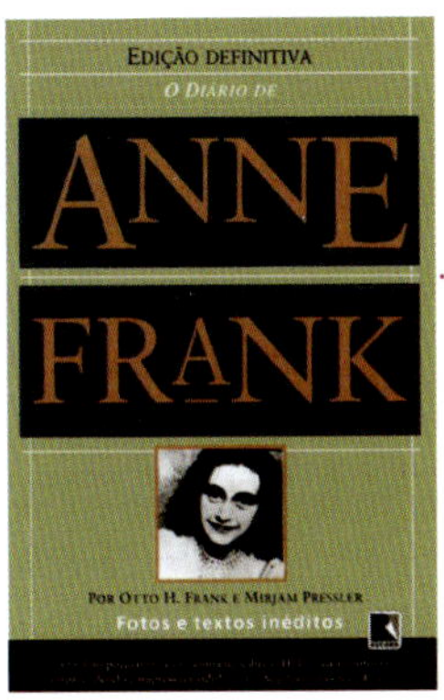

Editora Record/Arquivo da editora

FRANK, Anne. *O diário de Anne Frank*. Rio de Janeiro: Record, 2003.

Mais do que um simples diário, os escritos de Anne Frank, pré-adolescente judia, que viveu em uma Holanda ocupada por nazistas, se tornaram um importante documento histórico para tentarmos entender o que foi o horror provocado por esse regime.

NICOLELIS, Giselda Laporta. *O* blog *da família*. São Paulo: Atual, 2007.

Pirata, narrador e protagonista dessa história, certo dia resolve criar um *blog* em que relata, com bom humor, o dia a dia de sua grande e "louca" família. Em seus *posts*, além de conhecer divertidas histórias, também é possível saber dos pensamentos e reflexões desse jovem esperto sobre assuntos diversos, como questões sociais, escolhas pessoais, futuro.

... e a dos pincéis!

http://www.pintoresfamosos.com.br

O *site* oferece uma lista interessante dos mais destacados artistas de todos os tempos, como Picasso, Van Gogh, Da Vinci, entre outros. Além de informações sobre a biografia de cada pintor, há também algumas obras para serem apreciadas.

Capítulo 2: Outros tempos (página 30)

Quem disse que museu é coisa do passado?

http://www.museuhistoriconacional.com.br

O **Museu Histórico Nacional** possui mais de 287 mil peças, como moedas, selos, móveis, armas, entre outros objetos, expostas. Nesse *site*, você encontrará, além da programação de exposições que ocorrerão no museu, uma galeria de imagens com as principais peças do acervo.

www.cnfcp.gov.br/Arquivo da editora

http://www.cnfcp.gov.br

Site do **Centro Nacional de Folclore e Cultura Popular** reúne informações sobre as mais diversas áreas que compõem a cultura popular brasileira e oferece, ainda, uma visita *on-line* pelo acervo do museu da instituição.

http://www.museulinguaportuguesa.org.br

Esse *site* também é imperdível! Melhor ainda se você puder fazer uma visita presencial.

Nostalgia

BOTTINI, Ettore. *Mãe da rua*. São Paulo: Cosac Naify, 2007.

Empinar pipa, jogar pião, andar de carrinho de rolimã... Essas são algumas das muitas brincadeiras de rua que faziam parte do cotidiano dos meninos da cidade de São Paulo da década de 1950 nesse livro.

Mistérios

MASSA, Ana Cristina. *Mistério no Museu Imperial*. São Paulo: Biruta, 2003.

Jonas, Isa, Sofia e Goma, em uma excursão da escola em que estudam, visitam o Museu Imperial, na cidade de Petrópolis (RJ), e percebem que algo de muito estranho está acontecendo no local. Dispostos a solucionar o mistério, o grupo volta, solitário, até o museu... E é aí que a aventura começa.

Módulo 2

Capítulo 3: A história de cada um (página 46)

(Auto)Biografias

GATTAI, Zélia. *Anarquistas, graças a Deus*. São Paulo: Companhia das Letras, 2009.

Em *Anarquistas, graças a Deus*, Zélia Gattai, filha de imigrantes italianos, fala sobre sua infância vivida na capital paulista, traçando um importante retrato da vida que levavam muitos imigrantes que habitavam a zona urbana no início do século XX.

SATRAPI, Marjane. *Persepólis*. São Paulo: Companhia das Letras, 2007.

Em 1979, Marjane, na época com apenas 10 anos de idade, viu o país em que nasceu mudar radicalmente. Ela e todas as iranianas passaram a ser obrigadas a andar de véu pelas ruas e locais públicos: um sintoma do regime xiita sobre o povo persa. Depois veio a vida em meio à guerra contra o Iraque, e então o exílio na Áustria. Passaram-se os anos e nasceu *Persépolis*, autobiografia em quadrinhos de Marjane Satrapi.

AMARAL, Maria Adelaide. *Ó abre alas*. Rio de Janeiro: Civilização Brasileira, 2000.

Esse livro é uma adaptação, para o texto dramático, do livro biográfico *Chiquinha Gonzaga*: *uma história de vida*, de Edinha Diniz. Ele traz a brilhante história de uma das maiores artistas brasileiras, que viveu no século XIX, lutou pela abolição da escravatura, foi instrumentista, compositora – compôs a primeira marcha de Carnaval, *Ó abre alas* – e foi a primeira mulher a reger uma orquestra no Brasil.

Imagem Filmes/Arquivo da editora

***O garoto de Liverpool*. Direção de Sam Taylor Wood. Inglaterra: Imagem Filmes, 2009.**

John, antes de se tornar um dos astros da música mais conhecidos de todos os tempos, era apenas mais um adolescente rebelde da cidade portuária de Liverpool. Nesse filme, tomamos conhecimento de como se deu a conturbada relação com a mãe e a descoberta do amor pela música na vida de John Lennon.

Capítulo 4: A história de cada dia (página 66)

Gestos simples do cotidiano

ANGELO, Ivan. *O comprador de aventuras e outras crônicas*. São Paulo: Ática, 2000.

Narrando fatos do cotidiano repletos de poesia, Ivan Angelo convida o leitor desse livro a rir, a refletir e a se emocionar, da primeira à última página.

BRAZ, Júlio Emílio. *Breve crônica da liberdade*. São Paulo: Ao Livro Técnico, 2008.

Nessa obra de ficção o autor traz um doloroso retrato do que foi a exploração, durante séculos, do trabalho escravo em nosso país e a luta travada até a libertação definitiva dos escravizados, fazendo a mistura de personagens reais com fictícios.

Editora Objetiva/Arquivo da editora

VERISSIMO, Luis Fernando. *Comédias para se ler na escola*. Rio de Janeiro: Objetiva, 2008.

Seleção de crônicas do autor Luis Fernando Verissimo feita pela professora universitária Marisa Lajolo. São histórias sobre o cotidiano, com linguagem acessível ao público jovem, repletas de humor.

Capítulo 5: Estrangeiros entre nós (página 90)

Grandes negociadores

http://www.icarabe.org

O *site* do **Instituto de Cultura Árabe** traz informações e notícias relacionadas à cultura, história, política e religião das nações árabes, além de promover e divulgar suas expressões culturais antigas e contemporâneas.

FARAH, Paulo Daniel. *ABC do mundo árabe*. São Paulo: Edições SM, 2006.

Você sabia que muitas palavras da língua portuguesa têm origem árabe? Mais curiosidades como essa, que nos fazem compreender melhor a influência da cultura árabe nas culturas ocidentais, podem ser encontradas nesse guia.

Histórias vindas do Oriente...

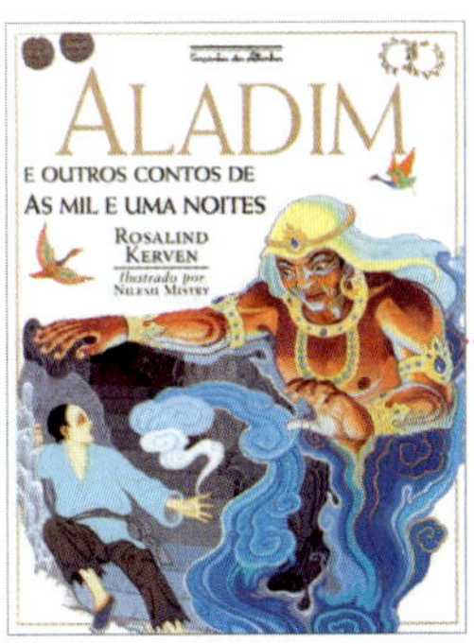

Editora Companhia das Letrinhas/Arquivo da editora

KERVEN, Rosalind. *Aladim – E outros contos de As mil e uma noites*. São Paulo: Companhia das Letrinhas, 1999.

Reunião de seis histórias – dentre as centenas contadas por Sherazade em *As mil e uma noites*, uma das mais famosas obras da literatura árabe – adaptadas para o público jovem.

***Sinbad – A lenda dos sete mares*. Estados Unidos: Paramount Pictures, 2003. (86 min)**

Nessa aventura cheia de perigos e mistérios, o marujo Sinbad, com a ajuda da bela e corajosa princesa Marina, precisa enfrentar as ciladas preparadas por Eris, deusa do Caos, e salvar o príncipe Proteus, seu melhor amigo.

Módulo 4

Capítulo 6: Uma nova pátria (página 106)

Cultivando a terra

GANCHO, Cândida Vilares. *Sua majestade, o café*. São Paulo: Moderna, 2003.

O livro mostra a trajetória do café em nosso país, desde sua chegada, no século XVIII, até os dias atuais.

Tutti buona gente!

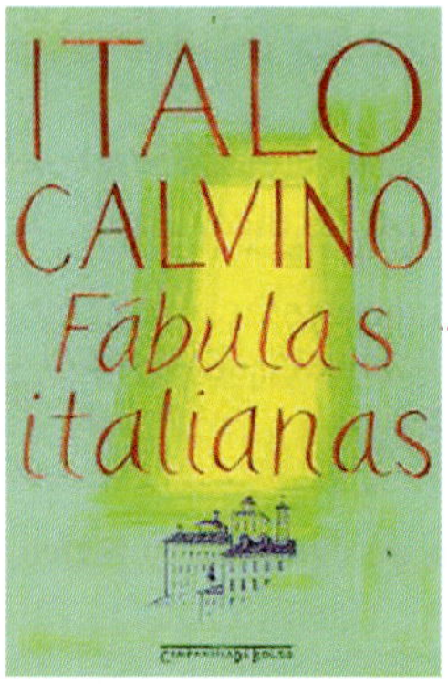

Editora Companhia das Letras/Arquivo da editora

CALVINO, Italo. *Fábulas italianas*. São Paulo: Companhia das Letras, 2006.

Antologia de fábulas originárias das mais diversas regiões da Itália, que muito revelam sobre a história e os costumes desse país, organizada pelo escritor italiano Italo Calvino.

BERTONHA, João Fábio. *Imigração italiana no Brasil*. São Paulo: Saraiva, 2004.

Estima-se que mais de um milhão e meio de italianos tenham deixado sua terra natal para buscarem uma vida melhor em solo brasileiro. Nesse livro são apresentados aspectos da vida desses imigrantes em uma terra estrangeira e são explicitadas as influências italianas na cultura brasileira.

Módulo 5

Capítulo 7: Heranças de um povo (página 120)

Parte de nossa cultura

ALBUQUERQUE, Wlamyra R. de; FRAGA, Walter. *Uma história da cultura afro-brasileira*. São Paulo: Moderna, 2009.

Os povos africanos escravizados foram responsáveis por muitas inserções culturais que, fundidas a tantas outras, formaram a cultura brasileira. Nossa música, dança, culinária, religião, língua e vestimenta, por exemplo, têm forte influência da cultura africana, e esse livro mostra ao leitor jovem como se deu esse processo.

Editora Cosac Naify/Arquivo da editora

CASTANHA, Marilda. *Agbalá, um lugar-continente*. São Paulo: Cosac Naify, 2001.

Nesse livro, a autora e ilustradora Marilda Castanha propõe um novo olhar sobre a trajetória dos povos negros escravizados em solo brasileiro e convida o leitor a conhecer melhor a cultura de cada um desses povos e a importância dela no processo de formação da identidade do nosso país.

Duas visões de uma triste realidade

ALVES, Castro; HEINE, Heinrich. *Navios negreiros*. São Paulo: Edições SM, 2009.

Esse livro reúne, pela primeira vez, o poema **Navio negreiro** do poeta romântico brasileiro Castro Alves e o poema homônimo do escritor alemão Heinrich Heine. Embora tratem do mesmo tema, essas duas obras o abordam de maneira diferente, incentivando o leitor à comparação de duas visões do mesmo fato.

Preconceito? É preciso combater!

***Vista a minha pele*. Direção de Joel Zito Araújo. Brasil: Casa de Criação, 2003. (15 min)**

Nesse curta-metragem, a realidade do mundo em que vivemos é invertida: os negros foram os colonizadores – e hoje são a classe dominante –, e os brancos, os colonizados. Maria é uma menina branca que sonha em ser *Miss* Festa Junina da escola em que estuda. Contudo, o preconceito racial existe e Maria terá de aprender a lutar contra isso.

Capítulo 8: Gente do outro lado do mundo

(página 134)

Mais sobre a Terra do Sol Nascente

Europa Filmes/Arquivo da editora

CORDEIRO, Renata. *Viagem ao Japão*. São Paulo: Landy, 2004.

Literatura, artes plásticas, vestimenta, religião, culinária: esse livro traz de tudo um pouco para que o leitor conheça a cultura da Terra do Sol Nascente e se familiarize com ela.

***A viagem de Chihiro*. Direção de Hayao Miyazaki. Japão: Europa Filmes, 2001. (125 min)**

O filme conta a aventura fantástica de Chihiro, uma menina que precisa salvar seus pais de um estranho encantamento: os dois foram transformados em porcos quando a família se perdeu em um caminho mágico durante uma viagem de mudança.

***Gaijin: caminhos da liberdade*. Direção de Tizuka Yamasaki. Brasil: Embrafilmes, 1980. (104 min)**

Bastante premiado, esse filme teve uma continuação: *Gaijin: ama-me como sou*. É um relato da saga dos japoneses que vieram para o Brasil, mais especificamente para o interior de São Paulo, trabalhar nas fazendas de café, no início do século XX. São explorados, enganados, tratados como escravos, mas não perdem a esperança de, um dia, ter uma vida digna.

Histórias do país da *matrioska*

BRENMAN, Ilan; VILLELA, Fernando. *Contador de histórias de bolso* – Rússia. São Paulo: Moderna, 2009.

Nesse volume da série *Contador de histórias de bolso*, Ilan Brenman, contador de histórias profissional, traz fantásticas narrativas populares vindas da Rússia. Camponeses, príncipes, malandros e belas damas são alguns dos tipos encontrados nessa obra.

Módulo 6

Fox Home Entertainment/Arquivo da editora

Capítulo 9: O que é o amor? (página 152)

Primeiro amor a gente nunca esquece...

***ABC do amor*. Direção de Josh Hutcherson. Estados Unidos: Fox, 2006. (98 min)**

Apesar de conhecer Rosemary desde o jardim de infância, Gabe Burton, um menino de 11 anos, há poucas semanas se descobriu perdidamente apaixonado pela garota. Repleto de bom humor e de extrema sensibilidade, esse filme trata da descoberta do primeiro amor.

JAF, Ivan. *Beijo na boca*. São Paulo: Moderna, 2007.

Uma menina que acredita que beijo engravida. Um garoto que não tem coragem de chamar uma menina para dançar. Essa coletânea de contos tem um ponto em comum: as angústias por que passam os adolescentes no momento do primeiro beijo. Esse livro ameniza todo esse sofrimento ao abordar o assunto de maneira leve e descontraída.

Uma grande paixão

APULEIO. *Eros e Psiquê*. São Paulo: FTD, 2009.

A deusa Vênus, enfurecida com a beleza de Psiquê, ordena que seu filho Eros, deus do Amor na mitologia greco-latina, atinja o coração da mortal com uma de suas flechas, amaldiçoando-a a se apaixonar pelo mais desprezível dos homens. Contudo, ao se deparar com Psiquê, é Eros quem cai de amores pela mortal, desencadeando a inveja das irmãs da jovem.

O poeta do amor

CAMÕES, Luís de. *Poesia de Luís de Camões para todos*. São Paulo: Martins Editora, 2010.

Coletânea da lírica de Luís de Camões que contém poemas de leitura acessível para o primeiro contato do jovem leitor com esse autor.

Módulo 7

Capítulo 10: Histórias de amor (página 170)

Adaptações de um clássico

SHAKESPEARE, William. *Romeu e Julieta*. Adaptação de Leonardo Chianca. São Paulo: Scipione, 2002.

Adaptação em forma de prosa da inesquecível e trágica história de amor vivida por dois jovens de Verona, filhos de famílias rivais.

Sony Pictures/Arquivos da editora

***Era uma vez...* Direção de Breno Silveira. Brasil: Sony Pictures, 2008. (114 min)**

Dé e Nina são dois jovens cariocas; ele nasceu e foi criado no morro do Cantagalo; ela é moradora de um apartamento de luxo de Ipanema. Na praia, o casal se conhece e se apaixona, contudo suas famílias e a sociedade em geral não aceitam que eles vivam sua história de amor.

Amores que fizeram história

JIMENES, Guy. *Orfeu, o encantador*. São Paulo: Companhia das Letras, 2010.

A trágica história de amor de Orfeu e Eurídice emociona desde a Antiguidade clássica até hoje. Músico exímio, Orfeu desce até o submundo e busca, com seu dom, convencer o deus dos mortos a devolver a vida de sua amada Eurídice.

ALENCAR, José de. *Iracema*. São Paulo: Saraiva, 2006.

Esse clássico da literatura brasileira conta a história de amor proibido vivida pelos personagens Iracema, uma indígena Tabajara, e Martim, um guerreiro português.

Capítulo 11: Acima de qualquer suspeita

(página 186)

Pais e filhos

Editora Paulinas/Arquivo da editora

ALVES, Sílvia. *Coisas de mãe*. São Paulo: Paulinas, 2011.

O dia a dia de uma menina e sua mãe é apresentado com muito lirismo por meio de texto da escritora portuguesa Sílvia Alves e de ilustrações de João Caetano.

Os garotos estão de volta. **Direção de Scott Hicks. Austrália/Reino Unido: Califórnia Filmes, 2009. (104 min)**

Joe Warr é um renomado jornalista esportivo que, após a morte precoce de sua segunda esposa, precisa aprender a lidar com a difícil condição de educar, sozinho, o pequeno Artie, filho do casal, e estreitar laços com Harry, seu filho pré-adolescente fruto do primeiro casamento.

Vida em família

JAF, Ivan. *Manual de sobrevivência familiar*. 11. ed. São Paulo: Atual, 2011.

Que bom seria se toda família viesse com um manual de instruções! Isso evitaria mal-entendidos e constrangimentos. Embora esse manual não exista, vale a pena consultar o de Ivan Jaf. Nele, você acompanhará a construção da identidade de um garoto por meio das lembranças de sua família.

Módulo 8

Capítulo 12: Loucos ou heróis? (página 202)

Dom Quixote no Sítio?

LOBATO, Monteiro. *Dom Quixote das crianças*. São Paulo: Globo, 2010.

Emília, a levada boneca de pano, ao bisbilhotar a estante de livros de dona Benta, encontra nada mais nada menos que *Dom Quixote de la Mancha*, de Miguel de Cervantes. Reunidos em volta de dona Benta, de livro a postos, meninos, boneca e sabugo de milho se emocionam com mais essa bela história.

Editora Agir/Arquivo da editora

No tempo dos cavaleiros

LE GOFF, Jacques. *A Idade Média explicada aos meus filhos*. Rio de Janeiro: Agir, 2007.

Mas, afinal, como realmente vivia a maioria das pessoas na Idade Média? Nesse livro, organizado em perguntas e respostas, informações sobre as principais características desse período histórico são apresentadas ao leitor jovem.

Coração de cavaleiro. **Direção de Brian Helgeland. Estados Unidos: Sony Pictures, 2001. (143 min)**

William Thatcher, um jovem escudeiro, após a morte súbita de seu mestre, resolve substituí-lo em um torneio de lanças, evento de que apenas nobres podem participar. Para tanto, com a ajuda de seus companheiros, o rapaz forja para si uma árvore genealógica digna de um cavaleiro e entra na competição. Contudo, suspeitas sobre sua origem começam a surgir...

Nasce um rei

WHITE, T. H. *A espada na pedra*. 2. ed. Brasília: Francis, 2007.

Nesse primeiro livro da série, dedicada a contar a história do lendário rei britânico Artur, são apresentados os primeiros anos da juventude dele, aqui apelidado carinhosamente de Wart, dando especial atenção à relação do menino com aquele que seria seu grande guia por toda a vida: o mago Merlin.

Bibliografia

ACADEMIA BRASILEIRA DE LETRAS. **Dicionário escolar da língua portuguesa.** 2. ed. São Paulo: Companhia Editora Nacional, 2008.

ANTUNES, I. **Aula de português:** encontro e interação. São Paulo: Parábola, 2003.

___. **Lutar com palavras:** coesão e coerência. 5. ed. São Paulo: Parábola, 2009.

BAGNO, M. **A língua de Eulália:** novela sociolinguística. São Paulo: Contexto, 1997.

___. **Pesquisa na escola:** o que é, como se faz. 7. ed. São Paulo: Loyola, 2001.

___. **Preconceito linguístico:** o que é, como se faz. São Paulo: Loyola, 1999.

BECHARA, E. **Moderna gramática portuguesa.** 37. ed. Rio de Janeiro: Lucerna, 2001.

___. **Ensino da gramática:** Opressão? Liberdade? 11. ed. São Paulo: Ática, 2006. (Princípios).

CARONE. F. de B. **Subordinação e coordenação:** confrontos e contrastes. 6. ed. São Paulo: Ática, 2000. (Princípios).

CITELLI, A. **O texto argumentativo.** São Paulo: Scipione, 1994.

CUNHA, C.; CINTRA, L. **Nova gramática do português contemporâneo.** 3. ed. Rio de Janeiro: Lexicon Informática, 2007.

FERREIRA, A. B. de H. **Dicionário Aurélio eletrônico século XXI.** Versão 3.0. Rio de Janeiro: Nova Fronteira/ Lexicon Informática, 1999.

___. **Miniaurélio eletrônico.** 6. ed. rev. e atual. Curitiba: Positivo/Positivo Informática, 2008. 1 CD-ROM.

___. **Para falar e escrever melhor o português.** Rio de Janeiro: Lexicon, 2000.

GUIMARÃES, E. **A articulação do texto.** 7. ed. São Paulo: Ática, 1999. (Princípios).

HOUAISS, A. **Dicionário eletrônico Houaiss da língua portuguesa.** Versão 1.0. Rio de Janeiro: Objetiva, 2001.

___; VILLAR, M. de S.; FRANCO, F. M. de M. **Minidicionário Houaiss da língua portuguesa.** 3. ed. rev. e aum. Rio de Janeiro: Objetiva, 2008.

KOCH, I. V. **O texto e a construção dos sentidos.** 2. ed. São Paulo: Contexto, 1998.

KURY, A. G. **Novas lições de análise sintática.** 9. ed. São Paulo: Ática, 2004.

LAJOLO, M.; ZILBERMAN, R. **A formação da leitura no Brasil.** 3. ed. São Paulo: Ática, 1999.

LUFT, C. P. **A vírgula:** considerações sobre o seu ensino e o seu emprego. São Paulo: Ática, 1996.

___. **Dicionário prático de regência nominal.** 4. ed. São Paulo: Ática, 1999.

___. **Dicionário prático de regência verbal.** 2. ed. São Paulo: Ática, 1993.

MARTINS, E. **Manual de redação e estilo de *O Estado de S. Paulo*.** 3. ed. São Paulo: O Estado de S. Paulo, 1997.

MARTINS, M. H. **O que é leitura.** 19. ed. São Paulo: Brasiliense, 2006. (Primeiros Passos).

MORIN, E. **Os sete saberes necessários à educação do futuro.** 8. ed. São Paulo: Cortez; Brasília: Unesco, 2003.

NEVES, M. H. de M. **Guia de usos do português:** confrontando regras e usos. São Paulo: Ed. da Unesp, 2003.

PENNAC, D. **Como um romance.** Rio de Janeiro: Rocco, 1993.

SCHERRE, M. M. P. **Doa-se lindos filhotes de *poodle*:** variação linguística, mídia e preconceito. São Paulo: Parábola, 2005.

SOLÉ, I. **Estratégias de leitura.** 6. ed. Porto Alegre: Artmed, 1998.

TERRA, E. **Curso prático de gramática.** 6. ed. São Paulo: Scipione, 2011.

Indicação de *sites*

- **<www.academia.org.br>**

No *site* da Academia Brasileira de Letras é possível conhecer um pouco de sua história, os ocupantes de suas cadeiras (da fundação aos dias atuais), tirar dúvidas de português, consultar a grafia das palavras e até ler suas publicações. A grafia oficial das palavras da língua é dada no Vocabulário Ortográfico da Língua Portuguesa (Volp), publicado pela Academia. Para acessá-lo, basta clicar sobre a guia "Nossa língua", depois no *link* "Busca no vocabulário" e finalmente escrever a palavra no campo reservado para esse fim.

- **<www.auletedigital.com.br>**

O *Aulete digital* é a versão eletrônica do *Dicionário da Língua Portuguesa Caldas Aulete*. De acesso gratuito, além da pesquisa do significado e da grafia das palavras, oferece também acesso à conjugação de verbos e pesquisa por classe de palavras.

- **<www.dominiopublico.gov.br>**

Este *site* coloca à disposição dos internautas uma vasta biblioteca virtual composta de obras literárias, artísticas e científicas já em domínio público ou cuja publicação tenha sido autorizada. Os usuários da internet podem fazer o *download* das obras oferecidas e ler livros de autores como Machado de Assis, Shakespeare, Gonçalves Dias, Fernando Pessoa e muitos outros.

- **<www.museudalinguaportuguesa.org.br>**

No *site* do Museu da Língua Portuguesa o internauta obtém informações sobre horários de visita e agendamentos, além de informar-se a respeito das atividades proporcionadas aos visitantes. Também estão disponíveis imagens e notícias sobre o que acontece no Museu.

Objetos Educacionais Digitais

Número	Página	Nome do conteúdo multimídia	Comentário
1	22	Parágrafo, frase, período e oração	Jogo eletrônico educativo que tem por objetivo fazer com que o aluno distinga parágrafo, frase, oração e período.
2	39	Tipos de predicado	Jogo eletrônico educativo que reforça o conhecimento dos alunos sobre o predicado e seus tipos.
3	57	Identificação do sujeito	Jogo eletrônico educativo que propõe ao aluno identificar os sujeitos dos verbos em destaque.
4	75	Verbos impessoais	Jogo eletrônico educativo que trabalha com o emprego correto dos verbos impessoais.
5	99	Complementos: objeto direto, objeto indireto e complemento nominal	Jogo eletrônico educativo que reforça a aprendizagem dos complementos verbais e nominal.
6	114	Explorando adjuntos	Jogo eletrônico educativo que explora os adjuntos adnominais e adverbiais.
7	127	Vozes verbais	Jogo eletrônico educativo que reforça o aprendizado das vozes verbais.
8	160	Crase	Jogo eletrônico educativo que reforça o aprendizado do emprego do acento grave da crase.
9	179	Tempos verbais (revisão) e formas nominais do verbo	Jogo eletrônico educativo que propõe a revisão de tempos verbais e o reforço do estudo das formas nominais do verbo.
10	194	O modo imperativo	Jogo eletrônico educativo que propõe reforçar o estudo da conjugação verbal no modo imperativo.